국궁논문집 11

온깍지학회 엮음

고두미

책머리에

『국궁논문집 11』을 내며

　국궁논문집이 제11집에 이르렀다. 감개무량하다. 하지만 이번 호에서 논문집 발간 여건에 약간 변화가 생겼다. 2018년 온깍지궁사회가 오프라인 활동도 중지하게 됨으로써 국궁논문집도 폐간될 위기를 맞이했다. 고민 끝에 발행을 온깍지활쏘기학교에서 맡기로 하였으나, 그럴 경우 기존의 구성에 큰 변화가 인다. 그래서 그 전의 틀까지 아우르면서 새롭게 활동을 이어갈 수 있는 '학회' 형태로 다시 출범해야만 했다. 이에 따라 이번 호부터는 '온깍지학회'가 주관하여 논문집을 간행하게 되었다.

　지난 10집에 이르는 긴 발자취를 돌아보면 이렇게 될 것이라고는 아무도 예상하지 못한 일이었다. 하지만 벌써 11집에 이르렀고, 이것은 연구 자료가 없던 국궁계에 큰 힘이 되었다. 아울러, 국궁논문집을 온깍시궁사회에서 발행하다 보니, 제 입맛에 맞는 글들만 실리는 게 아닌가 하는 작은 오해도 뒤따랐다. 그러나 『국궁논문집』은 우리의 활쏘기 전반에 관한 고민을 담은 책이고, 거기 실리는 내용은 온깍지궁사회의 성향과는 상관이 없음을 밝힌다.

　올해는 『조선의 궁술』 발간 90주년이다. 이런 연유로 원래 내년으로 잡힌 논문집 발행이 몇 달 앞당겨졌다. 소박한 이 책으로 『조선의 궁술』 발간에 필적할 수는 없겠으나, 90년 전의 위대한 발자취를 누군가는 기억해야 할 일이어서 이것으로나마 아쉬움을 달래고자 한다. 다급한 독촉에 선선히 옥고로 응해주신 필진 여러분에게 깊이 감사드린다.

　논문집을 내는데 이번에도 십시일반으로 여러 접장님들의 도움을 받았다. 이 책의 말미에 도움을 주신 분들의 향기로운 이름을 일일이 밝혔다.

2019년 세밑에
편집위원 류근원 박순선 정진명

국궁논문집 11
차례

제1부

윤백일 | 고부(古阜) 군자정(君子亭) 답가기 ··· 9
정진명 | 1941년 전조선궁도대회 문서 2건 고찰 ································ 23
김기훈 | 조선조 연사례의 시행과 운영 ··· 61
장동열 | 『계림유사』의 '射曰活索' 고 ·· 77
김성인 | 김수정의 교지에 나타난 육량전 연구 ································· 82
박순선 | 인천전통편사의 실제와 계승 방안 ······································ 95
정진명 | 활터의 정치화와 세속화 ··· 150

제2부

정진명 | 국궁 세계화의 현실과 과제 ·· 161
김정래 | 유럽 활쏘기 동향 ··· 172
김소라 | 아일랜드 활쏘기 대회 참가기 ·· 188
김정래 | 유럽 3D 아처리 토너먼트 소개 ······································· 198
이헌정 | 일본인 대학생 궁도부원의 한국 활 체험 ·························· 213
김현진 | 사말의 국궁체험기 ··· 220

국궁논문집 총 목차

제1부

고부(古阜) 군자정(君子亭) 답사기

윤백일(군산 진남정 사백)

1. 잃어버린 옛 활터, 혹은 폐정(廢亭)을 찾아서 2. 활터라는 증거와 단서들 3. 고부 군자정 정리	4. 아쉬움과 뒷이야기들 5. 연정, 군자정, 사정

1. 잃어버린 옛 활터, 혹은 폐정(廢亭)을 찾아서

고부 군자정은 정읍 고부관아터 앞에 위치한 옛 활터이다. 연꽃이 피어난 연못 한 가운데에 고고하게 서 있어서, 연못과 정사(亭舍)를 연결해 주는 돌다리를 건너고 마루 위에 걸린 기문(記文)들을 유심히 살펴보지 않는다면 그 어느 누구도 이곳이 활터였다는 사실을 짐작하지 못할 것이다. 정읍시에서 설치한 군자정 소개 안내판에도 활터의 기능을 했었다는 언급은 없다.

고부 군자정은 전북 정읍시 고부면 고부리 65번지에 위치해 있으며, 1990년 6월 30일 전라북도 유형문화재 제133호로 지정되었다.

건립연대는 자세히 알 수 없으나 1673년 연못을 다시 정비하고, 군자정을 수리하였다는 기록[1]으로 보아 조선 중기를 전후로 건축된 것으로 보인다. 1955년까지 중수(重修)의 기록이 여러 차례 보인다.

군자정의 옛 이름은 연정(蓮亭)이다. 사정 건물 사방으로 연꽃이 심어진 못 가운데 군자정은 서 있다. 언제부터 군자정으로 고쳐 불렸는지[2]는 알 수 없으나 1872년 고부군현지도에는 연정(蓮亭)으로 기록되어있고, 같은 해에 편찬한 고부군읍지(古阜郡邑誌)에는 '君子亭 在郡南二里 蓮池中 今廢'라고 기록된 것을 보면 연정과 군자정은 그 이름이 같이 불려진 것으로 확인된다.

건물형태는 앞면 4칸, 옆면 3칸으로 팔작지붕을 얹은 목조건물이다. 바깥 세상에서 정으로

---

[1] '君子亭 未記何時何人刱建 而有画棟三間 石橋三間 環回鑿池 種蓮 因名蓮亭'「殷以澈, 郡府沿革及君子亭經歷」
[2] 연꽃이 꽃 중의 군자라서 군자정이라 개칭했다는 설은 이미 '蓮亭'으로 불리고 있었다는 점에서 받아들이기 어렵다. 순전히 활 쏘는 사람의 입장에서 본다면 인근 활터 '必也亭'과 마찬가지로 論語 八佾編, '君子無所爭, 必也射乎.'의 '君子'에서 취했을 것으로 생각된다. 필야정은 1919년 옛 초남정(楚南亭)을 개칭한 이름이다.

가는 돌다리3)를 건너 나름 멋들어진 소나무를 지나고 마루에 올라서면 군자정기를 비롯한 기문과 시판들이 즐비하다.

정면 오른쪽 마루에서 작은 나무계단을 오르면 역시 마루 형태의 2층 공간이 나온다. 마루 아래에 취사 공간의 흔적이 있는 것으로 보아 궁방으로 쓰였을 것이다. 군자정 현판이 걸린 정면 처마 밑은 마당보다 조금 높은 위치로 지금 활터 사대 기준으로 대략 7, 8명의 한량이 동시에 설 수 있는 공간4)이다.

군자정 전경

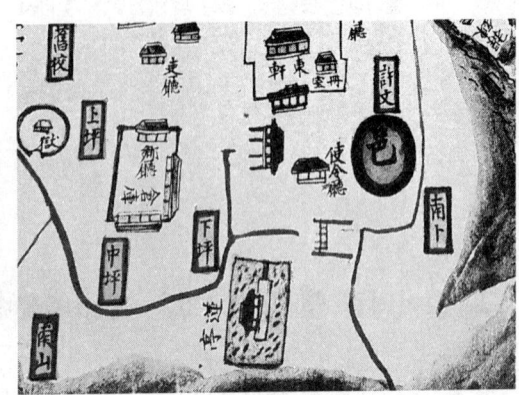
군자정(蓮亭) 1872년 군현지도

군자정에는 '君子亭' 현판 1점과 군자정기(君子亭記) 2점, 군자정 중건기(君子亭重建記) 2점, 군부연혁 및 군자정 경력(郡府沿革及君子亭經歷) 1점, 군자정 수리찬조 방명록(君子亭 修理贊助 芳名錄) 몇 점과 옛 한량들이 지어놓은 시판(詩板)이 여러 점 남아있다. 모두 안쪽 처마 안쪽 벽에 둘러서 걸려있다.

작은 마당 앞과 오른쪽 옆에는 고부관아(官衙)터5)에서 옮겨왔을 것이 분명해 보이는 선정비(善政碑)와 불망비(不忘碑)들이 대체로 온전한 모습을 갖추지 못하고 파손된 채로 줄지어 서있다6). 기둥에는 제법 운치가 있는, 그러나 복원의 아쉬움이 크게 느껴지는 칠언시가 주련으로 걸려 있다.

---

3) 3칸, 약 7m, 而有画棟三間石橋三間環回鑿池 (앞의 은이철 기문)
4) 4칸, 약 9.6m이며, 사대의 위치에 대해서는 증언자에 따라 다름이 있으므로 뒤에서 기술한다.
5) 고부관아는 조선말 학정(虐政)으로 동학농민혁명을 촉발시킨 유명한 저 조병갑(趙秉甲)군수가 다스렸던 관아인데, 1906년부터 고부초등학교가 자리 잡고 있어서 지금은 흔적조차 남아있지 않다.
6) 아마도 동학농민혁명 당시 성난 민심에 의해, 그 원형이 훼손되었을 것으로 짐작된다.

2. 활터라는 증거와 단서들

1) 필야정(必也亭) 시지(試紙)7)

필야정8)은 정읍의 활터이고, 필야정 시지는 1936년9) 호남지역의 같은 정읍 안에 있는 활터인 태인 함벽루(泰仁 涵碧樓)10), 고부 군자정, 인근의 부안 심고정(扶安 審固亭), 네 개 사정(射亭)11)이 "호남사군 연합 궁술경기회(湖南四郡聯合弓術競技會)"라는 이름의 편사를 치른 대회 기록이다.

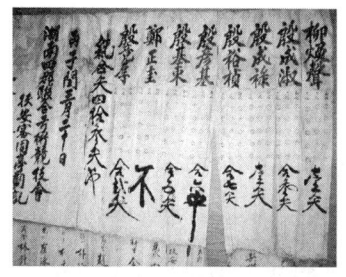 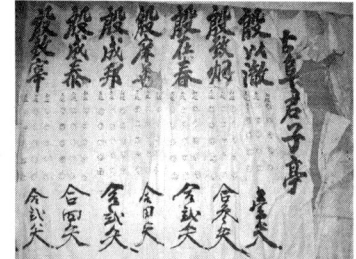

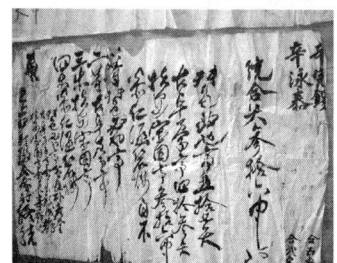  

시지와 한량 은유정 　　　　장손 은민영(왼쪽)

2006년 9월 본 답사자와 강경 덕유정 청강 한영국 접장, 군산 진남정 김학덕 접장 일행이 필야정을 방문하여 그곳에 보관되어 있던 시지를 살펴보았고, 곧바로 국궁신문에 소개 되었다12). 폐정(廢亭)인 고부 군자정의 존재가 오랫동안 잊혀져 있다가 세상에 밝혀진 사례로 보인

---

7) 등록된 이름은 試紙이지만, 실제 내용에는 劃記라고 기록되어있다.
8) 본 답사자가 속한 군산 진남정과는 오랜 세월동안 호남칠정궁술 경기회 편사를 이끌어 온 유서 깊은 활터이다. 호남칠정은 강경 덕유정, 황등 건덕정, 익산 송백정, 군산 진남정, 김제 홍심정, 부안 심고정, 정읍 필야정이다.
9) 병자년 윤삼월이십일(丙子年 閏三月二十日)이라고 기록됨
10) 필야정 시지에는 '泰仁 涵碧樓'로 기록되어 있다. 현재 태인 함벽정의 옛 이름이다.
11) 시지에 나온 정읍 필야정과 부안 심고정은 앞서 언급한 호남칠정 궁술경기회의 전신인 '湖南五射亭 弓術競技會'가 처음 창립된 1933년에는 포함되지 않았던 사정으로써 호남칠정사 연구에 한 단서가 될 것으로 기대한다.

다.

　시지에는 당시 대회에 참가했던 네 개 사정 소속 한량들의 이름과 3순 정순(定巡) 경기를 마친 결과가 단체전, 개인전으로 나누어 기록13)되어 있다. 시지에 대해서는 여기에서 자세히 다룰 바 아니지만 특이한 것은 시지를 주의 깊게 살펴보면 이 대회에는 각 사정 선수를 대표한 편장(便長)이 기록되어 있다는 점이다. 군자정의 편장은 은성학(殷成鶴)이다. 시지도 각 편장의 입회 하에 기록되었을 것이다.

　시지에 등장하는 군자정 소속 한량들은 편장인 은성학을 포함하여 모두 열 여섯 명이다. 은이철(殷以澈14), 1864~1945), 은치형(殷致烱), 은재춘(殷在春), 은상선(殷庠善), 은성방(殷成邦, 1886~1951), 은성태(殷成泰, 1861~1937), 은치재(殷致宰), 류환성(柳煥聲), 은성숙(殷成淑), 은성록(殷成祿, 1889~1973), 은유정(殷裕楨15), 1892~1976), 은언기(殷彦基), 은기동(殷基東), 정정규(鄭正圭), 은경후(殷竟厚)가 그들이다. 정정규, 류환성 만이 타성(他姓)이고, 나머지 인물 모두 고부에 사는 행주(幸州) 은씨 일족이다. 시지에 기록된 이름들은 대부분 현재 군자정에 기록으로 남아있다. 그중 은이철, 은치형, 은상선, 은성숙은 기문과 시문을 지었다.

　본 답사기에서 1차적으로 주목한 것은 바로 고부 군자정이 활터로서 존재했었는지 여부 그 자체였다. 시지에 나온 인물들이 지어놓은 글들이 지금 군자정에 그대로 남아있다는 사실은 답사 중에 자연스럽게 밝혀진 일이었지만, 어찌보면 특별할 것도 없는 이 사실들이 누군가를 흥분시키고 격동시킬 수 있다는 사실은 순전히 답사에서만 얻을 수 있는 기쁨이라고 생각된다. 이것이 군자정에 아직 그대로 남아있는 기문들을 뒤로하고, 필야정 시지를 맨 먼저 소개한 이유이다.

2) 君子亭記 (殷致烱)

　군자정이 활터였다는 사실을 밝혀주는 직접 자료이다. 현재 지은이가 다른 두 개의 군자정기가 걸려 있다. 구분 짓기 위해 기문을 지은 사람의 이름과 연대를 명기한다. 은치형(殷致烱) 기문과, 은상선(殷庠善) 기문이 그것인데 모두 1936년(丙子)에 지었다.

　은치형 기문 현판에서 탁본한 전문(全文)을 옮기고 풀었다. 두 군자정기에 따르면, 1936년 군자정 재건 이전 사장(射長)은 은치형, 중건 이후의 사장은 은상선이다.

君子亭記 (丙子, 殷致烱)
　余自弱冠 始射乎此亭 于今古稀有三 可謂長於斯 老於斯也 回憶 少壯之時 逢迎父老 揖讓周

---

12) 필야정 시지는 2012년 8월 13일 문화재청의 심의결과 근대체육문화유산(등록문화재 제502호)으로 지정되어 현재 정읍시립박물관에 소장되어 있다.
13) 필야정 56시, 군자정 43시, 심고정 36중, 함벽루는 어찌된 일인지 自不이다.
14) 종2품 嘉善大夫 知中樞府事, 이하 행장과 생몰연대는 행주 은씨 대동보를 근거로 함.
15) 사진참조. 그의 후손들을 만난 것은 이번 군자정 답사에서 가장 큰 소득이자 기쁨이었다.

旋 可以盡事長 習藝之道 猗 彼盛矣 不幸 中途世變風移 所謂 君子亭者 見奪於軍用之地 伊後三十餘年間 若無主焉 於是乎 亭廢池蕪 殘荷泣露 哀柳悲風 非徒吾人之齎紆鬱 行路 亦嗟惜矣 向所以諸君子之同力者 見推還而適 其時 余叅以射長之任 叅事焉 噫 歲月苒苒 老將至矣 今日之遊於此亭者長於吾 輩於吾者 果幾人 此外濟濟赴赴之徒 皆少於吾者也 然則坐觀少壯之揖讓周旋 事長習藝之道 眞可畏也 願餘年益康健 與老少諸君子 優遊於此亭 共守君子之名 其庶幾乎 繼之以詩曰 (下略)

【釋文】내가 약관(弱冠)의 나이에 이 사정에서 활쏘기를 시작한 때로부터 지금 칠십하고도 셋이니, 여기에서 자라나고 여기에서 늙었다고 말할 수 있다. 회상해 보면 젊고 장성한 시절에 부로(父老)들을 모시고 읍양주선(揖讓周旋)하였다. 진심을 다해 어른들을 섬겼으며, 활쏘기의 도를 익혔으니, 아! 저토록 성대했었다. 그러나 불행히도 중도에 세상이 변하고 풍속이 바뀌어 이른바, 군자정이 군사용지로 **빼앗긴** 이후 삼십여 년 동안 주인이 없는 것과 같았다고 할 것이다. 이에 정은 황폐해지고, 연못에는 잡초만 우거져 시든 연잎에는 눈물 같은 이슬이 맺히고 쇠락한 버드나무엔 슬픈 바람이 부니 한갓 우리들에게 우울함을 가져올 뿐만이 아니라 지나는 이들 또한 애석해 하였다. 이것이 지난 날 우리 여러 군자들이 힘을 같이하여 빼앗긴 것을 되돌려온 이유이다. 그때에 나는 사장(射長)의 소임을 맡아 일하였다. 아! 세월은 덧없이 흘러 노년에 이르렀으니, 오늘날 이 사정에서 노니는 이들 중에서 나보다 나이 많거나 또래인 사람은 과연 몇인가. 이 밖에 저 아름답고 씩씩한 이들은 모두 나보다 어린 사람들이다. 그러한즉 젊은이들이 읍양주선하고 어른들을 섬기며 무예(활쏘기)의 도를 익히는 것을 앉아서 보노라니 참으로 후생을 두려워할 만하다. 바라는 것은 남은 생 동안에 더욱 건강하여 노소(老少)의 군자들과 더불어 이 사정에서 한가롭게 노닐며, 군자의 이름을 다함께 지켜내는 것이다. 그것이 거의 합당하도다. 그 뜻을 이어서 시를 짓기를 (이하 생략)

3) 君子亭記 (殷庠善)

다음은 같은 해 1936년 은상선이 쓴 또 다른 군자정기 전문이다. 군자정의 아름다움과 예로부터 활로서 경쟁하던 곳이라 기록하였다. 중건하고 나서는 심신이 탁트이는 기쁨(心曠神怡)[16]이 마치 십만 칸이나 되는 큰 집을 얻은 것 같다는 표현이 눈에 띈다. 군사용지로 정을 **빼앗긴** 슬픔도 드러나 있다.

또한 중건한 날을 맞아 가장 나이가 많은 이유로 사장(射長)을 맡게 되었고 사양하였으나 면하지 못하여 동임제원(同任諸員)에게 매사를 물어 정을 이끌겠다는 겸양이 담겨있다.

---

16) 宋 범중엄(范仲淹)이 악양루(岳陽樓)에 오르면서 밝힌 소회와 같다.

君子亭記 (殷庠善)

瀛之勝 首於三山 而名右蓬島方壺 隨處而勝 首勝而賞 可以極登臨之美 故多有亭樓臺榭 山之下郡城西北 有亭 民樂 今吾 又有琴鶴樓 鳳凰臺 皆太守與民共樂之所也 郡之南山之下 有亭 翼然 曰君子 蓋古而射乎爭也之所也 曾不與諸亭樓臺榭 同興廢 故道瀛之勝者 以此亭爲第一 蓋瀛之人[17] 不爲文事 而爲武者 咸集于此亭之隨毀隨葺 亦有記文之遺來 然洪公之吟哦以後 寂寞無聞焉 故棟楹瓦甍 因風雨所撓缺則遊此亭者 雖無修補之心 猶患無其資矣 何幸光武中 有趙公之捐 ○又以擧郡人士之黽勉同力 著役重建 越明年 工告訖增其舊制 苟完而美 於是乎 登此亭者 心曠神怡 如得十萬間大廈 非徒瀛之眉目 ○勝於南州者 久矣 噫 向自乙巳以後 世益變 風漸移 操觶 揚觶之士 歸之無用而亭 亦因勢隨廢 向所謂不與諸亭樓臺榭 同興廢者 果安在 距今七八年前 郡中諸年少 悶亭宇之頹廢 竭力鳩財 修築亭池 又有多士之捐義 亭垈之 見奪於兵用者 極力推還 復見射乎爭也之美 無奈喜歡 猶勝於此亭 重建之日矣 余 年過杖 鄉猥參射長之名 辭不獲免 姑此聽從 而每事之問○於同任諸員 敢此略述往跡 又錄義捐 僉君子之芳名于別揭 以備亭中故事云爾 繼之以詩 (下略)

4) 君子亭 重建記(乙巳1905, 殷道尹)

"歲之己卯 余始名載射案 正己習德者 二十年干(下略)"

군자정 중건기는 1905년 사정을 중건하고 은도윤(殷道尹)이 지은 기문이다. 은도윤이라는 인물이 1879년(己卯)에 사안(射案)에 이름을 올리고 20년 동안 활쏘기를 익혔다는 내용이 담겼다는 점에서 빼놓을 수 없는 자료다. 최소한 1870년을 전후로 군자정이 활터의 기능을 했었다는 기록이기 때문이다. 현판기록 전체에 대한 정밀한 해석 작업의 기회가 있으리라 여기고, 여기서는 간략한 소개에 그치도록 한다.

5) 君子亭 懸板

군자정에 가면 구름 속에서 비상할 준비를 마치고 노니는 용(龍) 세 마리를 볼 수 있다. 정한 가운데 걸린 군자정 현판에서 그렇다.

군자정 글씨는 기본적으로 안진경 행서의 필의(筆意)인 듯하면서도, 먹을 아낌없이 머금었다가 한 획, 한 획 굽이굽이 운필(運筆)한 독특한 서체로써 글자마다 구름 속에서 꿈틀거리는 용(龍)의 힘찬 기상이 느껴진다. 운룡체(雲龍體)라 명명하고 싶다. 현판은 특이하게도 흰 바탕에 검정

---

17) 瀛州 : 고부의 옛 지명

색 양각 글씨로 판각되었다. 온깍지 정진명 접장님과 함께한 3차 답사에서 은유정 한량의 후손인 은민영은 '君子亭' 현판이 1960년대 초반에 새로운 사람[18]이 다시 썼다는 뜻밖의 증언을 하였다. 그리하여 5차 답사에서 현판 좌측 낙관인을 탁본[19]하였다. 그 결과 위 음각은「金商源印」, 아호를 새긴 아래 양각은「白川」두 전서체가 드러났다. 백천 김상원의 글씨로 추출된 것이다.

군자정 현판   군자정 돌다리

6) 전조선(全朝鮮) 궁술대회 기사

군자정은 1932년 진사 은성우가 군자정을 경매로 불하받아 재건하고, 이듬해인 1933년 전조선 궁술대회를 개최하였다. 아래의 기사에 의하면, 전조선 궁술대회는 3일 동안 16개소의 무사 79인이 참가하여 공전의 성황을 이루었다. 군자정은 전국대회를 유치하기 위해 보통 이상의 공을 들였을 것이다. 정을 도약하고 부흥시키기 위한 대단한 추진력이 아닐 수 없다.

1933년 정읍 고부면 군자정 전조선 궁술대회 개최 기사.

---

18) 은경섭의 글씨라고 증언. 아마도 백천 김상원의 원래 글씨와 판각을 보수하면서, 새로 바탕색을 칠하고 판각을 보수한 인물로 추정된다
19) 해당 기문과 현판은 목재로 판각한 것이기 때문에 원형을 훼손하지 않기 위해 모두 건탁(乾拓)방식을 취하였다.

7) 군자정 수리찬조 방명록(君子亭 修理贊助 芳名錄)

이 방명록은 1955년 작성된 군자정 기문과 편액들 중 가장 마지막 기록이다. 답사에서 만난 증언자들의 구술에 의하면 광복 전후, 늦어도 6.25 한국전쟁 전후로 폐정된 것이 확실한 이 활터에 남아있는 마지막 자료이므로 주목하지 않을 수 없다. 더구나 1936년 필야정 시지에 나온 은유정, 은성록 한량들의 수리자금 출연(出捐) 기록이 남아있다. 이때까지도 20년 전 한량들의 이름이 남아있는 것이 반갑기도 하거니와 이 방명록에 특이한 기증품 '碁局一式(바둑판 1개)'이 기록되어 있기 때문이다. 군자정이 활터로서의 기능을 다하고 마을 사람들이 여가를 공유하는 장소로 거듭나는 하나의 단서로 추정이 가능하나 알 수 없다.

8) 군부연혁 및 군자정 경력 (郡府沿革及君子亭經歷)

경운 은이철[20]의 기문으로 1937년(丁丑) 쓰여졌다. 본 기문에는 고부군의 명칭이 바뀐 내력과 연혁, 일제 강점기에 재판소, 경찰서 등이 고부에 있다가 정읍군으로 옮겨 간 사유와 군자정의 연혁이 비교적 자세히 기록되어있다. 본 답사기에서는 전문은 싣지 않고, 필요한 부분에 원문과 번역문을 적절히 인용하였다.

3. 고부 군자정 정리

위에서 살펴 본 자료들과 답사 중에 만난 증언자들의 구술에 근거하여 군자정의 연혁을 다음과 같이 간략하게 정리해 본다.

1) 연혁 정리
- 조선 중기, 蓮亭이라는 정자로 창건 (수차례 중수 과정을 거침)
- 1673년, 연못을 다시 정비하고, 군자정 수리
- 1764년(영조 40년), 군수 李世馨이 중건[21]
- 1899년(己亥), 군수 조규희 중건

---

[20] 은이철은 1864년 생으로 기문 작성 당시 74세로, 당시 군자정에서 가장 원로급 사원이었을 것이다. 필야정 시지에도 제일 먼저 이름이 나와 있고, 행주 은씨 대동보에 의하면, 활터 사원가운데 가장 높은 품계(從二品)까지 오른 인물이다.
[21] '英宗四十年 甲申 李侯世馨重修此亭'(앞의 은이철 기문)

- 1901년(辛丑), 기공 중건, 3~4년 후 준공
- 1905년(乙巳), 중건기록, 중수기 등 판각
- 1910년(庚戌), 헌병주재소가 설치된 뒤, 군용지로 빼앗겨 사용됨
- 1932년(壬申), 민간에 불하[22](진사 은성우가 불하받아 은씨 문중에 기증)
- 1933년(癸酉), 6월 전조선 궁술대회 개최
- 1936년(丙子), 호남사군 연합 궁술경기회 참가
- 1936년(丙子), 중수기록, 군자정기 등 판각, 은상선 사장
- 1950년, 한국전쟁시 보건진료소로 사용
- 1955년, 중수기록
- 1960년 전후 사정 폐정 추정, 마을의 모정(휴식장소) 기능
- 1980년대 후반, 영주경로회로 사용, 문화재 지정 후 철수
- 1990년, 6월 30일 전라북도 유형문화재 제133호로 지정

2) 군자정에서 쓰인 활터 용어

또한, 기문 등 기록과 한량의 후손들에게 들은 바를 근거로 군자정에서 사용된 활터 명칭을 살펴보면, 사두 명칭은 射長, 활터의 구성원은 射員으로 불려졌으며, 집궁하고 射案에 이름을 올렸다는 사실을 확인하였다. 사정간의 편사기록인 필야정 시지에서는 便長의 기록도 보인다.

3) 사대와 과녁위치

과녁 위치는 사정위치를 기준으로 정면설[23]과, 우측면 설이 대립한다. 정면설은 사정 정면을 중심으로 직선 방향으로, 한량이라면 누구나 의심없이 예측 가능한 방향이다. 그러나 현재의 도로상황 등을 본다면 현실적으로 불가능한 측면이 있다. 정 앞쪽으로 가로 난 길(고부면 주도로)이 있고, 화살이 날아가는 과녁 추정지역까지 거의 평행으로 일치한 길이 나있기 때문이다.

우측면설[24] 역시 도로방향이 그 근거를 제시해 주는데 측면설 증언자에 따르면 지금 도로가

---

22) '壬申 幸屬於郡競賣 有志諸員及吾殷考少共力 買還屬于半萊大門中 以爲永遠講武之所(앞의 은이철 기문)
23) 은유정 장손 은민영(1942년생, 78세) 증언. 과녁의 위치가 군자정 정면으로 일직선상에 있었다는 증언. 할아버지인 은유정 한량은 힘이 세어 直弓(强弓)이셨다는 것과 쓰시던 각궁에 인(人)자 무늬가 있었다는 것과, 각궁을 불에 쏘여 올렸다는 이야기, 6.25 전후로 어깨에 총상을 입어 그 이후로는 활을 쏘지 못하였다는 이야기도 들려주셨다. 실제로 보지 않고서는 도저히 말할 수 없는 일이다.
24) 군자정 사원 은치호의 아들 은성찬(1929년생. 91세)의 증언. 13세인 1940년 초반까지 활쏘는 모습을 기억하고 있었으며, 자신은 연밥을 얻어먹기 위해 사정에 자주 왔었고, 광복을 만주에서 맞이했으므로 이후로 군자정 활쏘는 모습을 보지 못했다고 하였다. 그때 당시 활터는 감히 아무나 함부로 올라오지 못하는(못하게 하는) 장소였다고 함. 은성찬 또한 구술 중에 군자정을 사정으로 호칭.

그 때에도 그대로 있어 정면으로는 화살을 보낼 수 없는 상황이라는 것이다.
 군자정 우측면에 가로 난 면사무소로 향하는 작은 길은 당시에는 없던 길이라는 것이다. 게다가 우측면 방향은 현재도 논이다. 애초에 군자정이 활터의 용도로 건립된 정자가 아니므로 시대에 따라, 그 용도를 달리한 후의 주변 환경을 고려한 형태의 사대위치 선정은 오히려 너무나도 당연한 일일 것이다. 과녁위치는 측면설이 더 타당해 보인다.

전면(왼쪽 위), 우측면 사대 및 과녁방향　　①정면 사대설 ②우측면 사대방향

 우측면설을 따른다면 사대는 사진의 그림과 같이 연못위에 있는 활터로 건너오기 위한 돌다리 반대편 쪽에 위치하고, 그 직선방향에 과녁은 서 있었을 것이다. 그러나 군자정에서 활쏘는 모습을 정확히 기억해 내고 있는 두 증언자의 어린 시절 기억이 이토록 다른 것은 어찌된 일인지, 어쩌면 증언자 둘 다 그 모습을 보았는지도 모르겠다. 상황이라는 것은 알 수 없다.
 과녁 모양은 자료가 없지만 두 증언에 의하면, 흰색바탕에 검정색 원을 그린 사각형태의 과녁을 1개 사용한 것으로 정리할 수 있다.
 궁방으로 추정되는 장소는 앞에서 언급한 바와 같이 오른쪽 윗 마루일 것이다. 가운데 두 칸이 방으로 조성되어 있으므로, 궁방은 실내를 이용했을 수도 있다.
 이 밖에도 군자정은 시지와 각 기록에서 보듯이 특별한 성씨(은씨)가 다수를 점한 활터라는 점을 주목할 수 있다. 1932년 진사(進士) 은성우(殷成雨)가 이 정자를 불하받아 문중에 기증했기 때문에 은씨 문중의 영향[25]하에 있었다는 것은 너무도 당연한 일일 것이다.

4) 폐정(廢亭)에 이르게 된 경위

 군자정이 폐정된 시기와 이유는 밝혀내지 못하였다. 현재 폐정의 흔적들이 조금이라도 남아

---

25) 답사에서 만난 은씨들은 군자정을 현재도 당연히 우리 집안 재산으로 여기고 있었다.

있는 활터들의 운명이 그러하듯 군자정 역시 광복 또는 6.25 한국전쟁 전후의 혼란한 사회상의 영향으로 자연스럽게 쇠락의 과정을 거친 것으로 추정하는 것이다. 그렇다고 해도 은씨 문중의 재력이나 지역사회에서의 영향력을 고려해 본다면 쇠락의 원인은 여전히 의문으로 남는다.

증언자인 현존하는 마을 노인들의 기억에 따르면, 1950년 이후에는 활쏘는 모습을 볼 수 없었다는 것이다.

군자정은 일제강점기에 헌병주재소로 쓰였고, 한국전쟁 때에는 진료소 역할, 최근에는 경로당으로도 사용되었다. 경로당으로 사용되기 전에는 오랫동안 마을 사람들의 모임장소인 모정의 역할을 했다고 한다. 마을 사람들은 바람이 잘 통해서 시원한 군자정에 모여서 한여름 더위도 피하고, 연꽃도 구경하고, 꽃이 지면 연밥을 따먹고, 연뿌리도 캐어 먹으며 살았을 것이다.

군자정은 이제 전라북도에서 유형문화재로 대접해 주고 있다. 그냥 바라보기만 해도 아름다운 정자이다. 어느 방면에서 봐도 아름답다. 다시 활을 당기는 공간이 될 수는 없는 것일까. 군자의 꽃이라는 연꽃들을 내려다보면서 그 꽃보다 더 고고하게 서서 해질녘이면 어쩌면 그 옛날 한량들과 시위를 벗어난 화살의 궤적을 기억하고 있을 지도 모르겠다.

4. 아쉬움과 뒷이야기들

여기에서 깊이 다룰 것은 아니지만, 문화재 복원의 실상, 또는 단면에 대해 언급해 보려고 한다. 사실 이 글이 주어진 자료를 충실하게 번역해 낸 정식 결과물이 아닌 답사기의 형식을 빌릴 수밖에 없던 이유도 여기에 있다.

기문과 편액, 주련 모두 복원 수준은 엉망 그 자체였다. 벽에 고정시키기 위해 판 한가운데에 못질을 해댄 것도 참 아쉬운 모습이었다.

오래전 기문을 다시 복원하면서 사포로 갈았는지, 음각한 글자가 대체로 마모된 상태이고, 각이 분명하게 남아있는 곳에는 색을 입히지 않거나 원형을 제대로 살리지 못한 상태에서 색만 입히고, 획이나 모양이 맞지도 않는 글씨를 넣어 복원한 사례가 많았다. 문장을 찾아내고 誤字(오자)를 바로잡는데 적지 않은 시간을 할애해야 했다. 그러나 이런 것들이 버려지지 않고 그나마 제자리를 지키고 있다는 사실은 또 얼마나 다행스러운가.

군자정에 두 번째 찾아갔을 때였다. 편액이며 기문들을 좀 더 선명하게 찍어 내고 연못을 벗어나와 군자정의 모습을 최대한 멋있게 담아내려고 연신 사진을 눌러대고 있을 때였다. 길 건너 정자에서 누가 부르는 소리가 들렸다. '아까부터 우리 집에서 뭐하고 있느냐'는 거였다. 다가가서 답사자를 소개하고 나니, 자신의 할아버지도 예전에 저 정자에서 활을 쏘았던 분이며, 자신은 활 잘 쏘던 할아버지 덕분에 동네와 친구들 사이에서 '장군의 손자[26]'로 불리며 자랐다는 것이다. 답사자로선 할아버지의 함자를 묻지 않을 수 없었는데 그 이름을 '은유정(殷裕楨)'이라고 하였다. 호기심이 발동한 나는 바로 휴대폰을 꺼내어 국궁신문에서 필야정 시지 기사를 검색하여 시지에 등장한 은씨들 중에 어렵지 않게 은유정이라는 이름을 찾아내어 손자에게 보여주었다. 말로만 듣던 할아버지의 83년 전 활쏘기 기록[27]을 직접 보게 된 70이 다 된 손자는 한동안 말을 잇지 못하였다. 그가 느꼈을 벅찬 기쁨과 수풀만 무성한 길을 헤매던 답사자인 나의 희열이 얼마의 차이가 있는지 알 수 없다. 자신보다 할아버지를 더 잘 기억하는 장형(長兄)이 마을에 살고 계시니 찾아가 보라는 권유에 은유정 한량의 장손을 만나고, 그들과 할아버지의 이야기를 나누던 중에 오늘(10월 26일)이 바로 할아버지 은유정 한량의 기일(忌日)이라는 말을 듣는 순간은 실로 연이은 놀라움 그 자체였다.

5. 연정, 군자정, 사정

4차 답사 때였다. 한때 군자정에 입주했었던 영주경로회[28]에 가면 혹시라도 활터의 기록이 남아 있을까싶어[29] 고부에 갈 때마다 들렀던 군자정 앞 진수퍼에서 도움을 청했더니, 주인 할머니[30]께서 그때 당시 이장을 소개해 주겠다며 전화를 걸며 이렇게 말했다.

"사정에 손님이 찾아왔어요."

순간 나는 내 귀를 의심할 수밖에 없었다. 가슴이 쿵쾅거렸다. 방금 뭐라고 말씀하셨느냐고, 사정이 뭔 줄 아느냐고 물었다. 김제에서 이 마을로 시집와서 50년을 넘게 살았지만, 활 쏘는 모습을 한 번도 본 적이 없다는 이 할머니에게 군자정은 아직도 사정(射亭)으로 불리고 있었던 것이다. 군자정을 군자정이라고 부르는 동네 사람들은 없다는 것이다. 그 옛날 한량들은 가고 없지만, 군자정은 아직도 射亭이었다.

오래 전 발견된 궁술대회 시지(試紙) 말고는 사실 특별한 단서도 없이, 무작정 활터자리를 방문하고, 논문집 성격에 어울리지 않는 답사기를 쓰게 된 것은 활터의 폐정과정과 그 이후에 대해 확인하는 것도 활을 쏘는 우리들의 몫이라는 말씀과 턱없이 준비가 부족하여 포기하려던 차에 일단 모은 자료라도 정리해 두는 것이 옳다는 몇몇 접장님들의 권유와 격려에 힘입은 바 있

---

26) 은유정의 손자, 은봉영(67세). 군자정 길 건너 옆 새로 지은 자그마한 정자에서 마을 사람들과 낮술을 즐기던 그가 나를 불렀다는 것은 그에게도 나에게도 행운이었다.
27) 은유정(殷裕楨) 한량의 시수는 3순 7시의 기록이었다. 고부 군자정은 당일 15명의 한량이 참가하여 43시를 기록하였는데 은유정의 기록은 소속 군자정에서는 물론 참가자들의 시수 중 최상위급에 속하였다. 후손들은 전국대회 3등의 기록을 매우 자랑스러워 하였다.
28) 남원 관덕정과 귀로회(노인회), 영광 육일정과 노인회인 남극재의 경우에는 남극재에서 사계첩을 보유하고 있으며, 정작 활터인 육일정에는 관련 자료가 남아 있지 않다는 것이다.(국궁신문 이건호 접장)
29) 결국은 찾지 못했다. 물려받은 기록이 없다는 것이다.
30) 군자정 앞 길건너 진수퍼의 주인, 이숙례(1944년생, 22세인 1965년 군자정이 있는 고부리에 시집와서 55년째 살고 있음. 본 답사자에게 군자정을 사정이라고 호칭한 동네 사람 중 최초의 인물)

음을 밝혀둔다. 일단 논문이라는 형식의 틀에서 벗어나 현장을 방문한 사실 그대로를 옮기고 주어진 자료를 소개하는 답사의 형식을 취하려 했으나, 한 번씩 더 가보게 될 때마다 얻어지는 것들을 차마 버리지 못하고 정리하다 보니 답사기도 아니고, 논문은 더욱 아닌 글이 되고 말았다. 취하고 버리는 것의 선택은 늘 어렵다. 아직 자세히 들여다보지 못한 자료가 더 많다.

군자정에는 지난 두 달 동안 모두 여섯 번을 다녀왔다. 처음 찾아갔던 9월 초순만 해도 연꽃이 그래도 몇 송이 남아있었는데, 마지막 찾은 11월에는 누렇게 바스락거리는 연잎들만 황량하였다. 그 바스라진 연잎을 바라보는 깨어진 영세불망비(永世不忘碑). 아. 그러나 저 군자정 앞의 깨어진 비석들에게 애초에 무슨 생명력이 있겠으며, 영원히 잊을 수 없는 일은 또 어디에 있단 말인가.

군자정 옛 활터 답사에서 나는 80년 전 한량들을 모두 만나고 왔다. 그렇게 믿고 싶다. 그런 나는 이 옛 활터와 어떤 인연이 있었던 것일까. 이 연유도 알 수 없다. 활 쏘고 음풍영월(吟風詠月)하던 옛 사람들의 자취를 살피고 나서 그들의 시 한편 소개 없이 마칠 뻔했다.

池閣宛如蓬　연못 위 군자정 마치 蓬萊와 같아
飄然在水中　표연히 물속에서 피었네
春華冬白雪　봄에는 꽃피고 겨울에는 흰 눈이 좋아
秋月夏淸風　가을에 달 여름 시원한 바람
所習惟觀德　활쏘기에서는 오직 그 덕을 볼 뿐
其爭不論功　그 다툼에 공을 논해서 무엇하리
聊將四時景　그저 四時의 경치나 즐기면서
吟罷更題權　읊기를 마치면 다시 시를 지어야지

湖亭 殷成淑 詩 (丁丑 小春)

□ 참고자료

현판자료
1. 義捐芳名錄 (丙子1936)
2. 君子亭記-1(丙子1936, 殷致炯, 군자정 소장)
3. 君子亭記-2(丙子1936, 殷庠善, 군자정 소장)
4. 君子亭 重建記-1(乙巳1905, 殷道尹, 군자정 소장)
5. 君子亭 重建記-2(乙巳1905, 殷錫南, 군자정 소장)
6. 郡府沿革及君子亭經歷(丁丑1937 殷以澈, 군자정 소장)
7. 君子亭 修理贊助 芳名錄(1955, 발기인 은경표 등, 군자정 소장)
8. 洪益謨 詩板 (丁酉1837, 군자정 소장)
9. 可山 殷熙燦 詩板(丙子1936, 군자정 소장)
10. 寅谷 殷東振 詩板(丙子1936, 군자정 소장)
11. 湖亭 殷成淑 詩板(丁丑1937, 군자정 소장)

사진자료
1. 必也亭 試紙 (丙子1936, 閏三月二十日, 국궁신문 기사 발췌)
2. 군자정 전경, 필자 촬영
3. 은유정 사진, 은민영 소장

구술자료
1. 은민영(79세, 군자정 사원 은유정 장손) 구술
2. 은봉영(67세, 군자정 사원 은유정 후손) 구술
3. 은성찬(91세, 군자정 사원 은치호 자) 구술

기타자료
1. 정읍시청 홈페이지
2. 동아일보 신문기사 (네이버 발췌)
3. 幸州 殷氏 大同譜 (은유정 후손, 은민영 소장)
4. 全鮮名勝古蹟 (1929, 金逌東, 東明社)

1941년 전조선궁도대회 문서 2건 고찰

정진명(온깍지활쏘기학교 교두)

1. 머리말	4. 해방 전 전국의 활터 상황
2. 1941년 궁도대회의 성격	5. 5월 대회 명부
3. 10월 대회를 통해본 조선 활쏘기의 상황	6. 맺음말

1. 머리말

일제강점기는 여러 모로 우리나라에서는 전환기이다. 외국에 의해 강제로 변화가 초래되었다는 것과, 그것이 오늘날 우리 사회의 기틀을 결정했다는 점이다. 스포츠의 경우도 마찬가지이다. 활쏘기는, 그 전에 내려오던 다양한 풍속이 근대 스포츠로 전환하는 계기가 되었다. 그 과정에 조선궁술연구회와 조선궁도회가 있는데, 이에 대한 실상은 잘 알 수 없는 것이 그간의 국궁계 사정이었다.

이런 상황에 일대 변화를 가져온 것이 성낙인 옹의 유품이다. 주로 조선궁도회장 성문영 공의 활 관련 자료인데, 그 안에는 잡서류철이 있어서 조선궁도회의 형성과정을 비롯한 모든 내용을 알아볼 수 있게 되었다.

이 글은 그 중에서도 1941(소화16)년에 두 차례 치러진 궁도대회를 살펴보려고 한다. 이 두 대회는 여러 가지로 중요한 의미가 있다. 이를 알아보기 위해 관련 자료를 찾아보았는데, 근대 활쏘기의 연구는 불모지나 다름없었다. 그런 가운데 이건호 접장이 일제 강점기의 신문자료를 정리하여 발표한 근대 활쏘기 대회 목록은 보물과도 같은 글이다.[1] 그리고 신문자료와 조선궁도회 자료를 비교분석하여 정리한 국궁논문집의 논문도 이 분야에서는 가장 잘 정리된 글이다.[2]

이글에서는 이런 앞선 자료를 바탕으로 1941년의 궁도대회 자료를 살펴보려고 한다.

---

1) 이건호, 근대 신문에 나타난 활쏘기의 흐름, 국궁논문집 제7집, 온깍지궁사회, 2009
2) 이건호, 1941년 전조선궁도대회 고찰, 국궁논문집 제8집, 온깍지궁사회, 2013

2. 1941년 궁도대회의 성격

1941(소화16)년에는 전조선궁도대회가 2회 열린다. 조선체육회의 가맹단체인 조선궁도회에서 춘추로 연2회 대회를 실시한다는 애초의 계획3)에 의한 것이다. 그런데 특이한 점이 있다. 봄 대회는 5월에 열렸고, 가을 대회는 10월에 열렸는데, 두 대회의 성격이 다르다는 것이다. 5월 대회는 전조선궁도대회로 치러졌는데, 10월 대회는 제17회 조선신궁봉찬체육대회의 일환으로 열려서, 이름도 제17회조선신궁봉찬체육궁도대회가 되었다.

이 차이는 아주 큰 의미가 있다. 1941년 봄만 해도 활쏘기 대회는 조선궁도회에서 주관하여 치른 민간 대회였다는 것이다. 그렇지만 가을로 접어들면 조선신궁봉찬이라는 수식어가 붙는다. 민간체육단체 당사자들의 의지와는 상관없이 일본제국주의의 간섭이 스포츠 분야까지 관철된 것이다. 조선신궁을 봉찬한 것을 기념하여 스포츠 대회를 한다는 것이니, 일제의 조선 강점을 용인하지 않은 모든 사람들을 향해 선전포고와 같은 대회인 것이다.

이것은 일본제국주의가 조선 내의 통치에 자신감을 보인 결과이겠지만, 뒤집어 보면 1941년은 중국과 태평양 두 지역의 전선에서 전쟁이 확대되어 파멸의 그림자가 서서히 짙어지던 시절이기도 하다. 이에 대한 반동으로 국내의 탄압을 더욱 강화하는 과정에서 나온 스포츠 정책인 것이다. 창씨개명이 이 해에 추진된 것도 이런 영향이다.

따라서 1941년 10월 대회 이후, 사실상 민간주도의 스포츠 활동, 특히 활쏘기 활동이 거의 불가능한 지경에 이르렀음을 알 수 있다. 더욱 중요한 것은 1932년에 출범한 조선궁도회의 서류철을 보면 1932년 출범 당시부터 모든 서류가 <잡서류철>에 정리되었는데, 이 대회 이후 이 서류철의 기록이 없다는 점이다. 잡서류철은 이 해를 마지막으로 끝난다. 사실상 조선궁도회의 기능과 활동이 멈춘 것이다.

이것이 조선궁도회 집행부의 의지인지 아니면 조선총독부의 강제인지는 현재로서는 확인할 길이 없다. 그러나 성문영 공의 유품을 살펴보면 기록보존이 감탄을 자아낼 만큼 철저한 것으로 보아, 스스로 이런 활동을 그친 것으로 보이지는 않는다. 더 이상 이런 서류를 만들 필요가 없는 상황이 오자, 내부 활동도 함께 그친 것으로 보인다. 이것은 더 이상 일제의 체육정책에 맞장구치지 않겠다는 조선궁도회 내부의 의지가 느껴지는 부분이기도 하다. 실제로 해방 전의 신문자료를 보면 궁술대회를 보도한 자료는 1941년의 것으로 끝난다.4) 전쟁에 돌입한 정국에서 모든 스포츠 활동까지 질식당한 것으로 보인다.

---

3) 조선궁도회 사업계획서
4) 이건호, 궁술종합목록, 국궁논문집 제4집, 온깍지궁사회, 2005

3. 10월 대회를 통해본 조선 활쏘기의 상황

잡서류철에는 5월과 10월에 각기 치러진 대회의 출전선수 명단이 있다. 즉 작대표를 짠 것이 있는데, 그것이 그대로 서류철에 실렸다. 이것은 기록이 아주 상세해서 출전 선수의 명단은 물론 주소와 활터 이름까지 아주 자세하다. 해방 전의 활쏘기 연구에 이보다 더 중요한 자료는 있을 수 없다.

그 중에서도 10월 대회의 단체전 작대표는 놀라울 만큼 상세하다. 그래서 여기서는 우선 10월 대회의 단체전 작대표를 중심으로 당시의 궁술계 상황을 살펴보기로 한다. 먼저 선수 명부는 다음과 같다.

二十一
昭和十六年拾月二十二日
二十三

第十七回朝鮮神宮奉讚體育弓道大會名簿

朝鮮弓道會

15,- 君子亭	未收入	
17,- 反求亭	未收入	
18,- 舞鶴亭	未收入	
18,- 鳳德亭	未收	取消
17,- 總務亭	未收	取消
16,- 儀鳳亭	未收入	
13,- 晩海亭	未收入	
17,- 德游亭 17,- 穿楊亭	未收入 未收入	
17,- 觀德亭 17,- 騎山亭	未收入 未收	 取消
光武亭 15,- 觀蓮亭	收入 收入	
17,00 武德亭	收入	

			氏名	職業	住所	年齢
1	松鶴亭	監督	吳煥弼	農業	高陽郡 中面 一山里 六〇八番地	五四
		主將	宋奎源	〃	〃 〃 一山里 一八番地	五一
			金福沃	〃	〃 碧蹄面 城石里 四九四	五八
			金景順	〃	坡州郡 交河面 東牌里 五一二	五七
			姜喜遠	〃	高陽郡 松浦面 德耳里 三七九	五一
			李星旭	〃	〃 中面 一山里 六〇八	五〇
			徐廷福	〃	〃 〃 注葉里 三七四	四六
		后備	金顯龜	〃	〃 〃 一山里 五九二	三〇
2	金虎亭	監督	金江鎭聲	商業	黃海道 金川郡 金川面 金陵里	四一
		主將	金澤泰運	〃	〃 〃 〃	四三
			伊東正雄	〃	〃 〃 〃	四五
			成富光沈	〃	〃 〃 〃	四〇
			藤田 弘	〃	〃 〃 〃	三〇
			松山点龍	〃	〃 〃 〃	四四
			山本彪雄	〃	〃 〃 〃	三五
		后備	玉川福仁	〃未收	〃 〃 未收	四〇
3	南鶴亭	監督	金洙漢	農業	始興郡 東面 九老里	
		主將	姜仙龍	〃	〃 〃 〃	
			白漢俊	〃	〃 〃 〃	
			黃順巨	〃	〃 〃 〃	
			金鍾漢	〃	〃 〃 〃	
			趙龍文	〃	〃 〃 〃	
			金慶成	〃	〃 〃 〃	
		后備	金錫煥	〃未收		
4	永武亭	監督	禹漢榮	〃	延白郡 柳谷面 永城里	五八
		主將	李麟珪	〃	延白郡 柳谷面 永城里	四九
			徐舜鎭	〃	〃 〃 〃	五八
			國本芳園	〃	〃 〃 〃	四九
			韓昌云	〃	〃 〃 〃	四四
			禹龜昇	〃	〃 〃 〃	三七
			金順男	〃	〃 〃 〃	貳七
5	金虎亭	監督	盧圭昌	〃	坡州郡 衙洞面 金村里	四三
		主將	李時榮	〃	〃 〃 〃	四九
			崔永進	〃	〃 〃 〃	四九
			黃河雲	〃	〃 〃 〃	六七
			河淸一	農業	坡州郡 衙洞面 金村里	三七
			姜在洛	〃	〃 〃 〃	五三
			金星煥	〃	〃 〃 〃	四五
		后備	金秉淳	〃	〃 〃 〃	四九
6	逍遼亭	監督	朴啓元	商業	楊州郡 伊淡面 東豆川里 一九七	五一
		主將	申文敬	〃	〃 〃 〃	四三
			朴元瑞	〃	〃 〃 〃	七一
			崔明汝	〃	〃 〃 〃	三九
			都貴男	〃	〃 〃 〃	二九
			崔鳳倫	〃	〃 〃 〃	三六
			崔德根	〃	〃 〃 〃	五七
		后備	柳祥雲	〃	〃 〃 〃	六〇

7	黃虎	監督	朴泓鉉	〃	黃海道 平山郡 寶山面 南川里	四五
		主將	陳祥洪	〃	〃 〃	四七
			朴成運	〃	〃 〃	三三
			金基瑄	〃未收	〃 〃 未收	三三
			張京順	〃	〃 〃	三二
			姜龍三	〃未收	〃 〃 未收	三〇
			金鍾成	〃	〃 〃	二八
			姜浩成	〃	〃 〃	五二
8	石虎亭	監督	姜浩成	農業	京城府 並木町 一五六-二	六一
		主將	洪德杓	〃	〃 一八二	五三
			金永纘	〃	〃 桃花町 一五九-一二	六三
			金永元	〃	〃 並木町 一五六-一	五四
			金家黙	〃	京城府 桃花町 一三一	四五
			禹章圭	〃	〃 新堂町 四〇三-九	三一
			高相奎	〃	〃 鐘路 一二〇	四九
		后備	金弘植	〃	〃 新堂町 二二八	四七
9	靑龍亭	監督	車亨淳	弓矢商	〃 昌信町 六五一-七	五九
		主將	朱淳軫	家具商	〃 崇仁町 五九-二	五十
			朴義孝	農業	〃 上往十里町 六一〇	五八
			金永祐	〃	〃 長〇町 一〇六-二	五〇
			張星九	會社員	〃 永登浦町 三四-一一七	四八
			梁世進	洋靴商	〃 鐘路二丁目 九	四七
			成鳳錫	農業	〃 崇仁町 二九三	四七
		后備	金尙元	〃	〃 崇仁町 二九三	四八
10	觀德亭	監督	金泰鎬	商業	開城府 北本町	四七
		主將	洪在廷	〃	〃 〃	四七
			朴一鉉	〃	〃 池町	四六
			朴貞鉉	〃	〃 東本町	四六
			朴在淸	〃	〃 池町	三八
			李寅祕	〃	〃 高麗町	三五
			崔英鎭	〃	〃 南本町	三四
		后備	朴熙增	〃	〃 滿月町	二二
11	虎亭	監督	李賢哲	〃	〃 東本町 一五一	四三
		主將	金松錫泰	〃	〃 高麗町 七三六	五三
			木川鐘善	〃	〃 南山町 二-一七	四七
			金鍾煥	〃未收	〃 北本町 一七六	四四
			趙永福	商業	〃 元町 一三五	四三
			李相範	〃	〃 南山町 三三七	三八
			平山淸義	〃	〃 東本町 六四四	三七
		后備	吳松泰仁	〃	〃 東本町 四七八	三三
12	伽倻	監督	安在輝	農業	咸安郡 伽倻面 末山里	四九
		主將	安商守	〃	〃 〃	二六
			申海玉	商業	〃 〃	五四
			金敬富	農業	〃 〃	四七

	亭		趙文煥	〃	〃 〃	四二
			李琪俊	〃	〃 〃	四三
			朴基會	〃	〃 〃	二六
		后備	金泰桓	〃	〃 〃	四一
13	金剛亭	監督	崔永福	水產業	江原道 長箭邑 長箭里	五七
		主將	金俊斗	商業	〃	五四
			申光均	〃	〃	四九
			朴龍河	鐵工業	〃	三四
			崔龍雲	木材商	〃	三六
			鄭鎭玉	雜貨商	〃	三三
			元本興	古物商	〃	三一
		后備	朴俊錫	食料品商	〃 〃	三七
14	金鶴亭	監督	彬本文雄	農業	龍仁郡 龍仁面 金良場里	四六
		主將	元村淸一	商業	〃	三四
			柳生健夫	工業	〃	三二
			金泉源基	〃	〃	四八
			盧熙洙	工業	〃	三三
			水城敏和	商業	〃	三四
			金谷春岡	工業	〃	四〇
		后備	神山武士	商業	〃	五八
15	君子亭	監督	張炯一	農業	全南 麗水郡 麗水邑 西町 一丁目	五八
		主將	朴炳夔	商業	〃 西町	五三
			金亨柱	〃	〃 西町	五〇
			金正奎	〃	〃 東町	四七
			申錫桓	〃	〃	四三
			李芳憲	農業	〃 西町	三七
			鄭泰瑢	商業	〃	三七
		后備	朴根在	農業	〃	三五
16	半月亭	監督	林晶植	〃	水原郡 半月面 八谷一里	四五
		主將	千原起弘	〃	〃 大夜味里	五五
			趙元教	〃	〃 梅松面 野鷲里	五六
			金雲植	〃	〃	四五
			柳村英吉	〃	〃 半月面 大夜味里	四五
			李敎善	〃	〃 一里	四五
			洪興裕	〃	〃 四里	四一
		后備	林昌鉉	〃	〃 一里	五二
17	反求亭	監督	平沼德源	商業	開城府 南山町 七五六	五六
		主將	松浦大鎭	〃	〃 三五九	四五
			德山性孝	〃	〃 北本町 二〇六	四二
			大澤柱天	〃	〃 南山町 四〇七	三八
			金島元聲	商業	開城府 南山町 三六	三七
			平山崇榮	〃	〃 南本町 四三二	三五
			西村熙俊	〃	〃 三八六	二九

		后備	淸島永益	〃	〃　〃	
		監督	林信藏	〃	京城府 峴底町 四六-九七四	五四
	黃	主將	丁奎常	〃	〃　本○町	五八
			李順澤	〃	〃　桂○町	五九
18	鶴		黃武寅	〃	〃　新町	五四
			金仲濟	〃	〃　通仁町	五六
	亭		李宗壽	〃	〃　西大門町 二	四八
			金東準	〃	〃　通仁町	四0
		后備	金載鎬	〃	〃　社稷町	四二
		監督	李容厚	商業	京城府 峴底町 一0七-四八	四九
	西	主將	金泳德	事務員	〃　平洞町 一三	四五
19			元翼常	商業	〃　玉川町 一二七-二五	四七
	虎		金廣泰	建具業	〃　天然町 山四	四0
			李漢豊	商業	〃　通仁町 三-二	四0
	亭		朴俊遠	農業	〃　弘福町 六一	四六
			申壽鉉	商業	〃　北阿峴町 二五-二	三四
		后備	金昌泰	職工	〃　玉川町 一二七-四九	三四
		監督	松本永祚	商業	長湍郡 長湍面 東場里	六七
	六	主將	印天基	農業	〃	四六
20	一		高山一鳳	商業	〃	四二
			松本成黙	〃	〃	四一
	亭		車根祿	〃	〃	三九
			松本仲黙	商業	長湍郡 長湍面 東場里	三七
			林成奉	〃	〃	三五
		監督	曺秉洙	〃	京城府 下往十里町 九九四	四八
	舞	主將	金光芸	〃	〃　〃 一四五	四0
21			張世震	〃	〃　〃 六0	四二
	鶴		崔鍾弼	〃	〃　〃 九一四	二四
			趙原根	會社員	〃　〃 八八四	五一
	亭		金漢翊	商業	〃　上往十里 三0九	五五
			李光現	會社員	〃　下往里 八七七	三八
		后備	崔光哲	商業	〃　〃 七八四	五六
		監督	金聲浩		全南 木浦邑內	
木	練	選手	宋永煥		〃　〃	
浦			金一樵		〃　〃	
22	武		琴宗喆		〃　〃	
			裵晟基		〃　〃	
	亭		劉安洙		〃　〃	
			金龍根		〃　〃	
			金億源		西虎亭　〃	
潭		選手	金炳庸		全南 潭陽邑內	
陽	總		姜宗吉		〃　〃	

	務亭		姜宗元		〃	〃	
			鞠垜宇		〃	〃	
			洪元明		〃	〃	
			金良根		〃	〃	
			金昌燮		〃	〃	
求禮 24	鳳德亭	代表者	高光秀		全南 求禮邑內		
		選手	文桂煥		〃	〃	
			金茂圭		〃	〃	
			崔鍾文		〃	〃	
			金英徹		〃	〃	
			金廷昊		〃	〃	
			鄭方彦		〃	〃	
		后	高光秀		〃	〃	
25	崇武亭	監督	尹漢春	農業	高陽郡 崇仁面 ○阿里 七0八		
		主將	尹鳳翼	〃	〃 〃	三三一	
			李貴榮	〃	〃 〃	九四	
			金建成	〃	〃 〃	六八0	
			金允澤	〃	〃 〃	七三	
			金泰烈	〃	〃 〃	八七	
			韓相德	〃	〃 〃	九三	
26	龍虎亭	監督	韓益洙	商業	京城府 明倫町 四- 一四三		五六
		主將	姜永來	農業	〃 敦岩町 四四二-一0		六參
			劉東煥	商業	〃 〃 三九七		五五
			李東軒	〃	〃 鐘路 六 一三五		四五
			韓麟洙	農業	〃 紅把町 五- 四		四五
			朴順弼	商業	〃 敦岩町 三九四		五二
			伊山泳述	狩獵	〃 〃 四八五		五四
		后備	宋順榮	農業	〃 新堂 三七六		四0
27	武虎亭	監督	延城明新	農業	黃海道 京義線 礪峴驛前		五五
		主將	白川章煥	〃	〃 〃		四五
			銀川福淳	〃	〃 〃		四七
			平田時昌	〃	〃 〃		三0
			月谷世煥	〃	〃 〃		二七
			永川弘一	〃	〃 〃		三0
			柳田文根	〃	〃 〃		六三
28	儀鳳	監督	黃正中	〃	咸安郡 邑內		
		主將	安泰中	〃	〃 〃		
			李聖出	〃	〃 〃		
			申鳳祚	〃	〃 〃		
			鄭世煥	〃	〃 〃		
			趙時圭	〃			
			金泰桓	〃			

29 武德亭	監督	金永煥	弓		
	主將	李億龍	農		
		宋憲沃	〃		
		吳貴煥	〃		
		黃達秀	商		
		徐龍伊	〃		
		全興植	〃		
30 青華亭	監督	黃祚賢	〃	延白郡 延安邑 鳳南里	三七
	主將	金章煥	商業	〃 〃	三七
		朴黃讚	〃	〃 〃	三六
		金元駿	〃	〃 〃	三五
		崔元榮	〃	〃 〃	五一
		李錫宰	農業	〃 〃	三八
		黃德信	商業	〃 〃	三0
31 書院亭	后備	洪潤福	〃		三二
	監督	張基弘	農業	始興郡 東面 新林里	五五
	主將	延益珠	〃	〃 〃	四八
		李康明	〃	〃 〃	五0
		李昌先	〃	〃 奉天里	四八
		金炯烈	〃	〃 新林里	三六
		延光欽	〃	〃 〃	三六
		李廷來	〃	〃 〃	三五
	后備	延龍煥	〃	〃 〃	三四
32 西元亭	監督	張本愼煥	〃	高陽郡 元堂面 食寺里	四五
	主將	金海相鉉	〃	〃 〃 〃	五七
		朴村道興	〃	〃 〃 〃	五七
		金川炳泰	〃	〃 〃 〃	五四
		金貞烈	〃	〃 〃 〃	四六
		國本長孫	〃	〃 〃 〃	三八
		朴大成	〃	〃 〃 〃	三八
33 咸北弓道會	監督	金城秀長	商業	咸北 鏡城郡 朱乙溫泉	四八
	主將	金澤元河	綿布商	〃 〃驛前	三二
		金江德猷	木材商	明川郡 邑內	四八
		金谷鳳石	雜貨商	〃 〃	三五
		池永錫鉉	農業	〃 〃明川洞	三七
		三原乙文	〃	〃 橘洞驛前	三五
		松原舜鳳	商業	清津邑 浦項町	五五
34 晩海亭	監督	金榮勳	農業	吉州郡 吉州邑內	五0
	主將	孫星奎	商業	清津邑 新岩町	四0
		李舜玉	鐵道業	富寧郡 邑內	四五
		金光兩烈	農業	明川郡 明川驛前	五0
		彬山士集	弓商	清津邑 浦項町	四九
		密山武男	商業	茂山郡 新站驛前	五五

			池永錫凡	農業	明川郡 邑內 明川洞	三一
35	穿楊亭	監督	金大鉉	農業	全州邑 曙町 一九五	四七
		主將	崔鶴卿	農業	全州邑 大正町七 四-一	四〇
			安昇鎬	農業	群山邑 開福町 三九	四〇
			崔錫周	〃	井邑邑 水坪町 貳七	三九
			車仁煥	農業	〃　　　〃	四六
			吳佶桓	〃	金堤郡 院坪面 一一	三七
			辛和根	〃	金堤邑內 三六	三六
36	觀優亭	監督	李太源	農業	全州邑 大和町 五二	四一
		主將	崔壽岩	商業	〃　高砂町 二七二	三七
			李良秀	〃	群山邑 新町 二七〇	五一
			趙鳳滓	農業	井邑 水坪町 一九九	三六
			金鎔培	商業	金堤郡 院坪 二七〇	三五
			李昌洙	〃	全州邑 高砂町 三六〇	四七
			黃鎬敏	農業	全州邑 高砂町 一九一	三三
37	德游亭	代表	金亮黙	〃	論山郡 江景邑 西町	四八
			白永基	〃		三七
			金大鉉	〃		五〇
			洪泰彦	〃		四三
			趙明東	〃		三五
			新井榮	〃		二六
			金泳大	〃		三三
38	驪山亭	監督	李延文	商業	馬山邑 通町 五-六	四五
		主將	金幸潤	〃	〃　弓町 二六五	三九
			曺宗錫	〃	〃　石町 一七五	三九
			權三鉉	〃	〃　城湖洞 六九	三九
			權五鉉	〃	〃　壽町 四二	二七
			文正律	〃	〃　新町 四四	三三
			金命福	〃	〃　石町 一五〇	三七
		后備	李宗煥	〃	〃　幸町 四三	三七
39	觀蓮亭	監督	李俊景	農業	延安郡 延安邑 延城里	六八
		主將	劉〇秀	〃	〃	五五
			林世英	〃	〃	四九
			閔東植	〃	〃	四六
			李泰善	〃	〃	四〇
			李元培	〃	〃	三七
			鄭泰石	〃	〃	三三
40	光武亭	監督	姜芝馨	農業	仁川邑 木越町 二六八	四三
		主將	姜範馨	〃	〃　　〃	四三
			安基春	〃	〃　　〃 二七〇	四〇
			韓東玉	〃	〃　　〃 三〇〇	三六
			韓太洪	〃	〃　　〃 三九九	三二
			李用學	〃	〃　　〃 三五一	三〇

41	雄豪亭		韓泰錫	〃	〃　　〃 三九九	二七
		監督	尹時壁	農業	咸北 淸津邑 水北町	五三
		主將	崔寬錫	〃	〃　　〃	三五
			金 鈕	商業	〃　　浦項町	三五
			玄公麟	〃	鏡城郡 朱乙面 溫泉洞	二八
			尹時燮	〃	間島省 圖門街	五一
			黃圭英	〃	延安邑	五一
			許鳳準	〃	開城邑內	三七

1) 대회 명부 작성 방식

5월 명부와 이 명부를 비교해보면 크게 다른 점이 단체전 기록방식이다. 5월 명부에서는 단체전 1띠를 7명으로 짰다. 그런데 여기서 보면 7명으로 짜는 것을 기본으로 하되 역할을 나눈 것이 두드러지게 눈에 띈다. 즉 감독 1명, 주장 1명을 두고 선수를 5명 둔 다음에 후보 선수를 1명 둔 것이다. 물론 활터를 중심으로 단체전을 구성했고, 선수가 부족한 경우는 후보를 두지 않는 정도 있다. 감독과 후보가 실제로 활을 쐈는지는 분명하지 않다. 그렇지만 통상 7명이 단체전을 구성한 전례로 보면 후보만 쏘지 않고 감독과 주장은 쐈을 것으로 짐작된다.

기록이 조금 다른 경우도 있다. 즉 감독이나 주장이 없고 대표로만 기록된 정도 있다. 이런 상황도 이유가 분명하지 않다.

2) 참가 선수 연령대 분석

이 기록이 특이하고 특별한 것은 선수들의 직업과 나이까지 자세하게 기록했다는 점이다. 그 이유가 분명치 않다. 활쏘기 대회에서 선수들이 나이와 직업을 기록할 만한 이유가 없기 때문이다. 그런데도 굳이 이렇게 한 이유를 굳이 찾으라면 아마도 선수들 신상을 파악하려는 조선체육회의 의도가 개입된 것이 아닌가 추정된다. 준전시 상황의 특수한 경우라고 하겠다.

일본제국주의의 철저한 감독으로 인하여 거꾸로 당시의 한량들에 대해 자세히 알아볼 수 있게 되었다는 것은 슬픈 역설이기도 하다. 우선 참가자의 나이를 10년 단위로 끊어서 살펴보면 다음과 같이 정리할 수 있다. 전체 명부에는 나이가 기록된 사람이 대부분인데, 일부에서는 기록이 누락된 곳도 있다. 우선 나이가 기록된 사람들만 통계로 잡아서 정리하였다.

구분	20대	30대	40대	50대	60대	70대	계
인원수	13	83	95	59	7	1	258
%	5	32.2	38.6	22.9	2.7	0.4	

한눈에 보아도 30~40대가 선수층의 주류임을 알 수 있다. 이들이 73.8%나 된다. 50대까지 포함하면 97%에 육박한다. 오늘날 많은 사람들이 활은 나이 많은 사람들이나 하는 운동이라는 생각을 하는데, 이것이 사실이 아니었음을 이 자료는 분명히 보여준다. 게다가 활쏘기는 노인들이나 하는 운동이라는 왜곡된 시각은 더더욱 잘못된 것임도 저절로 증명된다.

일제 강점기 하의 체육인들이 어떤 연령이었는가를 보여주는 자료는 모든 종목에서 알 수 없는 경우이다. 그렇지만 이런 자료를 통해 활쏘기 인구의 연령대를 알아볼 수 있으니, 이 자료는 실로 중요한 것이라 하겠다.

3) 선수 직업별 분류 분석

이 명부에는 또 한 가지 중요한 기록이 있다. 즉 선수들의 직업까지 기록한 것이다. 이 기록을 분석하면 활쏘기에 참여한 사람들이 당시 사회에서 어떤 계층이었는가를 알 수 있다.

직업 명칭에는 여러 가지가 있는데, 이들을 한두 가지로 분류하기는 쉽지 않다. 상위 개념과 하위 개념이 뒤섞여서 그런 것인데, 이를 갈래에 따라 다시 정리해보면 다음과 같다.

큰 구분	작은 구분	인원	계	%
농업			146	50.7
상업	상업	117	125	43.3
	가구상	1		
	양화상	1		
	목재상	2		
	잡화상	1		
	고물상	1		
	식료품상	1		
	면포상	1		
공업	공업	4	8	2.8
	철공업	1		
	건구업	1		
	직공	1		
	철도업	1		

궁상			3	1.0
회사원			3	1.0
수산업			1	
사무원			1	
수렵			1	
합계			288	

직업이 파악된 288명의 선수 중에 농업이 146명으로 50%가 넘어, 한눈에 보기에도 농업이 대다수임을 알 수 있다. 이는 당시 사회가 농업에 의해 유지되는 경제 상태였음을 알 수 있는데, 이는 우리의 일반 통념과도 얼추 맞는다.

그런데 더욱 특별한 것은 상업이라고 기록한 선수들이다. 상업이라고 적은 이는 117명이지만, 더욱 자세히 적은 직업들 중에서도 상업으로 분류할 만한 직업이 있어서 그것까지 포함하면 125명이 된다. 이들이 43.3%인데, 이는 아주 특별한 수치이다. 거의 절반 가까이 되는 숫자인데, 활터 선수의 절반 가까이가 상업이라는 것은, 활터의 세력이 어떤 성향인가를 아주 잘 볼 수 있는 대목이다. 즉 5천 년 간 이어진 농경사회에서 절반에 가까운 사람들이 상업을 직업으로 했다는 것은, 새로운 계층이 형성되었다는 것을 뜻한다. 즉 신흥 자본가들이 활터에 밀려들었음을 의미한다.

당시 활터가 지배층의 사교장 노릇을 한 곳이었다는 것을 감안하면 신흥자본가들이 자신의 지위와 자본을 유지하기 위해 활터를 이용했음을 보여주는 것이다. 이 비율은 당시 사회의 양상을 볼 때 아주 특이한 것이라고 추정할 수 있다. 농업이 부의 절대 기준이었던 사회에서 그 기준이 깨지고 부의 기준이 상업으로 이동하는 우리나라 근대화 초기 변화를 아주 잘 보여주는 수치이다.

건구상이란 낯선 이름인데, 일본어이다. 문짝이나 창호를 전문으로 취급하는 직업을 말한다.

회사원이나 사무원은 자세히 어떤 것인지 더는 알 수 없다. 수렵을 직업으로 한 사람이 있다는 것도 독특한 일이다.

눈길을 끄는 것은 궁상이다. 석호정의 차형순은 궁시상(弓矢商), 무덕정의 김영환은 궁(弓), 함북 청진 만해정의 彬山土集은 궁상(弓商)이라고 적혔다. 궁시상이란 활과 화살을 모두 취급한 사람이라는 뜻인데, 실제로 둘 다 만들지는 않았을 것이다. 특히 서울에는 장 궁방이 있었기 때문에 차형순이 직접 활을 만들지는 않았을 것으로 보인다. 활과 화살을 한량들에게 공급하는 장사꾼이었을 것으로 짐작된다. 彬山土集은 궁상이라고 적혔는데, 궁장인지 활 장사꾼인지는 분명치 않다.

1941년 무렵에는 활을 만들기가 쉽지 않았다. 가장 중요한 재료인 무소뿔을 수입하기가 어려웠기 때문이다. 전쟁 물자가 부족하여 민간에서도 허리띠를 졸라매던 시절이라 소비재인 무소뿔을 사온다는 것은 결코 쉬운 일이 아니다. 결국 당사자가 중국 남부나 태국 같은 곳에 가서 사와

야 하는데, 그게 쉬운 일이 아니었다. 그러다보니 국내의 궁장들은 한 사람이 수입해오는 무소뿔을 나눠 받아야 하거나, 그도 저도 아니면 도장이나 한약재로 수입해오는 사람들로부터 사정하여 구하는 수밖에 없다. 결국 활터의 많은 수요를 감당하기 위하여 일제강점기하에 3차례 직접 태국과 중국을 방문하여 무소뿔을 구해온다.5) 예천 궁장 김태정이 무소뿔을 구해 와서 국내의 궁장들에게 나눠주는 방식이다.

무덕정의 김영환은 특별한 이름이다. 이 자료에는 무덕정의 주소가 나오지 않는데, 무덕정이라는 이름이 전국에 많이 있는 활터 이름이어서 이 무덕정이 어디인지 분명히 알 수 없다. 그런데 부천궁장 김장환의 형 이름이 김영환이다. 그리고 무덕정은 부천 옆의 인천에 있는 활터이다. 따라서 김영환은 김장환의 형일 것으로 추측된다. 그렇다면 김영환은 당시 인천 무덕정 소속이었음을 알 수 있다. 김장환은 해방 직전에 일본순사와 갈등을 빚어서 부천에 살지 못하고 여기저기 떠돌며 활을 만들어 생계를 이어갔다. 김장환이 만주까지 가서 활을 만들다가 해방 직전에는 황해도 개성 근처의 연안에 있다가 해방을 맞는다. 이런 사실은 김장환의 손자 김홍진에게서 들은 것이고, 영월 궁방에서 김장환이 만주국 건국 10주년을 기념하여 연길에서 개최한 궁도대회에서 받아온 상장을 통해서도 확인한 것이다.6) 이를 보면 김영환과 김장환은 아버지한테서 활을 배웠는데, 김장환이 부천을 떠나서 떠도는 사이 김영환은 인천 무덕정에 소속을 두고 활동을 한 것으로 보인다. 인천의 안석흥도 김영환 형제와 함께 활을 배워서 한 동안 인천에서 궁방을 열었다.7)

4. 해방 전 전국의 활터 상황

해방 전의 활터 상황에 대해서는 이렇다 할 기록이 없어서 구사들의 기억에 의존하는 수밖에 없었다. 그중에서 가장 자세한 언급을 한 인물은 윤준혁이었다. 해방 직후의 활터를 기억하는 와중에 100여개 정이라고 한 적이 있다.8)

그런데 대회 명부가 발견됨으로써 당시의 실정을 정확히 알 수 있게 되었다. 우선 10월의 선수명부에 나타난 활터부터 정리하고 5월 명부와 회비 징수부에 나타난 활터를 추가하면 다음과 같다.

---

5) 권영구, 예천 활의 전통, 국궁논문집 제3집, 온깍지궁사회, 2003
6) 정진명, 한국의 활쏘기, 학민사, 1999. 11쪽
7) 정진명, 이야기 활 풍속사, 학민사, 2000
   안석흥 접장의 아들이 서울 오산중학교 교사였는데, 그분과 통화를 하는 과정에서 알아낸 사실이다.
8) 윤준혁, 전라도 지역의 해방 전 활쏘기 풍속, 국궁논문집 제1집, 2001

지역	10월 명부 활터		5월 명부 활터		회비 징수부		
경성	석호정 청학정 황학정 서호정 무학정 용호정	6			화수정	1	7
개성	관덕정 호정 반구정	3					3
경기도	파주 금호정 고양 송학정 고양 숭무정 고양 서원정 시흥 남학정 시흥 서원정 양주 소요정 용인 금학정 수원 반월정 인천 광무정 인천 무덕정 장단 육일정	12	김포 백호정 포천 서학정 안성 육일정 연천 입암정 부천 소래정	6	장단 사곡정	1	19
황해도	금천 금호정 연백 영무정 평산 황호정 여현역 무호정 연백 청화정 연안 관연정	6	연백 문무정	1	연백 풍천정	1	8
함북	길주 만해정 청진 웅호정 주을 함북궁도회	3		1	길주 관웅정	1	4
강원도	장전 금강정	1			속초 영랑정	1	1
충청도	강경 덕유정	1	천안 연무정	1			2
경상도	함안 가야정 함안 의봉정 마산 추산정	3	통영 해운정 통영 남송정 동래 춘천정 상주 육일정 포항 관덕정 김해 금릉정	6			9
전남	여수 군자정 목포 연무정 담양 총무정 구례 봉덕정	4	여수 숭무정	1			5
전북	전주 천양정 전주 관우정						2
합계		41		14		6	60

이상을 보면 61개 정으로, 윤 고문이 말한 해방 직후의 100여개 정과 40여 개의 차이가 있지

만 50년 전의 일을 회상해낸 사람의 기억력이 정도면 크게 문제가 되지 않을 수치이다. 윤 고문의 기억이 정확한 것이었음을 알 수 있다. 그런데 5월의 개인전 명부를 보면 이밖에도 많은 정들이 확인된다. 겹치는 정은 빼고, 새로 나타난 정만 정리하면 위 도표의 오른쪽과 같다. 모두 합치면 60개 정이다. 지역별 분포도를 보면 경기도가 가장 많고, 황해도와 경상도가 그 다음으로 많다.

이상에 나타난 활터는 전국대회를 통해 교류가 있었던 정들이다. 이들이 모든 활터라고 말할 수는 없다. 이들 밖에도 교류를 하지는 않았지만, 지역 내에서 상류층 인사들이 스스로 활터를 만든 경우가 많다. 예컨대 충청도에는 천안 연무정과 강경 덕유정이 있던 것으로 이 자료에서는 나오는데, 실재로는 증평에 상덕정이 있었고, 괴산에 중심정이 있었으며, 청주에도 이름이 확인되지 않는 활터가 있었다.9) 게다가 호남 칠정의 경우 해방 전부터 왕성하게 지역 활쏘기 모임을 가졌고 그 전통이 지금까지 이어지고 있는데10), 이 기록에는 호남칠정의 활터 이름이 덕유정을 빼고는 없다.

이런 현상은 전국 교류를 하지 않아서 생긴 문제들이다. 그러므로 전국에 산재한 활터가 어느 정도 되는지는 또 다른 연구를 통해 접근하지 않으면 안 된다. 각 지역사 연구를 통해서 가능할 것으로 보인다. 지역 국궁사 연구는 충북지역의 『충북국궁사』를 필두로11), 『경남궁도사』12)와 『경북궁도사』13)가 연이어 나온 적이 있다.

---

9) 정진명, 활쏘기의 어제와 오늘
10) 한영국, 호남칠정궁술경기회와 가입 정에 관한 고찰, 국궁논문집 제5집, 온깍지궁사회, 2005
11) 편찬위원회, 충북국궁사, 충북궁도협회, 1997
12) 편찬위원회, 경남궁도사, 경남궁도협회, 1999
13) 편찬위원회, 경북궁도사, 경북궁도협회, 2003

5. 5월 대회 명부

5월 궁도대회의 명부는 다음과 같다. 자료를 위해 공개한다.

昭和十六年五月　日

全朝鮮男女弓道大會申込者名簿

朝鮮弓道會

個人

番號	月日	住所	氏名	團體及個人別	男女別	會費	摘要
1	5/20	金浦郡 陽村面 陽谷里 白虎亭 射員	李炳一	個人	男	一,00	
2	〃	〃	裵龍順	〃	〃	一,00	
3	〃	〃	宋敎俊	〃	〃	一,00	
4	5/22	〃	洪德千	〃	〃	一,00	
5	〃	〃	閔忠植	〃	〃	一,00	
6	〃	全南 麗水邑 崇武亭	李正震	〃	〃	一,00	
7	〃	高陽郡 崇仁面 崇武亭	尹載亨	〃	〃	一,00	
8	〃	〃	韓敬熙	〃	〃	一,00	
9	〃	延白郡 延安邑 鳳南里 二七0	崔元榮	〃	〃	一,00	
10	5/20	龍仁 良場 金鶴亭	金光明中	〃	〃	一,00	
11	〃	長箭 金剛亭	崔永福	〃	〃	一,00	
12	〃	〃	金俊斗	〃	〃	一,00	
13	〃	〃	元本興	〃	〃	一,00	
14	〃	〃	崔龍雲	〃	〃	一,00	
15	〃	〃 重複	申泳徹	〃	〃	一,00	
16	〃	〃	鄭泰璿	〃	〃	一,00	
17	〃	統營邑 海雲亭	卓相銖	〃	〃	一,00	選證交附
18	〃	抱川郡 永中面 棲鶴亭	平山泰漢	〃	〃	一,00	
19	〃	〃	崔宗鉉	〃	〃	一,00	
20	〃	〃	朴容成	〃	〃	一,00	
21	〃	〃	鄭玉聲	〃	〃	一,00	
22	〃	〃	林春俊	〃	〃	一,00	
23	〃	〃	李巨福	〃	〃	一,00	
24	〃	咸安 伽倻面 伽倻亭	朴進會	〃	〃	一,00	
25	〃	長湍郡 六一亭	松本永祈	〃	〃	一,00	

26	〃	〃	中山淸一	〃	〃	一,00
27	〃	京城 靑龍亭	許小春	〃	女	一,00
28	〃	〃	金一紅	〃	女	一,00
29	〃	〃	文一松	〃	女	一,00
30	〃	京城 石虎亭	牧山元求	〃	女	一,00
31	〃	〃	朴順玉	〃	女	一,00
32	〃	〃	豊山順子	〃	女	一,00
33	〃	〃	林興植	〃	男	一,00
34	〃	〃	金弘植	〃	〃	一,00
35	〃	〃	李賢載	〃	〃	一,00
36	〃	統營 南松亭	許學道	〃	〃	一,00
37	〃	京城 西虎亭	朴允植	〃	〃	一,00
38	〃	〃	金南洙	〃	〃	一,00
39	〃	〃	金東勳	〃	〃	一,00
40		京城 黃鶴亭		〃		一,00
41	〃	京城 黃鶴亭	朴初仙	〃	女	一,00
42	5/24	慶南 東萊郡 海雲里 春川亭	姜吉福	〃	男	一,00
43	〃	〃	文峻晩	〃	〃	一,00
44	〃	〃	鄭尙雲	〃	〃	一,00
45	〃	〃	金壽鶴	〃	〃	一,00
46	〃	慶北 尙州郡 尙州邑 六一亭	申泳澈	〃	〃	一,00
47	〃	迎日郡 浦項邑 南泛町 觀德亭	陳斗鉉	〃	〃	一,00
48	〃	安城郡 安城面 六一亭	姜元馨	〃	〃	一,00
49	〃	〃	金仁培	〃	〃	一,00
50	〃	〃	周開信	〃	〃	一,00
51	〃	延白郡 銀川面 文武亭	吳仁濟	〃	〃	一,00
52	〃	〃	李春瑞	〃	〃	一,00

53	〃	富川郡 桂陽面	朴容彦	〃	〃	一,00
54	〃	〃 富川面	尹順東	〃	〃	一,00
55	〃	〃 〃	朴海遠	〃	〃	一,00
56	〃	〃 〃	李聖萬	〃	〃	一,00
57	〃	京城 石虎亭	張元明根	〃	〃	一,00
58	〃	開城	裵聖源	〃	〃	一,00
59	〃	〃	金江 勳	〃	〃	一,00
60	〃	金堤	金大鉉	〃	〃	一,00
61	〃	〃	辛和根	〃	〃	一,00
62	〃	咸北弓道會	趙大黙	〃	〃	一,00
63	〃	〃	李舜鳳	〃	〃	一,00
64	〃	〃	金德猷	〃	〃	一,00
65	〃	安城	李璋雨	〃	〃	一,00
66	〃	延白 永武亭	朴容熙	〃	〃	一,00
67	〃	〃	崔長孫	〃	〃	一,00
68	5/25	京城 龍虎	尹彰林	〃	〃	一,00
69	〃	〃 黃鶴	鄭喆榮	〃	〃	一,00
70	〃	〃 〃	盧長植	〃	〃	一,00
71	〃	京城 西虎	金相鉉	〃	〃	一,00
72	〃	〃 〃	金順泰	〃	〃	一,00
73	〃	〃 〃	金炳泰	〃	〃	一,00
74	〃	〃 〃	朴道興	〃	〃	一,00
75	〃	〃 〃	張愼煥	〃	〃	一,00
76	〃	〃 〃	申教鉉	〃	〃	一,00
77	〃	〃 〃	鄭周八	〃	〃	一,00
78	〃	〃 〃	尹潤澤	〃	〃	一,00

79	〃	〃 〃		金良洗	〃	〃	一,00
80	〃	〃 〃		權允景	〃	〃	一,00
81	〃	〃 〃		柳文根	〃	〃	一,00
82	〃	〃 〃		金基允	〃	〃	一,00
83	〃			李敬海	〃	〃	一,00
84	〃	金鶴亭		十原時根	〃	〃	一,00
85	〃	高陽	西元亭	朴振玉	〃	〃	一,00
86	〃			金奉祿	〃	〃	一,00
87	〃	〃 〃		朴守億	〃	〃	一,00
88	〃	〃 〃		金仁汝	〃	〃	一,00
89	〃	〃 〃		崔允植	〃	〃	一,00
90	〃	〃 〃		李三奉	〃	〃	一,00
91	〃	〃 〃		平川龍大郎	〃	〃	一,00
92	〃	〃 〃		崔白民	〃	〃	一,00
93	〃	〃 〃		金相祚	〃	〃	一,00
94	〃	〃 〃		李養旭	〃	〃	一,00
95	〃	〃 〃		金永鎭	〃	〃	一,00
96	〃	華水		鄭大熙	〃	〃	一,00
97	〃	〃 〃		林世英	〃	〃	一,00
98	〃	〃 〃		吳二燮	〃	〃	一,00
99	〃	〃 〃		徐商敦	〃	〃	一,00
100	〃	〃 〃		韓順浩	〃	〃	一,00
101	〃	〃 〃		崔千應	〃	〃	一,00
102	〃	〃 〃		朴道鉉	〃	〃	一,00
103	〃	〃 〃		權成安	〃	〃	一,00
104	〃	〃 〃		朴敬元	〃	〃	一,00
105	〃	〃 〃		金在先	〃	〃	一,00

106	〃	〃		申壽鉉	〃	〃	一,00
107	〃	〃		金福昱	〃	〃	一,00
108	〃	〃		姜寶馨	〃	〃	一,00
109	〃	〃		尹長孫	〃	〃	一,00
110	〃	〃		金億源	〃	〃	一,00
111	〃	麗水	君子亭	李芳憲	〃	〃	一,00
112	〃	〃	〃	朴根在	〃	〃	一,00
113	〃	〃	〃	八田清〇	〃	〃	一,00
114	〃	〃	〃	松原應三郎	〃	〃	一,00
115	〃	〃	〃	國本連變	〃	〃	一,00
116	〃	〃	〃	富原化順	〃	〃	一,00
117	〃	〃	〃	富原二壽	〃	〃	一,00
118	〃	〃	〃	韓東福	〃	〃	一,00
119	〃			姜芝馨	〃	〃	一,00
120	〃			金鍾煥	〃	〃	一,00
	計 一一七人						

昭和十六年 五月　日

全朝鮮男女弓道大會申込者名簿

每日新報社
　事業部

團體

	番號	月日	住所	氏名	團體及個人別	男女別	會費	摘要
一	1	5/22	高陽郡 崇仁面 崇武亭	韓益洙	團體	男	一,00	〃
	2	〃	〃	尹漢春	〃	〃	一,00	〃
	3	〃	〃	金益昌	〃	〃	一,00	〃
	4	〃	〃	李貴榮	〃	〃	一,00	〃
	5	〃	〃	孫秉奎	〃	〃	一,00	〃
	6	〃	〃	金違成	〃	〃	一,00	〃
二	7	〃	〃	金準植	〃	〃	一,00	〃
	8	〃	〃	鄭用敏	〃	〃	一,00	〃
	9	〃	〃	表秀榮	〃	〃	一,00	〃
	10	〃	〃	朴秀萬	〃	〃	一,00	〃
	11	〃	〃	李龍根	〃	〃	一,00	〃
	12	〃	〃	尹鳳翼	〃	〃	一,00	〃
	13	〃	〃	孫智榮	〃	〃	一,00	〃
	14	〃	〃	韓哲興	〃	〃	一,00	〃
三	15	〃	咸北 鏡城郡 朱乙溫 咸北弓道會	金城秀長	〃	〃	一,00	〃
	16	〃	〃	崔 震	〃	〃	一,00	〃
	17	〃	〃	梁元烈	〃	〃	一,00	〃
	18	〃	〃	李基玉	〃	〃	一,00	〃
	19	〃	〃	朴士準	〃	〃	一,00	〃
	20	〃	〃	金良烈	〃	〃	一,00	〃
	21	5/22	〃	池錫凡	〃	男	一,00	〃
	22	〃	高陽郡 中面 一山驛 松鶴亭	朴教寬	〃	〃	一,00	〃
	23	〃	〃	李斗熙	〃	〃	一,00	〃
	24	〃	〃	金景順	〃	〃	一,00	〃

	25	〃	〃	姜喜遠	〃	〃	一,00	〃
	26	〃	〃	李星旭	〃	〃	一,00	〃
	27	〃	〃	徐廷濟	〃	〃	一,00	〃
	28	〃	〃	金顯龜	〃	〃	一,00	〃
五	29	〃	〃	吳煥弼	〃	〃	一,00	〃
	30	〃	〃	宋奎源	〃	〃	一,00	〃
	31	〃	〃	金仁植	〃	〃	一,00	〃
	32	〃	〃	俞璟植	〃	〃	一,00	〃
	33	〃	〃	鄭君心	〃	〃	一,00	〃
	34	〃	〃	徐廷滿	〃	〃	一,00	〃
	35	〃	〃	吳錫斗	〃	〃	一,00	〃
六	36	〃	〃	金相煥	〃	〃	一,00	〃
	37	〃	〃	俞義植	〃	〃	一,00	〃
	38	〃	〃	李康欽	〃	〃	一,00	〃
	39	〃	〃	徐廷穗	〃	〃	一,00	〃
	40	〃	〃	朴大成	〃	〃	一,00	〃
	41	〃	〃	姜忠福	〃	〃	一,00	〃
	42	〃	〃	崔德均	〃	〃	一,00	〃
七	43	〃	〃	朴德有	〃	〃	一,00	〃
	44	〃	〃	李根秀	〃	〃	一,00	〃
	45	〃	〃	韓昌奭	〃	〃	一,00	〃
	46	〃	〃	李河吉	〃	〃	一,00	〃
	47	〃	〃	金永坤	〃	〃	一,00	〃
	48	〃	〃	金東元	〃	〃	一,00	〃
	49	〃	〃	李在善	〃	〃	一,00	〃
八	50	〃	高陽郡 元堂面 西元亭	金元貞烈	〃	〃	一,00	〃
	51	〃	〃	玉山星根	〃	〃	一,00	〃

	52	〃	〃	國本相突	〃	〃	一,00	〃
	53	〃	〃	國本相男	〃	〃	一,00	〃
	54	〃	〃	國本長孫	〃	〃	一,00	〃
	55	〃	〃	國本相元	〃	〃	一,00	〃
	56	〃	〃	國本千金	〃	〃	一,00	〃
	57	〃	〃	宮本斥萬	〃	〃	一,00	〃
九	58	〃	〃	金海參同	〃	〃	一,00	〃
	59	〃	〃	朱本德漢	〃	〃	一,00	〃
	60	〃	〃	柳野鎭萬	〃	〃	一,00	〃
	61	〃	〃	張本弼煥	〃	〃	一,00	〃
	62	〃	〃	張本奉文	〃	〃	一,00	〃
	63	〃	〃	金本龍男	〃	〃	一,00	〃
十	64	〃	〃	韓潤洙	〃	〃	一,00	〃
	65	〃	〃	韓完錫	〃	〃	一,00	〃
	66	〃	〃	玉山順男	〃	〃	一,00	〃
	67	〃	〃	張興哲	〃	〃	一,00	〃
	68	〃	〃	金海弘鎭	〃	〃	一,00	〃
	69	〃	〃	金光命鉉	〃	〃	一,00	〃
	70	〃	〃	木村点用	〃	〃	一,00	〃
十一	71	〃	漣川郡 笠岩 笠岩亭	朴順弼	〃	〃	一,00	〃
	72	〃	〃	李龍植	〃	〃	一,00	〃
	73	〃	〃	洪百鶴	〃	〃	一,00	〃
	74	〃	〃	宋順榮	〃	〃	一,00	〃
	75	〃	〃	宋再榮	〃	〃	一,00	〃
	76	〃	〃	張鉉基	〃	〃	一,00	〃
	77	〃	〃	韓聖泰	〃	〃	一,00	〃
十二	78	〃	〃	朴元瑞	〃	〃	一,00	〃

	79	〃	〃	趙德吾	〃	〃	一,00	〃
	80	〃	〃	崔德根	〃	〃	一,00	〃
	81	〃	〃	朴啓元	〃	〃	一,00	〃
	82	〃	〃	金顯元	〃	〃	一,00	〃
	83	〃	〃	金春先	〃	〃	一,00	〃
	84	〃	〃	崔明汝	〃	〃	一,00	〃
十三	85	5/23	平山郡 南川里 黃虎亭	朴成運	〃	〃	一,00	〃
	86	〃	〃	李承孝	〃	〃	一,00	〃
	87	〃	〃	陳祥洪	〃	〃	一,00	〃
	88	〃	〃	朴泓鉉	〃	〃	一,00	〃
	89	〃	〃	王廷仁	〃	〃	一,00	〃
	90	〃	〃	張京順	〃	〃	一,00	〃
	91	〃	〃	金鍾成	〃	〃	一,00	〃
十四	92	〃	開城 觀德亭	朴一鉉	〃	〃	一,00	〃
	93	〃	〃	朴貞鉉	〃	〃	一,00	〃
	94	〃	〃	李宗谻	〃	〃	一,00	〃
	95	〃	〃	朴在情	〃	〃	一,00	〃
	96	〃	〃	金在瑞	〃	〃	一,00	〃
	97	〃	〃	金甲重	〃	〃	一,00	〃
	98	〃	〃	崔根培	〃	〃	一,00	〃
十五	99	〃	長湍 六一亭	松原鉉在	〃	〃	一,00	〃
	100	〃	〃	送山德炯	〃	〃	一,00	〃
	101	〃	〃	松本成黙	〃	〃	一,00	〃
	102	〃	〃	金松仁煥	〃	〃	一,00	〃
	103	〃	〃	廣田錫厚	〃	〃	一,00	〃
	104	〃	〃	松本仲黙	〃	〃	一,00	〃
	105	〃	〃	林 成奉	〃	〃	一,00	〃

十六	106	龍仁 金量場 金鶴亭	彬本文雄	〃	〃	一,00
	107	〃	藤原竟黙	〃	〃	一,00
	108	〃	權藤重元	〃	〃	一,00
	109	〃	林炳赫	〃	〃	一,00
	110	〃	金泉源左	〃	〃	一,00
	111	〃	柳柄烈	〃	〃	一,00
	112	〃	元村清一	〃	〃	一,00
十七	113	〃	岩本成雨	〃	〃	一,00
	114	〃	金光明中	〃	〃	一,00
	115	〃	國本秀煥	〃	〃	一,00
	116	〃	松本道鎭	〃	〃	一,00
	117	〃	金谷春崗	〃	〃	一,00
	118	〃	水城敏和	〃	〃	一,00
	119	〃	神山武士	〃	〃	一,00
十八	120	延白 延安邑 靑鶴亭	李俊景	〃	〃	一,00
	121	〃	朴大順	〃	〃	一,00
	122	〃	黃祚賢	〃	〃	一,00
	123	〃	朴黃瓚	〃	〃	一,00
	124	〃	金元駿	〃	〃	一,00
	125	〃	金章煥	〃	〃	一,00
	126	〃	車命天	〃	〃	一,00
十九	127	天安 鍊武亭	木村德用	〃	〃	一,00
	128	〃	李家鍾根	〃	〃	一,00
	129	〃	松田眞一	〃	〃	一,00
	130	〃	岡田吉弘	〃	〃	一,00
	131	〃	玉川世雄	〃	〃	一,00
	132	〃	靑山鏡鳳	〃	〃	一,00

	133	〃	〃	越川 均	〃	〃	一,00	
二十	134	〃	延白郡 紅峴市 永武亭	李夏永	〃	〃	一,00	
	135	〃	〃	李麟珪	〃	〃	一,00	
	136	〃	〃	國本芳源	〃	〃	一,00	
	137	〃	〃	愼富晟	〃	〃	一,00	
	138	〃	〃	金泰熙	〃	〃	一,00	
	139	〃	〃	江口淸治	〃	〃	一,00	
	140	〃	〃	金順男	〃	〃	一,00	
二十一	141	〃	坡主郡 金村驛 金虎亭	姜在洛	〃	〃	一,00	選 證拂金
	142	〃	〃	李時榮	〃	〃	一,00	〃
	143	〃	〃	崔永鎭	〃	〃	一,00	〃
	144	〃	〃	李相浩	〃	〃	一,00	
	145	〃	〃	李相春	〃	〃	一,00	
	146	〃	〃	李憲雨	〃	〃	一,00	
	147	〃	〃	金碩奉	〃	〃	一,00	
	148	〃	〃	黃夏雲	〃	〃	一,00	
二十二	149	〃	〃	姜時永	〃	〃	一,00	
	150	〃	〃	尹明秀	〃	〃	一,00	
	151	〃	〃	李台鉉	〃	〃	一,00	
	152	〃	〃	金秉淳	〃	〃	一,00	
	153	〃	〃	盧圭昌	〃	〃	一,00	
	154	〃	〃	李用雨	〃	〃	一,00	
	155	〃	〃	李相說	〃	〃	一,00	
二十三	156	〃	〃	李相益	〃	〃	一,00	〃
	157	〃	〃	李相錦	〃	〃	一,00	〃
	158		〃	朴世文	〃	〃	一,00	〃

	159	〃	鄭雲華	〃	〃	一,00	〃
	160	〃	河淸一	〃	〃	一,00	〃
	161	〃	李基亨	〃	〃	一,00	〃
二十四	162	京城 靑龍亭	朱淳軫	〃	〃	一,00	〃
	163	〃	裵鎭煥	〃	〃	一,00	〃
	164	〃	申海玉	〃	〃	一,00	〃
	165	〃	金永祐	〃	〃	一,00	〃
	166	〃	金尙元	〃	〃	一,00	〃
	167	〃	梁世鎭	〃	〃	一,00	〃
二十五	168	〃	金桂得	〃	〃	一,00	〃
	169	〃	朴義孝	〃	〃	一,00	〃
	170	〃	裵石奎	〃	〃	一,00	〃
	171	〃	崔翊柱	〃	〃	一,00	〃
	172	〃	朱淳箕	〃	〃	一,00	〃
	173	〃	崔崟相	〃	〃	一,00	〃
	174	〃	申廣翼	〃	〃	一,00	〃
	175	〃	河大鉉	〃	〃	一,00	〃
二十六	176	〃	朴承翼	〃	〃	一,00	〃
	177	〃	金鎭赫	〃	〃	一,00	〃
	178	〃	朴容植	〃	〃	一,00	〃
	179	〃	朴鍾燁	〃	〃	一,00	〃
	180	〃	金基純	〃	〃	一,00	〃
	181	〃	黃榮一	〃	〃	一,00	〃
	182	〃	崔正仁	〃	〃	一,00	〃
二十七	183	水原郡 半月面 半月亭	李基成	〃	〃	一,00	〃
	184	〃	吳錫烈	〃	〃	一,00	〃
	185	〃	趙元敎	〃	〃	一,00	〃

		186	〃	〃	金雲植	〃	〃	一,00	〃
		187	〃	〃	李慶善	〃	〃	一,00	〃
		188	〃	〃	林晶植	〃	〃	一,00	〃
		189	〃	〃	柳村英吉	〃	〃	一,00	〃
二十八		190	〃	〃	安熙捧	〃	〃	一,00	〃
		191	〃	〃	林昌鉉	〃	〃	一,00	〃
		192	〃	〃	徐相鎭	〃	〃	一,00	〃
		193	〃	〃	田明守	〃	〃	一,00	〃
		194	〃	〃	洪興裕	〃	〃	一,00	〃
		195	〃	〃	羅景煥	〃	〃	一,00	〃
		196	〃	〃	千基弘	〃	〃	一,00	〃
二十九		197	〃	京城 靑虎亭	姜永來	〃	〃	一,00	〃
		198	〃	〃	白龍基	〃	〃	一,00	〃
		199	〃	〃	金東熙	〃	〃	一,00	〃
		200	〃	〃	劉東煥	〃	〃	一,00	〃
		201	〃	〃	尹泳述	〃	〃	一,00	〃
		202	〃	〃	崔觀洙	〃	〃	一,00	〃
		203	〃	〃	金雲鶴	〃	〃	一,00	〃
三十		204	〃	〃	韓麟洙	〃	〃	一,00	〃
		205	〃	〃	金光云	〃	〃	一,00	〃
		206	〃	〃	李鍾漢	〃	〃	一,00	〃
		207	〃	〃	金斗錫	〃	〃	一,00	〃
		208	〃	〃	李範元	〃	〃	一,00	〃
		209	〃	〃	金炯文	〃	〃	一,00	〃
		210	〃	〃	張 伯	〃	〃	一,00	〃
三十一		211	〃	京城 石虎亭	宋敬祚	〃	〃	一,00	〃
		212	〃	〃	善山永纘	〃	〃	一,00	〃

	213	〃	〃	金海允善	〃	〃	一,00	〃
	214	〃	〃	金光永元	〃	〃	一,00	〃
	215	〃	〃	洪原德沅	〃	〃	一,00	〃
	216	〃	〃	千田胤會	〃	〃	一,00	〃
	217	〃	〃	大川 清	〃	〃	一,00	〃
三十二	218	〃	〃	城原揮雄	〃	〃	一,00	〃
	219	〃	〃	永本重次	〃	〃	一,00	〃
	220	〃	〃	權田春化	〃	〃	一,00	〃
	221	〃	〃	高木正夫	〃	〃	一,00	〃
	222	〃	〃	金山壽男	〃	〃	一,00	〃
	223	〃	〃	中本善造	〃	〃	一,00	〃
	224	〃	〃	長谷川始嫌	〃	〃	一,00	〃
三十三	225	〃	富川郡 蘇萊亭	金春信	〃	〃	一,00	〃
	226	〃	〃	徐景變	〃	〃	一,00	〃
	227	〃	〃	崔東善	〃	〃	一,00	〃
	228	〃	〃	朴弘來	〃	〃	一,00	〃
	229	〃	〃	徐商玉	〃	〃	一,00	〃
	230	〃	〃	秋三奉	〃	〃	一,00	〃
	231	〃	〃	徐商一	〃	〃	一,00	〃
三十四	232	〃	富川郡 南鶴亭	金洙漢	〃	〃	一,00	〃
	233	〃	〃	白漢俊	〃	〃	一,00	〃
	234	〃	〃	姜仙龍	〃	〃	一,00	〃
	235	〃	〃	趙龍文	〃	〃	一,00	〃
	236	〃	〃	金鍾漢	〃	〃	一,00	〃
	237	〃	〃	黃順巨	〃	〃	一,00	〃
	238	〃	〃	金慶成	〃	〃	一,00	〃
三十五	239	〃	京城 西虎亭	金文鎬	〃	〃	一,00	〃

	240	〃	〃	李用厚	〃	〃	一,00	〃
	241	〃	〃	朴禧遠	〃	〃	一,00	〃
	242	〃	〃	朴俊遠	〃	〃	一,00	〃
	243	〃	〃	金泳德	〃	〃	一,00	〃
	244	〃	〃	李漢豊	〃	〃	一,00	〃
	245	〃	〃	沈載璿	〃	〃	一,00	〃
三十六	246	〃	〃	趙俊桓	〃	〃	一,00	〃
	247	〃	〃	韓相賢	〃	〃	一,00	〃
	248	〃	〃	金鍾默	〃	〃	一,00	〃
	249	〃	〃	李建鎬	〃	〃	一,00	〃
	250	〃	〃	金昌成	〃	〃	一,00	〃
	251	〃	〃	崔守辰	〃	〃	一,00	〃
	252	〃	〃	元翼常	〃	〃	一,00	〃
三十七	253	〃	京城 黃鶴亭	林 信藏	〃	〃	一,00	〃
	254	〃	〃	李順澤	〃	〃	一,00	〃
	255	〃	〃	金仲福	〃	〃	一,00	〃
	256	〃	〃	崔昌文	〃	〃	一,00	〃
	257	〃	〃	張炯一	〃	〃	一,00	〃
	258	〃	〃	黃武寅	〃	〃	一,00	〃
	259	〃	〃	金東準	〃	〃	一,00	〃
三十八	260	〃	〃	金田 成	〃	〃	一,00	〃
	261	〃	〃	金炳淑	〃	〃	一,00	〃
	262	〃	〃	林蓮鎬	〃	〃	一,00	〃
	263	〃	〃	安興植	〃	〃	一,00	〃
	264	〃	〃	金東俊	〃	〃	一,00	〃
	265	〃	〃	孫致洪	〃	〃	一,00	〃
	266	〃	〃	韓弼洙	〃	〃	一,00	〃

三十九	267	〃	〃	安基喆	〃	〃	一,00	〃
	268	〃	〃	李春德	〃	〃	一,00	〃
	269	〃	〃	李宗壽	〃	〃	一,00	〃
	270	〃	〃	黃宗河	〃	〃	一,00	〃
	271	〃	〃	李晚應	〃	〃	一,00	〃
	272	〃	〃	趙琦炎	〃	〃	一,00	〃
	273	〃	〃	朴基準	〃	〃	一,00	〃
四十	274	〃	〃	金學善	〃	〃	一,00	〃
	275	〃	〃	鄭完基	〃	〃	一,00	〃
	276	〃	〃	韓仁爕	〃	〃	一,00	〃
	277	〃	〃	高義英	〃	〃	一,00	〃
	278	〃	〃	吳泳瑗	〃	〃	一,00	〃
	279	〃	〃	金敎廷	〃	〃	一,00	〃
	280	〃	〃	金永五	〃	〃	一,00	〃
四十一	281	5/24	全南 木浦邑 鍊武亭	琴宗喆	〃	〃	一,00	〃
	282	〃	〃	宋永煥	〃	〃	一,00	〃
	283	〃	〃	裵晟基	〃	〃	一,00	〃
	284	〃	〃	孫維錫	〃	〃	一,00	〃
	285	〃	〃	韓東俊	〃	〃	一,00	〃
	286	〃	〃	劉安洙	〃	〃	一,00	〃
	287	〃	〃	金龍根	〃	〃	一,00	〃
四十二	288	〃	開城 虎亭	金松錫泰	〃	〃	一,00	〃
	289	〃	〃	林鎭洙	〃	〃	一,00	〃
	290	〃	〃	李相範	〃	〃	一,00	〃
	291	〃	〃	金松宗運	〃	〃	一,00	〃
	292	〃	〃	清本天浩	〃	〃	一,00	〃
	293	〃	〃	李賢哲	〃	〃	一,00	〃

四十三	294	〃	〃	崔洗根	〃	〃	一,00	〃
	295	〃	咸安 伽倻亭	安在輝	〃	〃	一,00	〃
	296	〃	〃	李基俊	〃	〃	一,00	〃
	297	〃	〃	金泰桓	〃	〃	一,00	〃
	298	〃	〃	安商守	〃	〃	一,00	〃
	299	〃	〃	黃人秀	〃	〃	一,00	〃
	300	〃	〃	朴琪會	〃	〃	一,00	〃
	301	〃	〃	趙文煥	〃	〃	一,00	〃
四十四	302	〃	金陵亭	姜時化	〃	〃	一,00	〃
	303	〃	〃	劉善奎	〃	〃	一,00	〃
	304	〃	〃	黃福成	〃	〃	一,00	〃
	305	〃	〃	金相彦	〃	〃	一,00	〃
	306	〃	〃	金興用	〃	〃	一,00	〃
	307	〃	〃	韓敬洛	〃	〃	一,00	〃
	308	〃	〃	方來儿	〃	〃	一,00	〃
			計	三０七人				

이 자료에서는 개인전에 117명, 단체전에 307명이 참가하여 모두 424명이 참가하였다. 일제강점기하의 상황을 감안하면 대단한 숫자라고 하지 않을 수 없다. 이것으로 보면 활쏘기는 일제강점기 하에서 당시 조선을 대표하는 명실상부한 운동이었음을 알 수 있다.

6. 맺음말

이 자료는 분석보다는 공개를 위해서 정리한 것이다. 그러므로 자료에 대한 학술 분석은 다음 연구자를 위해 미루고 여기서는 자료를 정리하면서 느낀 소감을 간단히 쓰는 것으로 결론을 대신하고자 한다.

케케묵은 자료를 뒤적이며 몇 차례 가슴이 뭉클해지곤 했다. 지금은 당연시하여 가볼 생각조차 엄두내지 못한 북한 지역의 이름이 아무렇지도 않은 듯이 나타날 때마다 그러했다. 경성 운동장에서 활쏘기 대회를 하는데 한량들이 각궁과 죽시를 들고 전국에서 몰려드는데, 선수 명단을 부르는 지역이름에 황해도는 물론 함경북도까지 있어서 한반도가 정말 한 나라로구나 하는 감회가 절로 일었다. 이마 마음속에서는 분단이 자리 잡아서 휴전선을 넘어볼 생각을 하지도 못하는데, 이 자료는 남북을 마음대로 오가는 것이었다. 내 마음 속에 남은 분단시대의 참담한 상처를 확인하는 계기가 되었다.

나아가 함경북도 청진의 웅호정에 소속된 윤시섭 접장의 경우 주소가 간도성 도문가였다. 간도는 국경이 획정되기 전의 조선 영역이었음을 볼 수 있는 자료였다. 이 부분에서는 가슴이 쿵쾅거렸다.

결국 이런 자료를 들추며 드는 확신은 우리 활의 미래에 관한 것이었다. 오직 활만이 완전한 통일의 증거와 기준이 될 수 있다는 것이다. 하루빨리 통일이 이루어져 조선궁도회가 연 대회처럼 전국 각지 삼천리반도에서 활량들이 모여들기를 기대해본다.

조선조 연사례의 시행과 운영

김기훈(육군사관학교 군사사학과 명예교수)

요약: 본고는 정조 3년(1779)의 연사례와 정조 7년(1783)년의 연사습의 과정을 검토하여 조선 왕조 시대의 연사례에 대한 실상을 살펴본 것이다. 정조는 대사례보다 간소하면서도 그 이상을 잘 구현할 수 사례라고 보아 연사례를 택하여 시행하였다. 정조는 그 연사례를 더욱 정비하여 발전시키려 하였으나, 중도에 포기함으로써 결국 조선조의 연사례는 미완의 사례가 되고 말았다. 과녁이나 채점 방식 등 새로운 사실을 풍부하게 포함하고 있는 연사례는 앞으로 더욱 주목받을 수 있는 연구 주제의 하나가 될 것이다.[1]

키워드; 正祖, 大射禮, 燕射禮, 燕射習儀, 侍射官, 九帿

1. 서론

한국의 전통 활쏘기 문화를 연구하는 이들은 예사로서 주로 대사례와 향사례를 언급한다. 그 중 향사례는 조선 정부의 장려는 있었지만 실제로 행해진 것은 그다지 많지 않았으므로 그에 관한 연구가 거의 없는 형편이다. 이에 비해 대사례에 관한 연구는 최근에 활발하게 진행되었다.[2] 특히 영조 대의 대사례는 대사례 의궤가 영인 배포되고 번역본도 등장하면서 그 세부적인 진행 절차가 잘 소개되고 있다.[3] 대사례 의궤의 풍부한 정보를 토대로 대사례 복원도 이루어져 2006년과 2008년 두 차례에 걸쳐 시연된 바도 있다.[4]

---

1) 본 논문은 2017년 4월 제1차 예사 국제학술세미나에서 발표되고, 강소건축직업기술학원 논문집(2017)에 실렸던 내용을 수정 보완한 것이다.
2) 영조대의 대사례에 관하여 주로 2000년대 이후에 이루어졌다. 다음과 같은 논문들이 참고할 만하다. 姜信曄 〈朝鮮時代 大射禮의 施行과 運營〉《朝鮮時代史學報》16, 2001;申炳周〈英祖代 大射禮의 實施와 大射禮儀軌〉《韓國學報》28, 2002;박종배〈朝鮮時代 成均館 大射禮의 施行과 그 意義〉《敎育史學硏究》13, 2003; 이찬우〈朝鮮時代 활쏘기 儀式〉서울大學校 碩士學位 論文, 2008;심승구〈朝鮮時代 大射禮의 施行과 政治×社會的 意味〉《韓國學論叢》32, 2009.
3) 서울大 奎章閣에서 2001년에 《大射禮儀軌》을 영인 반포하였고, 國立民俗博物館에서는 규장각 소장의 《大射禮儀軌》와 《林園經濟志》에 포함된 鄕射禮의 원문과 번역문을 담은 《朝鮮時代 大射禮와 鄕射禮》를 2009년에 발간하였다. 이러한 기초 작업이 관련 분야의 연구를 촉진시키는 큰 계기가 되었다.
4) 대사례의 시연은 문화재청에서 발주한 연구 프로젝트의 결과를 토대로 경복궁에서 시행되었다. 그 프로젝트에 참여한 전문가들의 고증 및 연구 결과는 다음 자료집에 포함되어 있다. 韓國文化財廳《朝鮮 英祖朝 大射

그런데 국왕이 주관하던 예사에는 대사례 외에 연사례도 있었다. 대사례는 성종부터 영조 때까지 6회 실시되었고, 연사례는 정조 시절에 1회 실시되었다. 최근 필자는 이 연사례에 관하여 몇 가지 궁금증들이 생겼다. 정조는 영조가 심혈을 기울여 재현한 대사례를 뒤따라 시행하지 않고 대신 연사례를 시도하였다. 영조의 손자로서 선왕의 업적을 칭송하고 뒤따르는 것을 항상 자랑하던 정조였다. 그런 그가 유독 대사례를 시행하지 않고, 그와 비슷하면서도 달라 보이는 연사례를 시도한 이유가 무엇일까? 도대체 그 연사례는 대사례와 어떤 점이 같고 어떤 점이 다른가?

비교적 단순한 질문들이었지만 이를 해명해 줄 국내의 연구를 발견할 수 없었다. 연사례에 대한 극히 단편적인 소개나 언급 정도만이 있을 뿐,5) 본격적으로 연사례를 다룬 독립적인 연구는 없었다. 그래서 필자는 이런 기초적인 질문들을 염두에 두고 시론(試論)적으로 정조대의 연사례 자체를 한 번 살펴보게 되었다.6)

조선왕조에서 공식적인 연사례는 정조 3년(1799년) 9월에 한번 시행되었다. 그리고 두 번째 공식적인 연사례가 정조 8년 봄에 시행하도록 계획되어 있었다. 정조 7년 12월에는 이를 위한 예행연습인 연사습의(燕射習儀)까지 마쳤다. 그러나 결국 실현되지 못함으로써 정조대의 공식 연사례는 정조 3년의 연사례가 최초이자 마지막이 된 셈이다. 그런데 정조 7년(1783년) 12월에 시행되었던 이 연사습의는 비록 본 행사는 아니었지만 정조가 만족을 표할 만큼 규모 있고 짜임새 있게 게 잘 진행된 행사였다. 따라서 필자는 이 연사습의도 정조가 의도하였던 연사례의 특징을 포괄적으로 살펴보는 자료로 적극 활용하였다.

본고에서는 우선 정조 3년의 연사례와 정조 7년의 연사습의를 차례로 검토한 다음 이를 토대로 영조 대의 대사례와 비교함으로써 연사례의 특징을 부각해 볼 것이다. 이어서 마지막으로 정조가 대사례 대신 연사례를 시행한 이유를 시론적으로 살펴보려 한다.

2. 정조 3년 (1779)의 연사례

정조의 지시로 최초의 연사례가 시행된 것은 정조 3년 9월 25일이다. 장소는 창덕궁 후원 규장각(奎章閣)의 동북쪽에 있는 사정인 불운정(拂雲亭)에서 시행되었다. 예행연습인 습의(習儀)는 9월 16일 정조가 친림한 가운데 시행되었다.7) 본 행사는 정조와 조정 신하들 그리고 규장각

禮 考證 資料集》, 2006.
5) 姜信曄〈朝鮮時代 大射禮의 施行과 運營〉《朝鮮時代史學報》16, 2001 , 8-9 項; 10 - 12項. 과녁이나 운영 방식에서의 차이는 있었으나 군신이 한자리에 모여 활쏘기를 통해서 예악을 익혔다는 의미에서 연사례도 대사례와 동일한 종류의 사례로 간주하여 '조선시대의 대사례는 연사례를 포함하여 모두 8회 시행되었다' (8項)라고 보고 있다.
6) 연구과정에 뜻밖에 중국인 연구자가 조선의 연사례를 다룬 논문을 발견하였다. 관점은 필자와 조금 다르지만, 연사례를 독립적으로 다룬 최초의 연구라는 점에서 매우 의미가 있다고 생각한다. 蔡艺〈中华古礼的东国传衍- 朝鲜王朝燕射礼的施行与意义》《山东体育学院学报》第32卷 第4期 , 2016年 8月.

각신(閣臣)들로 구성된 시사관(侍射官)들이 참여한 가운데 진행되었다. 13명의 시사관은 거의 대부분이 문신 위주로 구성되어 있었다. (시사관들의 인원 구성은 부록 1 참조).

이 때 시행되었던 연사례의 진행과정을 실록과 연사의와 기록을 토대로 진행 과정을 다음과 같이 재구성해 보았다.8)

(1) 개회

(가) 정조 임석 및 배례

정조는 규장각과 불운정 사이에 있는 서향각(書香閣)에 머물러 있다가, 준비가 완료되었다는 사사(司射)의 보고를 받고 서향각을 나와 행사장인 불운정에 나아간다. 이 때 6번 타종을 하여 정조의 임석을 알린다. 불운정에 마련된 어좌에 정조가 오르면 시사관들이 계단 아래 짝을 지어 나아가서 4배를 올린다.

(나) 준비 최종 확인

시사관들이 대기석으로 나아가고 고시 무신(告矢武臣)이 과녁에 있는 행사 요원들에게 채점과 신호 규정을 큰 소리로 외친다. 깃발을 흔드는 획자(獲者)와 북을 치는 고자(鼓者)가 이에 응답을 함으로서 활쏘기 준비 상황을 최종 확인한다.

준비 확인이 끝나면 임금의 어사(御射)로부터 본 경기가 시작된다.

(2) 활쏘기 경기

(가) 어사 (御射)

정조가 먼저 사대에 올라 승시(乘矢) 즉 네발의 화살을 쏜다. 풍악에 맞추어 발시하면, 고시 무신이 깃발과 북소리 신호를 살펴서 그 결과를 보고한다. 과녁에 맞지 않으면 화살이 빗나간 방향을 알려준다. 화살이 과녁 위로 날아가면 양(揚), 아래로 떨어지면 류(留), 왼쪽으로 빗나가면 좌방(左方), 오른쪽으로 빗나가면 우방(右方)이라고 소리친다.

(나) 시사 (侍射)

어사가 끝난 후, 시사관들이 짝을 지어 올라가서 차례대로 활을 쏜다. 시사관들 역시 4발을 쏘는데, 과녁을 맞히면 규정에 따라 깃발을 올리고 북을 울렸다. 못 맞추면 징을 울렸다. 활쏘기가 끝나면 대기석으로 돌아간다.

---

7) 승정원일기 80책 정조 3년 9월 16일 조
8) 正祖實錄 正祖 3年 9月 25日 條: 〈燕射儀〉《春官通考》47冊 76卷 軍禮編 (國立中央圖書館 所藏)

한 순을 이런 과정으로 끝낸 다음, 동일한 방법으로 되풀이하여 3순을 마치자, 정조는 시사관들에게 계단 위로 올라와 음식을 나누어 먹게 하며 중간 휴식 시간을 가졌다. 중간 휴식이 끝나자 다시 계속하여 2순을 더 쏜 다음에 활쏘기를 모두 마쳤다. 총 5순 20발을 쏜 셈이다. 연사례 절차를 기록해 놓은 연사의(燕射儀)에는 3순 이후에 더 쏠 것인지 말지는 현장에서 임금에게 품지하여 결정한다고 되어 있다.

(3) 폐회

(가) 시상식: 시상 및 벌주
활쏘기 경기를 다 마친 후에는 획득한 성적에 따라 시사관들에게 상벌이 주어졌다. 맞힌 자는 동쪽에, 못 맞힌 자는 서쪽에 정렬하게 한 다음, 맞힌 자들에게는 활과 화살로 상을 주고, 못 맞힌 자들에게는 벌주를 마시게 하였다.

(나) 배례 및 철수
시상식 후에 시사관들이 임금에게 4배를 드리고 물러났다. 고시 무신의 육성 신호에 따라 과녁에 있던 행사 요원들도 과녁인 후(帿)를 철수하면서 연사례의 본 행사는 마무리되었다.

(4) 후속 행사

사례가 끝난 후에 정조는 규장각 주합루(宙合樓)로 나아가서 규장각 각신들이 전문(箋文)을 바치는 행사를 주관하였다. 전문을 바치는 행사에 이어 정조는 고시무신 이하 행사 종사자들에게 차등을 두어 상을 하사하도록 전교를 하는 것으로 연사례 관련 모든 행사를 마무리하였다.

3. 정조 7년 (1783)의 연사 습의 (燕射習儀)

그러나 이렇게 마무리된 최초의 연사례에 대하여 정조는 그다지 만족하지 못하였다. 이에 정조는 다시 한 번 더 연사례를 시행하고자 하였다. 그리고 그 예행 연습인 습의를 정조 7년 (1783) 12월 10일에 시행하게 된다.

습의를 시행하기 하루 전날 정조는 연사례 습의를 하는 자신의 의도를 측근들에게 밝힌다. 정조는 원임 직제학 정민시(鄭民始), 이직제학(二直提學) 서유방(徐有防), 검교직각(檢校直閣) 서용보(徐龍輔)를 면대하는 자리에서 "연사례(燕射禮)는 연전에 한 번 행하였는데 의문(儀文)이 아직 미비한 것이 많다. 여기에 실린 의례(儀禮)는 문왕, 무왕, 주공(周公)이 닦아 밝힌 헌장(憲

章)의 일대 절목인 만큼 대충 마쳐 본래의 변변치 못한 것을 그대로 써서는 안 됨이 분명하다. 올 봄에 삼가 강구(講究)하여 행하고자 하므로 내일 먼저 습의(習儀)를 행함으로써 이 예에 참여하는 자로 하여금 멍하니 두서없이 행동하지 않도록 하려는데, 경들의 뜻은 어떠한가?"라고 하면서 지난 번 시행하였던 연사례가 미비한 점을 지적하고, 그것을 보완한 사례를 내년 봄에 실시하겠다는 의지와 그 예행연습을 다음날 시행한다는 뜻을 밝혔다. 정민시(鄭民始) 등이 삼대의 의례행사인 연사례 시행이 "문치를 아름답게 장식하는 일단이 될 것"이라면서 응대하였고, 정조는 이에 원임 각신 서호수(徐浩修)를 사사(司射)로 임명하고 이를 통지하도록 지시하였다.9)

다음 날 정조는 4년전 최초의 연사례에 참여하였던 신하들이 한두 명에 불과한 상황임으로 "행사에 임하여 착오가 없도록" 하기 위한 이 예행연습을 실시함을 밝힌다. 그리고 각신 서호수를 사사(司射)로 삼고, 여섯 짝(6 耦)으로 나눈 시사관들과 함께 예행 연습을 시행하였다. 본 행사는 다음해 봄으로 예정되었지만, 실제로 시행되지는 못하였다. 따라서 연습에 그치고 말았지만, 이 습의를 정조 대의 연사례 파악에 중요한 분석 자료로 삼는 이유는 '연사습의 홀기'(燕射習儀笏記)가 남아있어 연사례의 전모를 파악하는데 결정적인 자료를 제공해 주고 있기 때문이다.

4년 전인 정조 3년에 시행되었던 일차 연사례에 대한 기록은 실록, 그리고 실록과 거의 동일한 내용의 승정원 일기 기록이 전부이다. 그런데 이번 습의에 대한 기록은 실록, 승정원 일기, 일성록 외에 습의의 시행 절차를 소상하게 담고 있는 이 '연사습의 홀기'가 남아있다. 홀기에는 행사 요도와 아울러 참석자들의 성직으로부터 행사 요원들의 직책과 명단, 시상 방법이나 품목에 이르기까지 자세하게 기록되어 있다. 예를 들면, 실록에는 궁시로 시상을 했다는 정도 만이 기재되어 있으나, 습의 홀기에 따르면 동반, 서반 각 반의 일등에게는 후궁(帿弓) 한 장씩을 주고 나머지 인원들에게는 획득 점수에 상관없이 모두 전죽(箭竹) 100개씩을 상으로 준 것까지 알 수 있다.

홀기를 통해 알 수 있는 더욱 중요한 사실은 정조대의 연사례가 진화되고 있었다는 점이다. 행사의 기본 구성은 같지만, 행사 진행이나 참여 인원의 명칭 구성 등이 변화되고 있고, 악곡 등에 관한 가사들도 포함되어 있다. 일차 때보다 절차가 더욱 체제가 정비되고 있음을 알 수 있다.

이런 점에서 본 절에서는 그 변화된 모습과 의의를 중심으로 정조 7년 12월에 시행된 연사습의 과정을 살펴보고자 한다.

사례의 기본적인 절차는 일차 연사례와 거의 동일하다. 정조의 임석과 시사관들이 4배로 경의

---

9) 予曰 [燕]射禮年前一行 而儀文尙多未備 此載儀禮爲文武周公修明憲章之一大節目
則不宜草草了當因陋就簡也審矣 來春竊欲講行 故明日先行習儀俾 與是禮者 不至於茫無頭緖 卿等之意何如 民始等曰 此是三代盛擧 及今講行 實爲賁餙文治之一端矣 予曰原任閣臣 徐浩修以司射 入來之意 自本閣知委可也 (일성록, 정조 7년 12월 9일)

를 표한 다음, 활쏘기를 위한 최종 점검과 확인이 끝난 후에 본격적인 활쏘기 경기가 시작된다. 경기는 어사를 필두로 시사가 한 순을 쏜 다음 그 과정을 되풀이하면서 진행된다. 경기가 다 끝난 후에 결과에 따라 상과 별주를 마시게 하는 시상식을 마친 다음 4배례와 시설물 철수로서 폐회를 한다. 일차 연사례에서 사용되었던 활쏘기에 사용되던 과녁과 채점 방법, 신호 규정도 동일하다.

하지만 세부 사항에서 몇 가지 점에서 다른 점이 발견된다.

첫째 참여 인원의 구성과 인원수에 차이가 있다. 일차에서는 조정대신과 각신 13명으로 구성되었다. 습의 시에는 동반 12인 서반 11인 총 23 명의 문무반 신하가 참여하였다. 별군직과 선전관으로 구성된 무반들의 참여가 초기와 완전히 다른 점이다. 문신들의 경우에는 규장각 각신들의 참여수가 일차보다 더 많았다. 시사관들은 6우로 구성되었고, 1우는 동반 2명 서반 2명으로 구성되어 있다. 4명이 한 작대가 되는 셈이다.

두 번째, 장소의 변화이다. 일차 시에는 습의와 본 행사가 모두 규장각 뒷편의 불운정에서 행하여 졌다. 이번 습의는 춘당대에서 이루어 졌다. 춘당대는 창덕궁 후원에 있으면서 주로 무과 전시의를 행하던 장소이기 때문에 불원정보다 공간적으로 더 넓다. 참여 인원의 증가로 인해 행사의 규모가 커 지면서 보다 더 넓은 장소인 춘당대를 택한 것으로 짐작된다. 장소의 변화에 따라, 임금의 대기 장소도 규장각 부속 건물이었던 서향각이 아니라 사대 뒤에 가설한 장막 즉 대차(大次)로 바뀌었다.

세 번째, 경기의 발시 횟수(巡數)에 차이가 있다. 일차 연사례에서는 모두 5순 총 20발의 화살을 쏘았다. 습의에서는 3순 총 12발을 쏘아, 경기 수가 단축되었다. 시사 인원수의 증가로 인해 시간을 맞추기 위하여 조정된 것으로 짐작된다. 이런 상황을 반영하듯, 이전의 연사의주에는 3순을 마친 후에 임금에게 품지하여 추가 회수를 결정하게 되어 있는데, 이번 습의 홀기에는 한 순을 마친 후에 재순 여부를 임금에게 품지하여 결정하도록 되어 있다.

네 번째, 악곡이 더 정비되었다. 자료의 차이에도 기인하겠지만, 일차 사례에서는 악곡이 임금의 거동과 발시, 그리고 시사관들의 발시에 따라 연주되고 그친다는 언급만 있고, 그 악곡이 무엇인가는 명시되고 있지 않다. 그런데 홀기에는 임금에게 사용되는 악장(王在一章章八句)과 시사관들에게 반주되는 악장(觀德一章章八句)가 명백하게 구분되어 제시되고 있다.

마지막 다섯 번째 행사 결과에 대한 정조의 평가가 달라졌다. 습의를 마친 후 정조는 행사가 질서있게 잘 진행되었음에 만족감을 표시한다. 일차 연사를 마친 후 불만족스러운 심정을 토로하였던 것과는 확연히 대비된다. 습의를 마친 후 정조는 참여한 신하들에게 음식을 내려주어 들게 하고, 성과에 대한 이야기를 나누었다. 정조가 "승강과 읍손이 난잡하거나 기율이 없는 지경에 이루지는 않았다"라며 진행이 잘 되었음을 칭찬하였다. 이를 받아 신하 서유린 등은 군자다운 경쟁의 의미를 이번 사례 연습을 통하여 깨닫게 되었노라고 화답한다.

"성인의 교훈에 경쟁을 함이 군자답다고 한 것을 심상하게 여겼을 뿐, 그 뜻을 알지 못했었는데, 오늘 이러한 경지를 시행해 보고서 바햐흐로 그 의미가 있음을 알게 되었습니다." 10)

이상 살펴본 바와 같이 정조 7년에 거행된 연사 습의는 일차 연사례보다 규모와 공간의 확대, 절차의 정비 등이 이루어 지고 있었다. 발전적으로 진화되어 가고 있었다. 그러므로 정조대의 연사례의 특징을 파악할 때는 정조 3년의 공식적인 연사례 만을 가지고 논하는 것은 불충분하다고 본다. 정조 9년의 연사습의도 시각에 넣고 파악함이 타당하다고 생각된다. 동시에 이처럼 연사례가 조금씩 정비되면서 진화되어 가고 있었다는 점은 조선의 연사례가 하나의 사례로서 완결되지 못 했었다는 점을 말해 주는 것이기도 하다. 진화하면서 미완성된 채로 남겨진 것이 연사례였다고 해도 크게 틀린 말이 아닐 것이다. 11)

4. 연사례와 대사례의 비교

정조 대에 두 차례에 걸쳐 실시된 연사례는 정조의 선대왕인 영조대에 실시된 대사례와 비교해 보면 그 특징이 더욱 명백하게 드러나리라고 본다. 그래서 이번에는 정조 3년과 9년 두 차례에 걸쳐 시행되었던 연사례와 영조 19년 (1743) 치밀하게 준비하여 시행되었던 대사례를 몇 가지 관점에서 비교해 보았다.12)

(1) 사례 공간의 차이

왕실사례가 모두 공통적으로 "덕행을 관찰하고 예양을 익힌다"(觀德行而嫺禮讓) 라는 목적을 지닌다 하더라도 그 목적의 유사성 때문에 두 사례를 대사례 하나로 포괄하는 것은 무리가 있다. 그것은 행사 장소 즉 사례 공간의 차이라는 가시적인 차이로 분명하게 드러남에도 불구하고 조

---

10) 上曰: "今日係是習儀, 而升降揖遜, 不至於雜無統紀矣" 有隣等曰: "聖人所訓, 其爭也君子, 尋常未曉其義, 不謂今日, 眞踐斯境, 而方知其有味也"(정조실록 정조 7년 12월 10일 조)
11) 이러한 점을 더욱 극명하게 보여주는 것이 〈燕寢飮射儀註〉의 존재이다. 정조가 일차 연사례를 시행한 이후에 그 내용의 시정 보완을 요구한 바 있었는데, 習儀가 끝난 다음에 제출된 듯하다. 정조는 이 改撰된 儀註에 따라 시행 준비를 하라고 명령하였으나, 결국 시행되지 못하고 말았다. 笏記에 첨부되어 있고, 實錄에도 기재되어 있다. 이를 집중적으로 분석하여 중국의 典禮가 조선으로 전파되어 변화 발전한 모습으로 분석한 연구가 있다. 蔡艺 〈中华古礼的东国传衍- 朝鲜王朝燕射礼的施行与意义〉《山东体育学院学报》第 32卷 第4期, 2016年 8月. 그런데 이 改撰 儀註는 한번도 실제 시행되지 않았기 때문에 조선 연사례의 실상을 파악하는 자료로 이용하기보다는 앞으로 발전하려는 방향을 제시한 것으로 보아야 할 것 같다. 실상 파악에 주력한 본 논문에서는 다루지 않았다. 추후 연구과제로 남겨 두었다.
12) 영조 19년에 시행된 대사례와 관련한 내용은《大射禮儀軌》(서울大學校 奎章閣, 2001) 와 國立民俗博物館《朝鮮時代 大射禮와 鄕射禮》(2009)를 활용하였다.

선 조에서는 흔히 혼동되어 왔다. 이 점을 정조가 가장 예리하게 의식하고 있었다.

주(周)나라 때의 제도에 천자와 제후의 활쏘기로 세 가지가 있었으니, 택궁(澤宮)에서의 활쏘기를 대사(大射)라 하고 교(郊)에서의 활쏘기를 빈사(賓射)라 하며 연침(燕寢)에서의 활쏘기를 연사(燕射)라고 했는데, 이 세 가지의 활쏘기는 모두가 덕행을 관찰하고 예양(禮讓)을 익히기 위한 것이었다. 우리 국조(國朝)에서는 택궁에서의 활쏘기와 연침에서의 활쏘기를 통틀어 대사라고 하고, 게다가 그 의문(儀文)에 있어서도 주나라 때의 제도에 제대로 부합하지 않는 후대의 것을 인습한 것이 대부분이다. (成周之制, 天子諸侯之射有三. 射於澤宮, 謂之大射. 射於郊, 謂之賓射. 射於燕寢, 謂之燕射. 三射者, 皆所以觀德行而嫺禮讓也. 我朝則澤宮燕寢, 通稱大射, 而且其儀文, 率多因襲, 後世未必盡合於成周之制) (정조실록, 정조 7년 12월 10일 조)

정조는 주나라에서는 분명하게 다르게 적용되었던 두 사례가 조선 조에 도입되어서는 대사례 하나로 통칭되어 온 것은 잘 못이라고 인식하고 있었다. 주대의 제도에 들어맞지 않는다고 생각한 것이다. 이런 의식을 지니고 있었으므로 정조는 택궁 (澤宮, 조선의 경우는 成均館)에서 시행된 선왕 영조의 대사례와 연침 (燕寢: 왕이 편안하게 쉴 수 있는 궁전)에서 시행된 자신의 연사례는 각각 독립된 사례임을 분명히 하고 있다. 정조 3년 연사례는 창덕궁의 규장각 뒷편 불운정에서 시행되었고, 정조 7년 연사습의는 창덕궁의 춘당대에서 시행되었다. 구체적인 장소는 조금 다르나 두 사례 모두 창덕궁의 후원이라는 공통된 공간 즉 연침(燕寢)에 속하고 있었다.

(2) 사례 목적의 차이

시행 장소 즉 사례 공간의 차이는 단순히 편의적인 결과가 아니다. 그것은 두 사례의 세부적 목적이 달랐기 때문이다. 대사례에서는 군신간의 의리를 밝힌다는 대사례 외에 문묘 배향과 문무과 과거시험을 병행하였다. 연사례는 인재 선발의 목적은 없고, 다만 신하들과 연향(宴饗)을 베풀고 활쏘기를 통하여 군신간의 의리를 밝히는 것이 주된 목적이었다. 그러므로 연사례는 임금이 신하를 편하게 만날 수 있는 장소인 연침 즉 궁전 내에서 이루어진 것이다.

(3) 사례 규모의 차이

사례 공간과 사례 목적의 차이는 행사 규모의 차이로 연결된다. 활을 쏘는 직접적인 사례 이외의 부수 행사에 차이가 많이 났다. 대사례의 경우, 임금이 궁전에서 출발하여 외부에 있는 성균관으로 행차하기 때문에 행차 의례와 경호 의례가 자연스럽게 뒤따랐다. 성균관에 도착하면 문묘 배향 의례가 있고, 대사례 전후에 문과 무과 시험에 관련된 의례가 필요하였다.[13] 이에

---

13) 《大射禮儀軌》의 儀註帙을 보면 대사례에 부수되는 행사와 그 의전이 얼마나 많은 지를 알 수 있다. 大射禮儀 외에 다음과 같이 5개의 부수적인 의전이 첨부되어 있다: 1) 文廟酌獻禮時 出還宮儀 2) 文廟酌獻禮儀

비해 연사례는 모두 창덕궁 안에서 시행되었기 때문에 임금의 행차에 따르는 부수적 의례는 없었고, 또한 문묘 배향, 문무과 시험 등의 의례가 필요 없었다. 따라서 대사례에 비하여 연사례는 훨씬 간소화된 의례가 되었다.

본 행사인 사례 자체도 연사례가 대사례보다 훨씬 간소하게 진행되었다. 참가인원과 동원되는 인원의 경우를 보면 그 점이 명확하다. 대사례에서는 시사관만이 아니라 일반 신하도 참관하기 위하여 참석해야 했다. 시사관은 종친, 문신, 무신 각 10명씩 30명으로 구성되었고, 그들의 직위도 높아 당상관 이상도 많았다. 이에 비하여, 연사례에서는 정조 3년 일차에서 13명, 정조 7년 연사 습의에서 24명 정도가 참석하였고, 일반 대신들의 참여는 사례를 운영하는 자를 빼고는 극소수였다. 종친들의 참여도 전혀 없었다.

(4) 사례 운영 방식의 차이

사례 자체의 운영 방식 상의 차이도 눈에 띈다. 그 중에서도 특히 두드러지게 다른 것은 과녁의 형태와 채점 방식의 차이다.

연사의에 따르면 정의 남쪽 90보(步)에 구후(九侯)를 설치한다고 되어 있어 사거리는 대사례처럼 90보임을 알 수 있다. 그런데 여기서 특별히 주목되는 점은 연사례의 과녁이 구후(九帿)라는 점이다. 구후는 송나라의 구양수가 음주와 오락을 위하여 창안한 구사격(九射格)에서 사용되던 과녁을 모방한 것이다.14) 중앙에 곰을 배치하고, 좌우상하로 8개의 동물 그림을 그려 넣어 총 9개의 동물 그림이 그려진 포후이다. 임금에게는 웅후(熊帿)를, 侍射官에게는 미후(麋帿)를 사용한 대사례와는 완전히 다른 과녁이었다.

과녁이 달라짐으로 말미암아 채점 방식도 다르게 되었다. 연사례에 사용된 구후는 과녁을 맞히기만 하면 동일하게 명중으로 채점하는 것이 아니었다. 과녁의 어디를 맞추는 가에 따라 획득 점수를 달리하였다. 곰(熊)을 맞추면 3점을 얻고, 범(虎), 사슴(鹿), 꿩(雉), 토끼(兎)를 맞추면 2점을 얻고, 기러기(雁), 물고기(魚), 수리(雕), 원숭이(猿)를 맞추면 1점을 얻는다.15) 이에 반하여, 대사례에서 사용되었던 웅후(熊帿) 와 미후(麋帿)는 과녁의 어디를 맞추어도 동일한 점수로 계산되었다.

무겁 (과녁이 세워진 곳)에서 신호하는 규정도 과녁이 달라짐으로써 크게 변화되었다. 연사례

---

3) 文科試取儀 4) 武科試取儀 5) 文武科放榜儀
14) 欧阳修의 九射格에 대해서는 다음 논문이 유용하였다. 沈贵庆〈欧阳修与九射格活动考述〉《兰台世界》 2011 (22). 欧阳修가 창안한 이 활쏘기는 원래 경기보다는 여흥을 위한 오락 활동의 한 방식이었다. 정조는 이 9마리의 동물이 그려진 이 과녁을 연사례의 경기 방식으로 변용하여 사용하였다. 한국에서는 이 과녁이 九射圖라는 이름으로 民間 燕射에서 사용되었다고 알려지기는 하였지만(李重華《朝鮮의 弓術》, 2009, 36-37 項;大韓弓道協會《韓國의 弓道》, 2009, 68-69項), 정조의 연사례에서 활용된 과녁이었다는 점은 지금까지 거의 알려지지 않았다.
15) 이러한 채점 방식에 의해 작성된 시기(試記)즉 성적표가 정조 7년 12월 연사 습의에 첨부되어 있다.

의 구후 (九帿) 득점 신호는 한층 복잡해 졌다. 도전(翿旜) 깃발 외에 각 동물에 해당하는 기 9개가 있었기 때문에 신호용 깃발은 총 10개가 되었다. 화살이 일단 포후(布帿)에 맞으면 우선 도전(翿旜) 깃발을 세운다. 그리고 맞힌 동물 그림에 따라 추가적으로 깃발과 북으로 득점 상황을 나타낸다. 곰을 맞히면 아홉 개 기를 함께 들고, 3점을 나타내기 위하여 북을 세 번 친다. 범, 사슴, 꿩, 토끼이면 각각 그 해당 동물의 기를 들고 모두 2점임으로 두 번 북을 친다. 기러기, 물고기, 수리, 원숭이면 또한 그 해당 기를 들고 1점임으로 한 번 북을 친다. 맞지 않았으면 시사(侍射)에는 징을 치고, 어사(御射)에는 징을 치는 대신 도전 깃발을 눕혀 빗나간 화살의 방향을 표시한다. 그러면 고시무관(告矢武官)이 이를 보고 빗나간 방향을 임금에게 아뢴다. 밑으로 쳐지면 유(留), 위로 벗어나면 양(揚), 왼쪽으로 빗나가면 좌방(左方), 오른쪽으로 빗나가면 우방(右方)이라고 고한다. 대사례에서도 어사 시에는 빗맞아도 징을 울리지 않고, 무겁에서 깃발로 방향을 가리키고, 그것을 받아 임금에게 빗나간 화살의 방향을 고하였다. 임금에게 부여되는 이런 종류의 특별대우는 두 사례가 모두 동일하지만, 표적의 차이로 인해 수반되는 신호 규정은 연사례의 경우 훨씬 더 복잡하였음을 알 수 있다.

군신간의 의리를 밝히고 예악을 익히면서 화목을 도모한다는 왕실 사례의 기본적인 정치적 기능은 대사례와 연사례가 크게 다르지 않았다. 그러나 인재 선발이라는 목적을 동반한 것이 대사례라면 연사례는 측근 신하들과 군신간의 의리를 밝히고 화목을 도모하는 일에 더욱 집중하였다고 볼 수 있다. 이와 같은 목직의 차이는 시행 장소의 차이, 참여 인원의 차이를 가져오게 되었고, 외양적인 규모의 차이로도 들어 났다. 한마디로 요약하면 연사례는 대사례에 비하여 훨씬 간소하게 진행된 사례였다고 말할 수 있을 것이다.

(5) 정조의 선택: 연사례

그러면 정조는 왕실 사례 중에서 왜 연사례를 선택하였을까? 정조는 그 이유를 연사례가 간소하면서도 군신 간의 의를 밝히는 예사로서의 역할을 충분히 한다고 판단하였기 때문이라고 밝히고 있다. 다음과 같이 신하에게 훈시하는 과정에서 직접 토로한다.

(a) 대사례(大射禮)의 의식과 절차는 매우 번거로워 연사례(燕射禮)가 간소하면서도 합당하고 간약(簡約)하면서도 극진한 것만 같지 못하여 내가 일찍이 서로 참고하여 덜기도 하고 보태기도 하여 의식과 절차를 정한 것이 있었는데, (b) 또한 항상 그렇게 할 수는 없었다. 그러므로 매번 근신(近臣)과 상대하여 활을 쏠 때면 그 큰 절목을 보존하였으니, 요컨대 선왕의 법을 날로 사용하는 사이에서 떠나지 않게 하려는 것이다.

((a)大射禮儀節太繁縟. 不如燕射禮之而當約而盡. 予嘗有參互損益. 定其儀節者. (b)而亦不可常常爲之. 故每與近臣耦射. 存其大節目. 要使先王之法. 不離於日用之間.)

(홍재전서(弘齋全書) 홍재전서 제176권 일득록(日得錄) 16 훈어(訓語) 3)

인용문의 (a)에서 보는 바와 같이 정조는 대사례가 그 의식과 절차가 매우 번거롭기 때문에, 이에 대신하여 간소하면서도 극진한 연사례를 택하여 시행하였음을 말하고 있다. (b)에서 보는 바와 같이 그렇게 간소한 연사례였지만 근신과 더불어 활을 쏠 때는 그 연사례의 절차도 항상 지킬 수 없었음을 고백한다. 그렇지만 군신 상호간의 의리를 중시하는 선왕의 법 (즉 大射禮)의 근본 정신만은 항상 잊지 않았다 (**存其大節目**)고 회고한다.

궁궐 안에서는 물론이고, 밖으로 행차를 했을 때도 수시로 신하들과 짝을 지어 활쏘기를 하였던 정조였다. 이러한 활쏘기에 대한 정조의 애착은 의례로 정형화된 예사 -그것이 대사례든 연사례든 -에 만족하지 못하였음을 짐작하게 한다. 아무리 그 행사가 간소화되었다 하더라도 그 절차의 까다로움이 항상 동반되기 때문이다. 보다 더 주나라의 예법에 가까운 연사례를 재현하려고 노력하였으면서도 결국 두 번째의 연사례를 시행하지 않았던 이유 중의 하나도 바로 이런 점과 연관되지 않을까 생각해 본다.

5. 결론

조선의 연사례는 진화하다가 미처 완결을 보지 못한 채 중도에 포기된 미완의 예사(未完의 禮射)였다. 이 미완의 예사를 추적하는 과정에서 발견된 몇 가지 중요한 사항들을 열거하는 것으로 결론을 삼고자 한다.

첫째, 조선의 연사례는 미완성 작품이었다. 정조는 최초의 연사례를 시행한 후에 이를 불만스럽게 생각하여 두 번째 연사례를 시행하고자 하였다. 예행연습까지 거창하게 마쳤으나 본 행사는 결국 시행되지 못한 것이다. 이런 미진한 점은 연사례의 매뉴얼 즉 의주(儀註)에서도 찾아볼 수 있다. <춘관통고(春官通考)>에 등재되어 있는 연사의(燕射儀)는 정조 3년의 최초 연사례를 위한 매뉴얼이었다. 정조 7년의 연사 습의에서는 이 매뉴얼이 일부 개정 실시되었는데도 불구하고, 그것이 반영되고 있지 않다. 바로 이런 이유 때문에 등재된 이 공식 연사 매뉴얼은 이 진화되어 가다가 멈춘 연사례의 실상을 호도할 가능성마저 남기고 있다.

둘째, 대사례와 연사례는 포괄적으로 취급할 수 없는 독립적인 사례들이었다. 왕실의 사례라는 점에서는 동일한 범주에 속하지만, 그 지향점이 조금 달랐다. 대사례는 군신간의 의리를 밝힌다는 목적 외에도 인재 선발을 겸한 사례였다. 그 결과 가능하면 많은 인원을 동원 참여시켰다. 이에 반해 연사례는 군주의 측근 신하들과 군신간의 상하 의리를 재확인하는 것을 주요 목표로 삼았다. 그러므로 참여 인원도 제한적이었다. 이러한 목표의 미세한 차이는 사례공간의 차이와 부속 행사의 차이로 바로 연결되었다. 대사례에는 문묘 배향과 문무과 과거 시험도 병행되었다. 그러나 연사례는 연침 즉 창덕궁 후원에서 부대 행사없이 사례 중심으로만 시행되었다. 그 결과 연사례는 대사례보다 훨씬 간소한 형식의 예사가 되었다.

세 번째, 활쏘기의 달인이었던 정조가 대사례 대신 연사례를 택한 것은 우선 연사례의 이러한 간소함 때문이었다. 일반적으로 영조의 정책들을 존경하고 따랐던 정조였지만, 사례에서만은 대사례의 번잡한 의례을 따르지 않고 간단하면서도 예사의 정신을 잘 구현할 수 있었던 연사례를 택했던 것이다. 그러나 이러한 간소한 연사례 형식마저도 정조의 잦은 활쏘기에 항상 적용될 수 없었다. 그 결과 정조는 활쏘기에 대한 그의 애착과 예사 형식의 번거로움을 예사의 정신을 모든 활쏘기에 강조함으로써 해결하려고 하였다.

마지막으로, 연사례에 사용된 구후(九帿) 과녁과 채점 방식은 한국 전통 활쏘기의 과녁 변천사에 중요한 항목 하나를 더 첨가하게 되었다. <<조선의 궁술>>에서 조선의 민간 연사에서 구사격(九射格)의 과녁이 사용된다는 언급을 하고 있지만 과녁의 모양은 전해지지 않았다. 대한 궁도협회에서 발간한 <한국의 궁도>에서는 구양수의 구사격 과녁 그림을 인용하면서 이를 특별한 설명 없이 민간 연사 과녁으로 제시하고 있을 뿐 채점 방식 등 세부적인 설명은 전혀 하지 않고 있다. 이제 우리는 정조의 연사례 기록 속에서 왕실 과녁으로 한 때 사용되었던 구후(九帿) 와 채점 방식 등을 비교적 완벽하게 알게 되었다. 연사례 연구가 뜻밖에도 한국의 과녁 변천사 연구에 새로운 지평을 하나 더 열어 준 셈이다.

본고는 왕실 예사 중의 하나로 되어 있으나, 그 실상이 잘 밝혀지지 않았던 연사례에 대한 아주 초보적이고 시론적인 연구 결과이다. 연사례가 대사례와는 몇 가지 점에서 차이가 있다는 점을 알게 되었고, 이것을 일차 보고하는 수준에 머물었다. 연구 과정에서 발견한 자료 중 정조 7년의 <연사습의홀기> (燕射習儀笏記)는 본 연구의 중요한 소스로 활용되었으나, 내용의 일부만이 분석되었을 뿐, 사례에 활용된 음악이나 참여한 인물들에 대한 심화된 연구는 다루지 못하였다. 일차 연사례가 끝난 후 시행해 본 연사례의 의례적 측면을 더욱 연구 보완하라는 정조의 명에 의하여 작성된 서명응(徐命膺)의 <연침음사의주>(燕寢飮射儀注)는 본 연구와 직접적인 연관이 없어 소개만 하였을 뿐 본격적으로 분석해 보지 않았다. 그러나 이는 당대의 원로대신이 구상하였고, 정조도 극찬하였던 이상적인 연사례의 모습이 어떠하였는가를 살펴볼 수 있는 좋은 자료다. 이러한 기본 자료들을 잘 활용한다면 앞으로 보다 더 심화된 연사례 연구 성과가 나올 수 있으리라고 생각된다.

附錄 1: 正祖 3年 (1779) 燕射禮 日時, 場所, 施設 및 侍射官

1. 施行 日時: 正祖 3年 (1779) 9月 25日
2. 施行 場所: 拂雲亭
3. 施設: 張九帿於亭之南, 設乏於帿左右, 鼓一、金一、楅五於亭下左右, 又設鼙二、金二及 九帿旗於帿之左右
4. 侍射官 : 13 名 (耦의 數 및 構成 不明)

番號	職責	姓名
1	左議政	徐命善
2	奎章閣提學	徐命膺
3	兵曹判書	洪樂性
4	判敦寧府事	具允鈺
5	平安道觀察使	李徽之
6	右參贊	鄭光漢
7	行都承旨	洪國榮
8	吏曹參判	俞彦鎬
9	行副司直	李亨逵
10	行副司直	李義翊
11	兵曹參議	洪樂彬
12	奎章閣直閣	金勉柱
13	奎章閣待敎	徐龍輔

(正祖實錄 正祖3年 9月 25日 條에 依據 作成)

附錄 2: 正祖 7年 (1783) 燕射禮 習儀 日時, 場所, 施設 및 侍射官

1. 施行 日時: 正祖 7年 (1783) 12月 10日
2. 施行 場所: 春塘臺
3. 施設: 張九帿於亭之南, 設乏於帿左右, 鼓一、金一、楅五於臺下左右, 又設鼙二、金二及 九帿旗於帿之左右
   (正祖 3年 燕射禮 施設을 參考하여 作成)
4. 侍射官 : 六耦 (東班 12名 西班 11名 都合 23名)

耦 番號	東班		西班	
	職責	姓名	職責	姓名
第一耦	內醫院提調	徐有隣	宣傳官	李漢豊
第二耦	原任直提學	鄭民始	別軍職	任 嵂
	直提學	徐有防	別軍職	邊聖和
第三耦	行都承旨	沈豊之	宣傳官	李延弼
	行左承旨	朴祐源	宣傳官	李文爀
第四耦	兵曹參議	趙尙鎭	宣傳官	金 㶁
	右副承旨	李時秀	宣傳官	李身敬
第五耦	檢校直閣	徐龍輔	別軍職	權 綝
	同副承旨	趙興鎭	別軍職	徐英輔
第六耦	待敎	李崑秀	宣傳官	李永秀
	檢校待敎	尹行任	宣傳官	李光益
	假注書	徐瀅修		

※ 第一耦는 어사와 같이 짝을 이루어 발사하므로 2명, 그 외는 一 耦가 4명씩 구성. 단 第六耦만 예외적으로 5명으로 구성됨.

(正祖實錄 正祖7年 12月 10日 條 및 燕射習儀笏記에 依據 作成)

附錄 3: 正祖 7年 (1783) 燕射習儀 試記 (成績 記錄)

● 使用 과녁: 九帿, 規格 不明 /사거리: 90步 (약 108 m)/ 發矢數: 總 3 巡 12 矢 (1巡은 乘矢 卽 4矢)
● 各班 成績順 配列 (笏記에 따름)

東西班	姓名	第一巡	第二巡	第三巡	合計
御射	御矢	二矢兔中 三矢熊中 四矢鹿中	二矢虎中 三矢熊中 四矢熊中	一矢魚中 二矢兔中 三矢熊中 四矢鹿中	十中 二十三分
東班	檢校待敎 尹行任	一矢虎中 二矢鴈中 三矢鹿中	二矢熊中	一矢熊中 二矢熊中 三矢熊中	七中 十七分
	原任直提學 鄭民始	一矢雉中 三矢熊中 四矢兔中	一矢魚中 二矢魚中 四矢雉中	一矢雕中 二矢熊中 四矢鴈中	九中 十六分
	同副承旨 趙興鎭	三矢鹿中 四矢熊中	一矢熊中 二矢虎中	一矢兔中 四矢虎中	六中 十四分
	直提學 徐有防	二矢兔中 三矢雕中	二矢虎中 四矢雉中	二矢鴈中 三矢雉中	六中 十分
	提調 徐有隣	三矢猿中 四矢鹿中	三矢熊中	二矢虎中	四中 八分
	兵曹參知 趙尙鎭	一矢魚中 三矢雕中 四矢魚中	二矢鴈中 三矢鴈中	三矢熊中	六中 八分
	待敎 李崑秀		二矢鴈中	二矢熊中 三矢虎中	三中 六分
	左副承旨 李時秀	一矢猿中	一矢熊中	一矢魚中	三中 五分
	檢校直閣 徐龍輔	二矢熊中 四矢魚中	—	—	二中 四分
	行左承旨 朴祐源	—	二矢鹿中	—	一中 二分
	行都承旨 沈豊之	—	—	—	無中 無分
	假注書 徐瀅修	—	—	—	無中 無分
	別軍職 邊聖和	一矢鹿中 二矢熊中 三矢魚中	一矢熊中 二矢熊中 三矢熊中	二矢虎中 三矢虎中 四矢兔中	九中 二十一分
	別軍職 李延弼	一矢雕中 三矢雉中 四矢熊中	一矢雉中 二矢鹿中 三矢雉中 四矢熊中	一矢猿中 二矢虎中 三矢虎中	十中 二十分
	宣傳官 李文爀	二矢魚中 三矢兔中 四矢熊中	一矢熊中 二矢鹿中 三矢鹿中	一矢熊中 二矢魚中 四矢兔中	九中 十九分
	別軍職 徐英輔	二矢熊中 三矢熊中	一矢熊中 三矢魚中 四矢虎中	一矢熊中 二矢熊中 三矢魚中	八中 十九分

西班	別軍職 任 崒	一矢鴈中 二矢 兎中 三矢雕中	一矢雉中 二矢 熊中 三矢熊中	一矢虎中 二矢 猿中 三矢虎中	九中 十七分
	宣傳官 金 曦	一矢鹿中 二矢 雉中 三矢猿中	一矢熊中 二矢 猿中 三矢熊中	一矢鹿中 二矢 鹿中 三矢虎中	九中 十六分
	別軍職 權 綝	一矢鹿中 二矢 鹿中 三矢猿中	一矢雉中 二矢 猿中 三矢熊中	一矢猿中 二矢 雕中 三矢虎中	九中 十五分
	宣傳官 李光益	一矢虎中 三矢 鴈中	三矢魚中 四矢 鴈中	一矢虎中 二矢 虎中	六中 十分
	別軍職 李漢豊	三矢鴈中 四矢 鴈中	三矢鴈中 四矢 鴈中	二矢鹿中 三矢 虎中	六中 八分
	宣傳官 李身敬	一矢魚中	二矢魚中	―	二中 二分
	宣傳官 李永秀	―	―	一矢魚中	一中 一分

(燕射習儀笏記에 依據 作成)

『鷄林類事』의 '射曰活索' 考

— 『朝鮮의 弓術』의 설명을 중심으로 —

장동열(서울 황학정 사범)

1. 서론 2. 『朝鮮의 弓術』에 인용된 '射曰活索' 3. 자전(字典)에서의 '索'	4. 결론 5. 참고문헌

1. 서론

『朝鮮의 弓術』(1929년 발간)은 국궁계 최고(最高)의 교본으로 우리 활과 관련된 다양하고 풍부한 정보를 담고 있는 책이다. 활에 대한 역사는 물론 활쏘기 방법까지 상세히 나와 있기 때문에 지금도 한국의 많은 활잡이들이 이 책을 정독하고 있다. 그러나 이 책에도 작은 오류는 간혹 발견되고 있으니, '射曰活索'에 대한 설명이 그 중 하나이다. '射曰活索'은 북송(北宋)의 손목(孫穆)이 쓴 『계림유사(鷄林類事)』에 나오는 문구이다. 『朝鮮의 弓術』에서는 이 말이 고려어(高麗語) '활쏘아'를 음차한 것이라고 설명하고 있다. 본고에서는 '射曰活索'의 설명 중 『朝鮮의 弓術』이 범한 오류를 지적하고, 그 의미를 재해석하고자 한다.

2. 『朝鮮의 弓術』에 인용된 '射曰活索'

『계림유사』는 1103년 북송의 손목이 고려에 다녀간 뒤 저술한 책으로 당시 고려의 풍속과 언어에 대한 내용을 담고 있다. 특히 350여 개의 고려어 어휘를 한자 독음으로 표기한 부분이 있는데, 이것은 우리나라 중세국어 연구에도 중요한 자료로 사용되고 있다. 손목이 채록한 고려어 어휘 중에는 궁술(弓術)과 관련된 항목이 몇 개 있으며 그 중 두 개가 『朝鮮의 弓術』에 인용되어 있다.

궁은 활이라 함은 朝鮮의 古語니 『鷄林類事』에 '弓曰活'이라 '射曰活索'이라 함이 此를 可히

證할지라. 索의 音을 考하면 『廣韻』에 蘇故切이라 하고 『釋名』에 索音素라 하고 더욱이 屈原의 離騷經에 '眾皆競進以貪婪兮, 憑不厭乎求索'의 註에 索音素라 함에 依하야 索의 古音이 素(소)임을 可知며 『漢英韻府』에 據하면 索은 福州의 音으로는 SOH 즉 '쏘'이오 芝罘[1]의 음으로는 SOA 즉 '쏘아'이니 『鷄林類事』에 射曰活索의 活索은 '활쏘아'로 看做할지라.[2]

위 글에 의하면 고려인은 '활(弓)'을 活(활)이라 불렀으며 '활쏘기(射)'는 活索(활쏘아)라 불렀다는 것이다. 손목이 살던 12세기는 중국 한자음에 입성(入聲)[3] 발음이 남아있던 시기였다. 그는 고려어를 한자로 음차 표기할 때 가능한 한 당시의 현실음에 가까운 한자를 선택하여 표기했을 것이다. 그 결과 고려어의 '활'을 표기하기 위해 活자를 선택했고 活자의 당시 중국 발음은 'huat'이었다. 이 발음은 '홪'에 가깝다. 한국어의 종성 '-ㄹ' 발음은 옛 중국 한자음에서 '-t' 운미가 가장 가까운 음이었기 때문에 고려어 '활'의 음차자로 '活'자가 선택된 것이다. 이와 비슷한 예는 『계림유사』에 자주 나온다. 그 중에서 하나만 더 예로 들면 다음과 같다. '馬曰末'이라 하여 고려에서는 馬를 末이라 불렀다고 한다. 末자는 한국 한자음이 '말'이지만 북송시대 발음으로는 'mat'으로 '맛'에 가까운 발음이었다.

3. 자전(字典)에서의 '索'

射는 '쏠 사'자이다. 중국과 우리나라에 총포가 수입되기 전에 '射'는 대부분의 경우 활을 쏜다는 의미였다. 『조선왕조실록』에 '觀射'로 나오는 부분은 모두 '활쏘기를 관람하다'로 해석하면 된다. 『朝鮮의 弓術』에서는 '광운(廣韻)', '석명(釋名)', '한영운부(漢英韻府)' 등의 설명을 근거로 活索을 '활쏘아'의 음차로 여겼다. '索'자에는 '쏘아'와 비슷한 발음 외에 몇 가지 독음이 더 있다. '索'의 의미와 독음을 알아보기 위해서는 『설문해자(說文解字)』[4]와 『강희자전(康熙字典)』[5]을 반드시 참고해야 한다. 『설문해자』에서는 '索'자를 다음과 같이 설명한다.

(索) : 艸有莖葉, 可作繩索. 从朩糸. 杜林說 : 朩亦朱木字. 蘇各切[6]

---

1) 지부(芝罘)는 지금의 산동성(山東省) 연태(煙台)지역이다.
2) 『朝鮮의 弓術』 33쪽. 띄어쓰기는 필자가 임의로 했음.
3) 입성 : 쉽게 말해 한자음의 받침이 '-ㄱ', '-ㄹ', '-ㅂ'으로 끝나는 발음. 중국의 음운학(音韻學)에서는 '-k', '-t', '-p'로 표기한다. 예를 들어 角(각), 活(활), 合(합)자가 모두 입성자이다. 현대 중국어의 한자 발음에서는 '-k', '-t', '-p' 운미가 모두 소실되었다.
4) 『설문해자(說文解字)』 : 서기 100년경에 만들어진 중국 최고(最古)의 자전(字典).
5) 『강희자전(康熙字典)』 : 청나라 강희제 재위 시에 만들어진 자전. 현재 한중일(韓中日)에서 발간되는 자전의 어머니라고 할 수 있다.
6) 蘇各切이라는 반절은 송나라 때 추가된 것이다.

(索) : 풀에 있는 줄기와 잎으로 새끼줄을 만들 수 있다. 宋과 糸이 결합된 회의자이다. 두림이 말하길, '宋은 주목(朱木)의 木자이다'[7]라고 하였다. 소각절이니 독음은 '삭'이다.

『설문해자』에 의하면 '索'의 의미는 '새끼줄, 동아줄'이며 독음은 '삭'이다. '소, 쏘, 쏘아'와 비슷한 발음에 대해서는 언급이 없다.

다음은 『강희자전』의 설명이다.

【廣韻】蘇各切【集韻】【韻會】昔各切, 夶音褐.【說文】作㯧, 草有莖葉可作繩索. 从宋糸.【韻會】隸作索.【小爾雅】大者謂之索, 小者謂之繩.【急就篇註】索, 總謂切撚之令緊者也.【書·五子之歌】若朽索之馭六馬.【詩·豳風】宵爾索綯。

又【易·震卦】震索索.【疏】心不安之貌.【釋文】懼也。

又【書·牧誓】惟家之索.【傳】索. 盡也.

又【周禮·夏官·方相氏】以索室毆疫.【註】索, 廋也.

又【禮·檀弓】吾離羣而索居.【註】索, 散也.

又【左傳·昭十二年】八索九丘.【書序】八卦之說, 謂之八索.

又地名。【前漢·地理志】武都郡有索縣.

又姓。【左傳·定四年】殷民七族, 有索氏.

又【廣韻】山戟切【集韻】色窄切, 夶音色. 同㩅, 求也.【禮·曲禮】大夫以索牛.【註】索, 求得而用之.

又【集韻】蘇故切, 音素.【釋名】索, 素也. 八索, 著素王之法也.【屈原·離騷】衆皆競進以貪婪兮, 憑不厭乎求索. 羌內恕以量人兮, 各興心而嫉妒.【註】索, 音素. ○按《說文》在木部, 今倂附入. 索从宋, 《說文》在宋部.

위 내용을 간단하게 요약하면 다음과 같다. 索자는 '삭, 색, 소'의 세 가지로 발음된다. '삭'의 경우는 '끈, 두려워하다, 다하다, 숨다, 흩어지다, 지명, 성씨[8]' 등 다양한 용법으로 사용된다. '색'의 경우는 '찾다'의 의미일 때이다. '소'는 '素'자와 통용되어 사용되는 경우에 한하여 발음된다.[9]

---

7) '宋은 주목(朱木)의 木자이다': 『설문해자』에 주석 작업을 한 단옥재(段玉裁)는 '주불(朱市)의 市(宋)자이다'로 바꾸어야 한다고 주장하였다.
8) 『수호전』의 등장인물 중 급선봉(急先鋒) 삭초(索超)라는 사람이 있다.
9) 索자와 素자는 초성(첫소리)가 'ㅅ'으로 같은 '쌍성(雙聲)관계'이므로 옛 문헌에서 함께 통용되는 경우가 많았다. 素가 들어가야 할 자리에 索이 들어가는 경우가 자주 있었으니 이런 때 索은 '소'로 읽고 '素'의 의미로 새겨야 한다는 뜻이다. 이와 반대되는 경우도 있다. 素(소)라 써놓고 索(색, 찾다)으로 읽을 때도 있으니 그 예는 다음과 같다.
《중용(中庸)》11장에, <子曰, 素隱行怪, 後世有述焉, 吾弗爲之矣.(선생님 말씀하셨다. 숨어있는 것을 찾아내고 기이한 일을 행하면 후세에 조술(祖述)될 수 있겠으나, 나는 그런 일을 하지 않는다.)라고 했다. 첫 문

『설문해자』와 『강희자전』의 설명에서 알 수 있듯, '索'자는 '끈, 동아줄'이란 의미로 가장 자주 쓰이며 이때의 독음은 '삭'이다. 후대에 '찾다'라는 의미가 부여되면서 '색'이라는 독음도 새롭게 생겼다. 단지 한정적으로 특수한 경우에 있어서만 '素'자와 통용된다. '索'자의 고음(古音)이 '소'라는 『朝鮮의 弓術』의 설명은 분명한 오류이다. 손목은 『계림유사』에서 '索'자를 쓸 때 가장 널리 사용되는 독음인 '삭'을 이용하여 음차했을 것이다. 드물게 쓰이는 '소'라는 발음으로 음차했을 가능성은 매우 적다. 그러므로 『조선의 궁술』에서 인용한 예는 '射曰活索'의 방증 자료로 적합하지 않다.10)

『朝鮮의 弓術』의 저자는 『한영운부(漢英韻府)』를 인용하여 복주(福州)와 지부(芝罘)에서 '索'자의 발음이 SOH와 SOA이므로 '活索'이 '활쏘' 또는 '활쏘아'를 음차한 것이라고도 하였다. 『한영운부』는 미국의 기독교 선교사이자 한학자인 사무엘 웰즈 윌리엄즈(Samuel Wells Williams)가 1874년에 편찬한 자전이다. 1800년대는 북방방언에서 입성자가 소실된 시기였으며 『한영운부』에서 제시한 索의 발음 SOH는 현대중국어의 한어병음 suǒ의 웨이드식 표기일 뿐이다. 복주에서 SOH로 발음한다 했으나 복주에는 SAUK이라는 발음도 공존했다. 지부(芝罘)에서 SOA로 발음한다고도 했으나 1800년대의 지부(산동지역) 발음에는 입성이 이미 사라진 상태였다. 따라서 『한영운부』에 반영된 독음은 송대(宋代) 한자음이 반영된 『계림유사』의 방증자료로 역시 적합하지 않다.

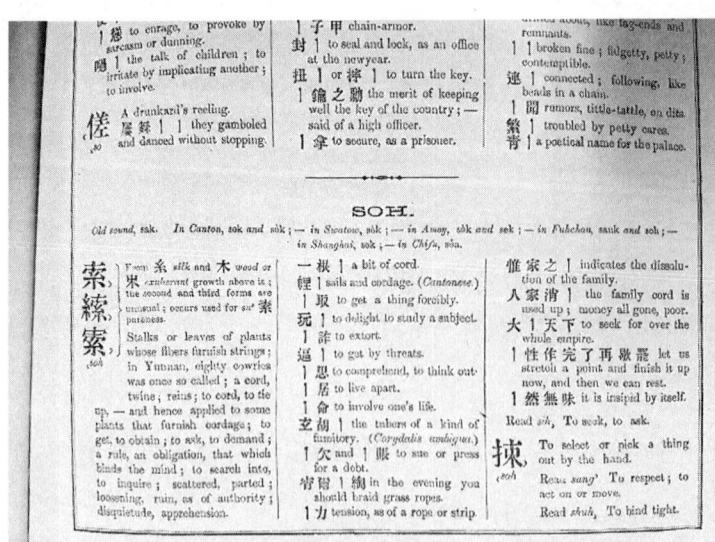

『한영운부』의 索자 설명부분. 윗부분에 작은 글씨로 Old sound, sak. In Canton, sok이란 설명이 보인다. Canton은 중국의 광동지방으로 지금도 한국의 한자음과 유사한 것이 많다. 복주(Fukchau)에서는 sauk 과 soh로 발음되고 지부(Chifu 芝罘)에서는 soa로 발음된다는 설명도 보인다. 지부는 지금의 산동지역으로 19세기에 이미 입성자는 소실되었다.

장 '素隱行怪'는 '색은행괴(索隱行怪)'로 읽어야 한다. '素隱'은 '숨어있는 것을 찾는다'라는 의미이기 때문이다.

10) 『朝鮮의 弓術』은 『강희자전』의 맨 아랫부분을 가져다 인용한 것이다. '集韻'을 '廣韻'으로 잘못 표기하기도 했다.

4. 결론

지금까지 '索'자의 옛 독음과 『朝鮮의 弓術』이 인용한 부분의 오류에 대해 살펴보았다. '索'자의 대표음은 『강희자전』에서 밝힌 바 蘇各切 또는 昔各切이었으므로 기본적으로 '삭'에 가깝다. 남방지역의 발음을 참고하면 '속'이나 '쏙'에 가까울 수도 있다. '索'자는 운모가 '-ㄱ'으로 끝나는 입성자(入聲字)이다. 『朝鮮의 弓術』에서 말한 대로 손목이 만일 고려어의 '활쏘아'를 음차하려 했다면 '索(삭)'자를 쓸 필요 없이 '素(소)'자를 쓰면 되는 것이었다. 그가 굳이 '-ㄱ'의 입성자인 '索(삭)'을 쓴 것은 나름의 이유가 있었다. 그 이유는 '활쏙' 즉 '활쏘기'[11]를 음차하기 위해서였던 것이다.

□ 참고문헌

許愼 撰. 段玉裁 注. 2006. 『說文解字注』 上海 : 上海古籍出版社
張玉書 等 撰. 民國61. 『康熙字典』 대만 : 臺灣東華書局
Samuel Wells Williams. 2001. 『A syllabic dictionary of the Chinese language 漢英韻府』 London : Ganesha
李重華. 1929. 『朝鮮의 弓術』 서울 : 朝鮮弓術研究會
孫穆. 1974. 『鷄林類事』 서울 : 한양대학교 국학연구원
方鍾鉉. 1983. 『鷄林類事研究』 서울 : 弘文閣
천병식. 1985. 『釋譜詳節 第三 注解』 서울 : 아세아문화사
강길운. 2011. 『「鷄林類事」의 新解讀研究』 서울 : 지식과 교양
김용옥. 2011. 『중용 인간의 맛』 서울 : 통나무

---

[11] 필자가 찾아본 바, '활쏘기'라는 세 글자가 표기된 가장 이른 문헌은 『석보상절』(1447년)이다. <王이 釋種 ᄃᆞ리시고 ᄯᅩ 활쏘기를 받더시니(王이 釋種을 데리시고 또 활쏘기를 시키시더니)> 釋譜詳節 第三

김수정의 교지에 나타난 육량전 연구

김성인(가평 보납정 사원)

1. 서론	3. 육량전 관련 교지 연구
2. 육량전 및 인물소개	4. 결론

요약: 고대로부터 중국 사서에 우리민족의 활이 기록되었던 우리 민족의 활은 조선시대에 이르러 필요에 따라 여러 형태의 활로 변화하였다.『조선의 궁술』에 기록된 정량궁(正兩弓), 예궁(禮弓), 목궁(木弓), 철궁(鐵弓), 철태궁(鐵胎弓), 각궁(角弓), 동개활 등이 그것이다. 이들 중 현재 활터에서 습사로 사용되고 있는 것은 각궁뿐이다. 정량궁은 육량궁(六兩弓)의 별칭이다. 이 활은 촉의 무게가 여섯 량인 육량전(六兩箭)이라는 화살을 사용하는 활로써 조선통신사 일행 중 육량전을 쏘는 장사군관이 당긴 육량궁을 왜인 장사가 당기지도 못했으며, 인가의 벽을 뚫고 들어갈 정도의 강도를 가진 활이다. 조선 영조시대의 무관이었던 김수정이 받은 교지의 방서에 육량전을 쏜 기록이 남아있고 그 중 네 장의 교지에는 육량전의 비거리가 적혀있다. 이를 연구한 결과 김수정은 무과 병과의 좋지 않은 성적으로 관직에 나갔으나 12년 만에 종1품 상계인 숭록대부의 품계까지 오른다. 이로 볼 때 조선에서 육량전을 잘 쏘는 무관을 각별히 대우했으며, 무관에게 육량궁을 잘 쏜다는 것은 출세의 좋은 방편이었음을 알 수 있다. 또한 김수정의 육량전 평균 비거리는 194.4m이다. 일본의 자료를 바탕으로 복원한 육량전을 개량궁으로 실험한 결과를 바탕으로 산출해보면 김수정이 사용한 육량궁은 약 226파운드에 해당한다. 이 외에 조선왕조실록의 기록 등을 토대로 산출을 해 보아도 김수정이 사용한 육량궁은 현대 개량궁의 세기로 보아 200파운드는 넘는 것으로 추측된다.

1. 서론

우리 민족에게는 예로부터 활이 자랑이었다. 한나라의 역사를 적은 후한서에는 맥궁(貊弓)과 낙랑단궁(樂浪檀弓)이라는 우리 민족이 사용한 활 이름이 나온다.[1] 이렇듯 유한 역사를 가진 우리 활은 쓰임새에 따라 다양한 활로 발전하여『조선의 궁술』에서는 정량궁(正兩弓), 예궁(禮

---

1) 김재선,『東夷傳-中國25史와 淸史稿에 있는 우리나라 歷史』, 瑞文文化社, 1996, 60쪽 및 63쪽.

弓), 목궁(木弓), 철궁(鐵弓), 철태궁(鐵胎弓), 각궁(角弓), 동개활 등 일곱 가지를 확인할 수 있지만 지금은 각궁만이 전해져 내려왔다.[2] 이 활들 중 정량궁은 육량전(六兩箭)을 쏘는 활이라 하여 육량궁(六兩弓)이라고 부른다.

원주김씨 21대손인 김수정(金壽鼎)은 영조 대를 살아간 무관이다. 그를 기리는 사당인 숭덕사(崇德祠)[3]에는 그가 받은 교지 11장이 남아있다.[4] 교지는 조선시대 임금이 신하에게 관직이나 품계 토지 노비 시호 등을 내려주는 명령서이다. 무관이었던 김수정의 교지에는 관직을 명받은 내용과 품계를 올려주는 내용이 담겨있는데 이 중 6개의 교지에 방서(傍書)[5]가 적혀있다. 김수정의 교지에 적힌 방서에는 육량전에 관련된 내용이 적혀 있는 희귀한 사료이면서, 이를 토대로 우리의 전통 활에서 사라져버린 육량궁을 연구할 수 있는 중요한 자료가 된다. 이에 연구자는 김수정의 교지를 통하여 육량궁의 세기와 조선시대 무관에게 있어서 육량전이 어떤 역할을 했는지 연구하고자 한다.

2. 육량전 및 인물소개

육량전은 실물로 전해지지 않았으나 일본의 기록인 『名弓術家列傳』에서 부록 형태로 '조선의 궁시'를 소개하는 부분에 육량전의 제원이 적혀있다. 이 기록에 따르면 육량전 오늬의 깊이는 6分(1.82cm)이며 오늬에서 오늬도피까지의 길이는 1寸7分(5.15cm)이고, 살대의 둘레는 2寸2分(6.67cm)이며 살대의 무게는 17匁(63.8g)이다. 상사의 길이는 1寸7分(5.515cm)이고 촉의 길이는 4寸7分(14.24cm)이며 촉의 무게는 63匁(236.25g)이다. 촉심의 길이는 9寸3分(28.18cm)가 된다. 이 기록에 나타나 있는 촉의 무게와 살대의 둘레를 볼 때 육량전의 무게와 크기를 짐작할 수 있다. 촉의 무게인 63匁은 6兩을 조금 넘는 수치다. 곧 화살 전체의 무게가 육량이 아니고 촉의 무게만을 따졌을 때 육량이라는 것이다. 이는 19세기 이규경이 쓴 『五洲衍文長箋散稿』「人事篇 技藝類」에 나타나 있는 '육량전은 일명 철전이며, 촉의 무게가 육량인 까닭에 이름 지어졌다.'[6]는 기록과 일치한다. 『名弓術家列傳』의 기록에 나타난 육량전의 전체 무게는 촉의 무게와 살대의 무게를 합친 80匁(300.05g)으로 여덟 량이 된다. 이러한 촉을 끼운 살대는 직경이 2.1cm가 된다. 현재 각궁에 사용하는 죽시에 비하면 살대의 직경이 매우 큼을 알 수 있다. 촉의 길이에 비하여 촉심의 길이가 두 배 가량 길다는 것은 화살 전체의 무게 중심을 뒤에 둠으로써

---

2) 정진명, 『한국의 활쏘기』, 학민사, 2008, 101쪽.
3) 강원도 춘천시 남산면 광판2리 155-1번지 소재.
4) 현재 숭덕사에 보관되어 있는 각종 유물은 영인본이다. 숭덕사에 보관되었던 김수정의 교지를 비롯한 각종 유물은 2010년 6월 국립춘천박물관에 기증 되었다.
5) 방서(傍書)는 비정기적인 인사를 행할 경우 날짜 옆에 인사에 대한 사유를 간략히 적은 것을 말한다.
6) 六兩箭一名鐵箭, 鏃重六兩故名. 한국고전종합DB(http://db.itkc.or.kr/)

장거리 살상용이 아닌 비교적 가까운 거리의 적을 타격하는 용도로 제작되었음을 추측케 한다.[7]

이렇듯 크고 무거운 육량전을 보내기 위해서 사용한 활이 육량궁이다. 만드는 방법은 각궁을 만드는 방법과 같으나 요즘 사용하는 각궁의 길이가 4尺2寸(127.2cm)인데 비해 육량궁은 5尺5寸(166.6cm)으로 길이가 매우 길었으며 또한 오금의 넓이가 1寸5分(4.54cm)인 점을 고려하면 육량궁은 육량전을 보내기 위해 몸채를 두텁고 크게 만들었음을 알 수 있다.[8] 영조 때 일본에 통신정사로 일본에 다녀온 조엄이 쓴 『海槎日記』를 통해 육량궁의 세기를 짐작할 수 있다. 조선 통신사들은 일본에서 아악, 마상재를 비롯한 각종 기예를 선보였는데 그 중에 마상재와 활쏘기는 조선 군대의 위용과 군사문화를 과시하기에 충분하였다. 활쏘기[射藝]에 육량궁이 들어 있었으며, 육량궁을 잘 쏘는 군관을 장사군관(壯士軍官)이라 하여 신체가 장대하고 용력이 빼어난 자로 선발하였다. 조선 통신사들의 각종 기예 중에서 육량궁과 육량전이 가장 주목을 받았다.[9] 장사군관이 사용한 육량궁을 당겨본 일본 장사의 행동에 대하여 조엄은 '지난번에는 더러 육량전(六兩箭)을 시험한 일이 있었기 때문에 장사군관들이 궁시(弓矢)를 가지고 갔는데, 저들이 그 장대(壯大)함을 보고 인가를 다치는 일이 있을까 염려하여 그만두기를 간곡히 청하였다. 그런데 개중에 한 건장한 왜인이 허세로 용력을 과시하며 대궁(大弓) 당기기를 청하였는데, 들으니, 이는 그들 중에서 장사라고 일컫는 자라고 하였다. 조 비장이 시험 삼아 쉬운 듯이 가볍게 한 번 당겨 보이고는 그 왜인으로 하여금 당기게 하였더니, 그 왜인은 이를 악물고 팔뚝을 뽐내어 힘을 다해 당기었으나 오히려 활시위를 벌리지 못하였다. 그러자 활을 팽개치고 달아나면서 혀를 빼물고 낯을 붉히고 머리를 흔들고 손을 휘저었다. 아무리 용력이 있더라도 이미 쏘는 법을 알지 못하는데, 어찌 당길 수 있었겠는가!(1763년, 조엄의 『해사일기』 3월 6일)'[10]라고 기록하였다. 조선의 장사군관이 사용한 육량궁을 장사라 일컬어지던 왜인은 아예 당기지도 못한 것이다. 조엄은 왜인이 당기지 못한 것을 쏘는 법을 알지 못해서라고 하였으나, 당기지도 못했다는 것은 쏘는 법을 알지 못 해서 라기 보다는 육량궁이 그들이 당해낼 수 없을 정도로 강궁이었기 때문일 것이다.

조선의 무과시험에서 육량전의 비거리에 대한 규정은 있으나[11] 무관들이 사용했던 육량궁의 세기에 대한 규정은 없다. 다만 무관이 100근, 120근의 육량궁을 사용할 경우 특정한 취재(取才)를 면제할 수 있는 특전을 준 것으로 보아 육량궁을 쏘던 무관들이 일반적으로 100근(1근을 1.322774파운드로 환산할 경우 100근은 132에 해당한다.) 보다는 약한 활을 쓴 것으로 추정

---

7) 李燦雨, 「『弓道講座』에 보이는 朝鮮의 弓矢」 『한국체육사학회지』 제19권 제2호, 2014, 67쪽.
8) 정진명, 위의 책, 101쪽.
9) 강혜선, 「조선 통신사(通信使)의 일본에서의 연행(演行) - 『해행총재(海行摠載)』를 통해 본 17, 18세기 조선 통신사의 연행」, 『우리문학연구』 55집, 2017, 16쪽.
10) 강혜선, 위의 논문 22쪽, 재인용.
11) '세종실록 오례에 기술된 철전의 보수(步數)중 80보를 가장 많이 적용한 것으로 확인되었다.'
    이건호, 「육량전 소고」, 『국궁논문집10』, 온깍지궁사회, 2018, 11쪽.

된다.12)

　김수정(金壽鼎)은 원주김씨 21대손으로 자(字)는 국간(國幹)이며 1720년 2월 17일 출생하여 1769년 11월 21일 졸하였다. 1741년에 무과 병과에 급제하여 종6품직인 부사과(副司果)를 시작으로 벼슬길에 나아갔다. 조선시대 무과 급제자는 갑과(甲科), 을과(乙科), 병과(丙科)의 세 등급으로 나누었고 각각 3명, 5명, 20명을 선발하였다(실제 인원수는 변동이 있었다). 김수정은 이 중 최하급인 병과에 급제한 것으로 보아 처음 관직에 나갈 때는 큰 두각을 나타내지는 못한 것으로 보인다.

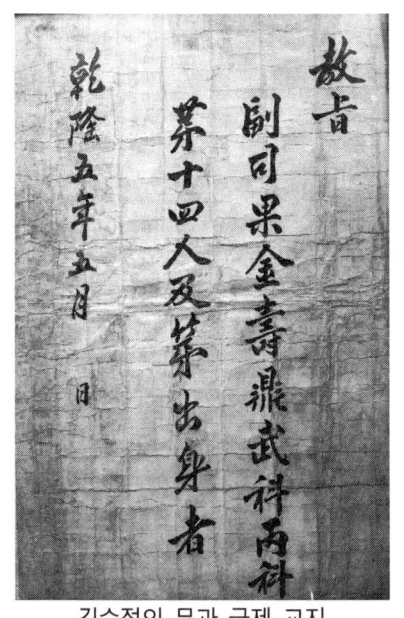

김수정의 무과 급제 교지

教旨
副司果金壽鼎武科丙科第十四人及第出身者
　　　　　　　　乾隆五年五月　日

교지
부사과 김수정 무과 병과 제 14인 급제출신자
　　　　　　　건륭 5년 5월　일

---

12) 이건호, 앞의 논문, 12쪽.

3. 육량전 관련 교지 연구

김수정의 교지 중 육량전에 관한 기록이 있는 것을 연대순으로 살펴보자.

1) 영조 20년(건륭 9년) 3월 22일의 교지

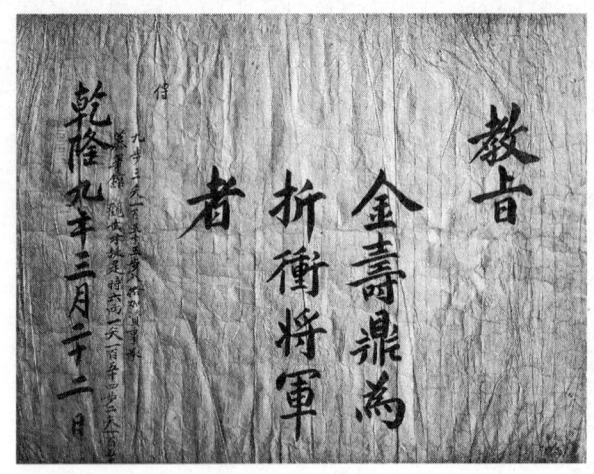

教旨

金壽鼎爲折衝將軍者

慕華館觀武才敎是時六兩一矢一百五十四步二矢一百五十九步三矢一百五十三步入格加資
事承 傳

乾隆九年三月二十二日

 이 교지는 영조 20년(1744년) 3월 22일에 내려진 것으로 김수정을 절충장군으로 삼는다는 것이다. 방서의 내용은 '모화관 관무재에 임금이 친히 입회하였다. 이때 육량전을 쏘았는데 첫 번째 살은 154보를 나갔고, 두 번째 살은 159보를 나갔으며, 세 번째 153보를 나가 합격하였으니 품계를 올려준다.'이다. 한문은 일반적으로 위에서 아래로 글을 쓰고, 오른쪽에서 왼쪽으로 쓰는데 이 교지의 방서를 읽으려면 왼쪽 줄을 먼저 읽어야 한다. 즉 일반적으로 한문을 쓰는 방법에서 벗어난 것처럼 보이는 것이다. 방서의 기준은 날짜를 적은 줄이다. 방서를 적을 때 이조(吏曹)에서 적는 것은 날짜가 적힌 줄의 왼쪽에 기록을 하며, 병조(兵曹)에서 적을 때는 날짜가 적힌 줄을 기준으로 오른쪽으로 적어나가기 때문에[13] 위의 교지처럼 왼쪽 줄에서 오른쪽 줄로 읽게 적게 된다. 즉 이 교지는 절충장군이라는 무관의 품계를 받는 것이므로 이조가 아닌

---

[13] 유지영,「조선시대 임명관련 敎旨의 문서형식」,『古文書研究』제30호, 한국고문서학회, 2007, 108쪽.

병조에서 작성한 것이다.

  모화관은 조선시대 명나라와 청나라 사신을 영접하던 곳으로 지금의 서대문구 현저동에 있던 객관을 말한다. 이곳에는 사신의 접대를 위한 의례나 공연을 하고, 무과시험과 군사 훈련을 할 수 있는 넓은 공터가 딸려 있어서 조선시대 훈련원과 함께 무과시험을 치르는 장소로 활용되었다.

  관무재는 조선전기 관사(觀射)의 형태로 출발한 군사들의 무예 단련으로 시행하였으나 중종 때부터는 무과(武科)의 한 형태로 발달하기 시작하였다. 임금이 직접 열병(閱兵)한 뒤에 당상관으로부터 그 이하 군관 및 한량에게 무재를 시험보이는 것이다. 초시와 복시만 치르게 하고, 시험 과목은 본전(本箭), 철전(鐵箭)14), 편전(片箭), 관혁(貫革), 기사(騎射), 유엽전(柳葉箭) 등을 비롯한 11기(技) 가운데 품주하여 4기를 시험하였다. 시험결과에 따라 품계를 높여주거나 관직을 높여주기도 하였는데 한량일 경우 전시 출신이면 수령이나 변장에 임명하였으며, 군관일 경우에는 품계를 높여주거나 상을 주었다.

  영조실록 59권 영조 20년(건륭 9년) 3월 22일 기록에 '임금이 숭정문(崇政門)에 나아가 관무재에서 입격된 장교와 군병들에게 차등 있게 시상하였다.'15)는 내용이 있다. 실록에 적힌 날짜와 김수정의 교지에 적힌 날짜가 일치하는 것으로 보아 김수정은 이날 교지를 받은 것이다. 김수정이 육량전을 쏜 것은 교지에 적힌 3월 22일이 아닌 3월 17일로 여겨진다. 3월 17일의 기록에 '임금이 모화관(慕華館)에 거둥하여 세마대(洗馬臺)에 나아가 관무재(觀武才)를 행하였다.'16)는 기록이 있는 것으로 보아 3월 17일 관무재에서 육량전을 쏘고, 우수한 성적으로 인하여 3월 22일에 절충장군의 품계를 받은 것이다. 절충장군은 무반품계로 최고위 품계로서 당상관 정3품이다.

  김수정이 쏜 육량전의 비거리는 각각 154보, 159보, 153보다. 1보(步)는 주척으로 6척이다. 『경국대전』에 나타나는 길이를 기준으로 하면 주척 1척은 21.028cm이므로 1보는 21.028cm의 6배인 126.167cm(약 126cm)가 된다.17) 김수정이 절충장군의 품계를 받게 된 육량전 비거리를 오늘날의 단위로 환산하면 194m, 200m, 192m가 된다.

---

14) 철전(鐵箭)이 곧 육량전(六兩箭)이다.
15) '上御崇政門, 親頒觀武才入格軍校等賞有差.' 조선왕조실록, http://sillok.history.go.kr
16) '上幸慕華館, 御洗馬臺, 行觀武才.' 조선왕조실로 위 홈페이지.
17) 정진명, 위의 책, 31쪽.

2) 영조 22년(건륭 11년) 7월 24일의 교지

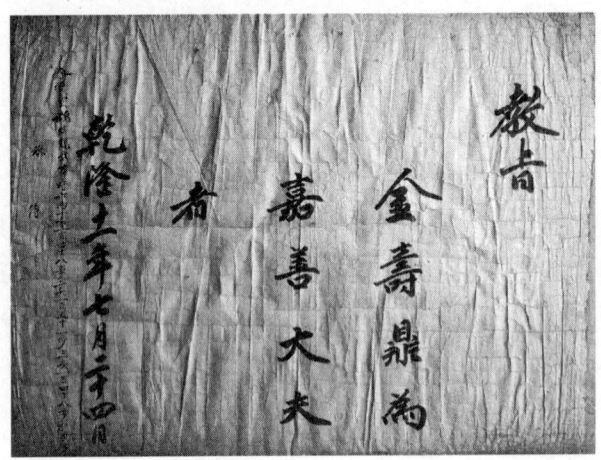

教旨
金壽鼎爲嘉善大夫者
乾隆十一年七月二十四日
春塘臺親臨觀武才時六兩一矢一百四十八步二矢一百五十一步三矢一百四十八步加資事 傳

　영조 22년(1746년)에 받은 이 교지는 김수정이 절충장군으로 교지를 받고 2년 뒤에 받은 것으로 김수정에게 가선대부의 품계를 내린 것이다. 조선의 품계는 문반과 무반의 품계가 나누어져 있는데 무반의 품계는 정3품 절충장군이 최고위이며 그 위는 문반과 무반의 구분이 없으므로 정1품에서 종2품까지의 품계는 문반과 무반의 구분이 없다. 김수정이 이 교지에서 받은 품계는 종2품 하계18)의 품계로서 절충장군 바로 위의 품계인 것이다.

　방서의 내용을 살펴보면 김수정이 2년 만에 품계를 올라가게 된 이유가 명확히 보인다. 방서에는 '춘당대에 (임금이) 친히 행차하여 관무재를 행하였으니 이때 육량전을 쏘았는데 첫 번째 살은 148보를 나갔고, 두 번째 살은 151보를 나갔고, 세 번째 살은 148보를 나가 합격하였으니 품계를 올려준다.'고 적혀있다.

　춘당대(春塘臺)는 창경궁 안에 있는 건물로서 주로 과거를 볼 때 임금이 친히 행차하여 응시자들을 만나는 곳이기도 하다. 교지에 적힌 날에 영조가 춘당대에서 관무재를 행했음은 영조실록에 명확하게 기록되어 있다.19) 김수정이 품계를 올려 받게 된 이유는 임금이 친히 보는 자리

---

18) 조선의 품계는 '정(正)'과 '종(從)'으로 나누고, 정1품으로부터 종6품까지는 다시 그 속에서 '상계(上階)'와 '하계(下階)'로 구분한다. 예를 들면 김수정이 받은 절충장군은 정3품 상계이며, 정3품 하계는 어모장군이다.
19) 영조실록 64권, 영조 22년(건륭 11년) 7월 24일 '임금이 춘당대에 친림하여 관무재를 행하였다(上親臨春塘

에서 쏜 육량전의 성적이 좋았기 때문이다. 이날 쏜 육량전의 비거리는 186m, 190m, 186m로 2년 전 절충장군을 받았을 때의 성적보다는 조금 떨어지지만 이 성적으로 인하여 김수정은 종2품 하계의 품계를 받았다.

3) 영조 25년(건륭 14년) 2월 27일의 교지

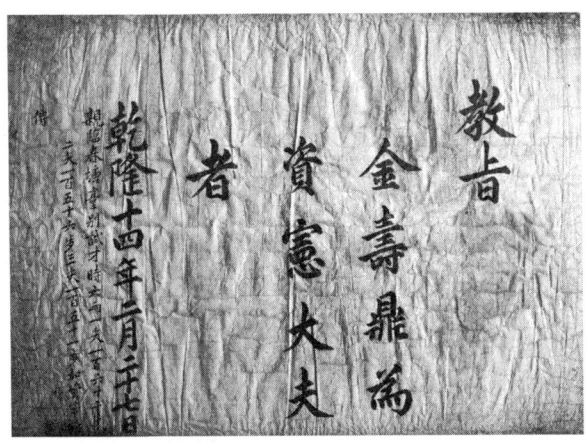

教旨
金壽鼎爲資憲大夫者
乾隆十四年二月二十七日
親臨春塘臺別試才時六兩一矢一百六十二步二矢一百五十六步三矢一百五十一步加資事承 傳

이 교지를 통해 김수정이 받은 품계는 정2품 하계인 자헌대부다.[20] 교지에 적힌 방서의 내용은 '(임금이) 친히 행차한 가운데 춘당대에서 별시재를 치렀다. 이때 쏜 육량전이 첫 번째 살은 160보를 나가고, 두 번째 살은 156보 나갔고, 세 번째 살은 151보 나가 합격하였으니 품계를 올려준다.'이다. 별시(別試)는 국가에 경사가 있거나 특별한 일이 있을 경우 치루는 비정기적인 과거다. 이때의 춘당대 별시재에 관하여 영조실록에는 2월 25일 기사에 '임금이 춘당대에 나아가 별시재를 친히 살피어……이때 모두 3일 만에 마쳤다.'[21]고 적혀 있다. 교지에 적혀있는 2월 27일은 3일간의 별시재가 끝난 날이며, 별시재에 합격한 군병에 대한 시상은 2월 29일에 행해

臺, 觀武才).'
20) 영조 22년에 김수정이 받은 품계는 종2품 하계인 가선대부였다. 김수정은 이후 영조 23년(건륭 12년) 12월 11일에 종2품 상계인 가의대부를 받았음이 교지를 통해 확인되나, 이 교지에는 방서가 없어 본 연구에서는 따로 소개하지는 않는다.
21) 영조실록 69권, 영조 25년(건륭 14년) 2월 25일. '임금이 춘당대에 나아가 별시재를 친히 살피며……이때 모두 3일만에 마쳤다(上御春塘臺, 親臨別試才……是時凡三日而畢).'

졌다.[22] 이 춘당대 별시재에서 김수정이 쏜 육량전의 비거리는 201m, 195m, 190m로 3년 전인 영조 22년의 기록보다는 좀 더 멀리 쏘았다.

4) 영조 27년(건륭 16년) 3월 25일의 교지

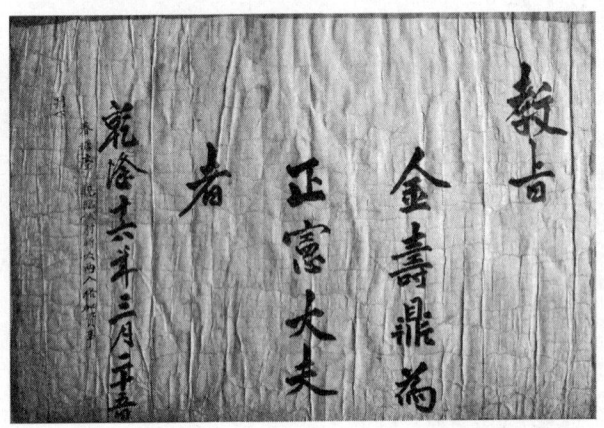

敎旨
金壽鼎爲正憲大夫者
乾隆十六年三月二十五日
春塘臺親臨試射時六兩入格加資事 判下

교지는 김수정을 정헌대부로 품계를 올려주는 것이다. 정헌대부는 정2품 상계로 김수정이 영조 25년에 받은 자헌대부의 바로 위 품계이다. 이 교지에도 방서가 적혀있다. '춘당대에 (임금이)친히 행차하여 활쏘기를 시험하였는데 이때 육량전에 합격하였으니 품계를 올려준다.'고 하여 육량전의 비거리는 적혀있지 않으나 김수정의 승급이 육량전 시사(試射)에서 합격하였기 때문임을 알 수 있다. 영조실록에는 교지를 받은 3월 25일에 춘당대 관련 기사가 없다. 그러나 그 이전의 춘당대 시사관련 기사로 같은 해 2월 18일 기사가 있으며, 본 교지를 받게 된 시사는 2월 18일 춘당대에서 행한 정시일 것으로 여겨진다.[23]

---

22) 영조실록 69권, 영조 25년(건륭 14년) 2월 29일. '임금이 춘당대에 나아가 시사한 군병에게 친히 상을 내렸다(上御春塘臺, 親臨頒賞于試射軍兵).'
23) 김수정이 이 교지를 받게 된 시사는 교지에 적혀있는 날짜와 가장 가까운 날에 행해진 2월 18일 춘당대 정시였을 것으로 여겨진다(영조실록 73권, 영조 27년(건륭 16년) 2월 18일, '임금이 춘당대에 나아가 정시에 친히 임하였다(上御春塘臺, 親臨庭試).'). 정시를 본 2월 18일과 교지에 적힌 3월 25일은 날짜가 차이가 남에도 불구하고 2월 18일 정시의 결과에 대한 포상으로 추측하는 것은 방서의 끝에 적혀있는 '판하(判下)' 때문이다. 지금까지 살펴본 방서의 마지막 문구는 '전(傳)'이다. 이 둘은 사용하는 경우에 있어서 차이가 있다. '전(傳)'은 임금이 직접 교지를 내리도록 명한 경우이며, '판하(判下)'는 임금이 교지를 내리라는 지시가 없어서 신하가 건의하여 교지를 내리게 되는 경우에 사용한다. 따라서 2월 18일에 춘당대에서 행한 정

5) 영조 27년(건륭 16년) 9월 9일의 교지

教旨
金壽鼎爲崇政大夫者
乾隆十六年九月初九日
親臨觀武才時六兩一矢一百五十七步二矢一百五十六步三矢一百五十四步加資事承　傳

　영조 27년 9월 9일에 받은 이 교지에 따르면 김수정은 같은 해 3월 25일 정2품 상계인 정헌대부를 받은 지 6개월도 되지 않아 종1품 하계인 숭정대부를 받게 된다. 이와 같은 빠르게 품계가 오른 이유를 방서에 '(임금이) 친히 행차한 가운데 관무재를 치렀으니 이때 쏜 육량전이 첫 번째 살은 157보 나갔고, 두 번째 살은 156보 나갔고, 세 번째 살은 154보 나가 합격하였으니 품계를 올려준다.'로 기록하였다. 품계가 오른 것은 다름 아닌 육량전 실력 때문인 것이다. 영조실록에 따르면 이 교지에 적힌 날보다 3일 앞선 9월 6일 기사에 '임금이 춘당대에 나아가 관무재를 하였는데 무릇 4일 만에 끝마쳤다.'24)고 기록하고 있다. 9월 6일부터 관무재를 시작하여 마지막 날인 9월 9일에 교지를 내린 것이다. 교지에 적힌 김수정이 쏜 육량전의 비거리는 197m, 196m, 194m이다.

시에 대한 포상의 명(命)이 없자 이조에서 건의하여 뒤늦게 교지를 내렸을 가능성이 크다.
24) 영조실록 74권, 영조 27년(건륭 16년) 9월 6일. '上御春塘臺, 觀武才, 凡四日而畢.'

6) 영조 29년(건륭 18년) 7월 27일의 교지

敎旨
金壽鼎爲崇祿大夫者
乾隆十八年七月二十七日
試射時六兩三矢入格加資事承　傳

    영조 27년 7월27일에 받은 이 교지는 김수정을 숭록대부로 명하고 있다. 숭록대부는 종1품 상계이다. 영조 25년 9월 9일에 받은 송1품 하계인 숭정대부의 바로 위 품계로 2년 여 만에 품계가 한 등급 오른 것이다. 방서에 '활쏘기 시험에서 육량전 세 개를 쏘아 합격하였으니 품계를 올려준다.'고 적어 김수정의 승급이 활쏘기에서 육량전 세 개를 쏘아 합격하였기 때문임을 밝히고 있다.[25]

4. 결론

    김수정의 교지에 적혀있는 방서를 통해 연구자는 두 가지 결론을 얻을 수 있다.
    첫째로 육량전을 쏘는 실력은 조선의 무관에게 출세의 수단이 될 수 있었으며, 조선 조정에서는 육량전을 멀리 쏠 수 있는 군관에 대하여 특별한 대우를 한 것으로 여겨진다. 김수정은 나이 21살에 무과 병과로 출신하여 33살에 종1품 상계인 숭정대부의 품계를 받았다. 무과 병과로 합격했다는 것은 뛰어난 성적으로 합격한 것은 아니다. 그럼에도 불구하고 12년 만에 종1품 상계의 품계를 받은 것은 오로지 육량전 때문이었다. 육량전의 실력만으로 종1품 상계의 품계까지

---

[25] 영조실록에서 이 교지에 대한 관련기사를 찾을 수 없다. 그러나 영조실록에 7월 24일과 26일의 기록이 없는 것으로 보아 김수정이 이 교지를 받게 된 시사는 기록이 없는 24일이나 26일에 이루어졌을 가능성이 있다.

내렸다는 사실에서 조선 조정이 육량전 실력이 뛰어난 군관에 대하여 특별한 대우를 했음을 김수정의 교지를 통하여 명확히 확인할 수 있다.

둘째로 김수정 교지의 방서에 기록된 내용을 토대로 실전된 육량궁의 세기를 가늠해볼 수 있다. 김수정이 사용한 육량궁은 200근 안팎으로 여겨진다.

지금까지 살펴본 교지에 나타난 김수정이 쏜 육량전의 비거리는 평균 154.3步이다. 이는 현대 미터(M)법으로 환산하면 194.4m에 해당한다.

앞서 살폈던 조선 무과에서 철전의 합격거리로 가장 많이 사용한 것이 80보라는 점과 활의 세기로는 100근 미만을 사용했을 것이라는 점을 감안할 때, 김수정은 육량전의 비거리에 있어서는 합격선의 두 배에 가까운 거리를 쏘았다. 이에 따라 비거리를 놓고 보았을 때 김수정이 사용한 육량궁은 약 200근 미만의 활이었을 것으로 추측할 수 있다. 이것을 현대 개량궁의 세기로 환산하면 264파운드 미만이 된다.

2018년 7월 7일 안양정에서는 영집궁시박물관에서 복원한 육량전(길이 두자 여덟 치, 무게 여덟 냥)을 76파운드 개량궁으로 육량전 쏘기를 하였다. 1인 3시를 발시하여 얻은 육량전의 비거리는 평균 42.7m에서 최대 65.3m였고, 두 개의 활을 합쳐 만든 112파운드에 버금가는 합궁으로 쏜 육량전은 70.3m를 나갔다.[26] 여기서 얻은 자료인 76파운드의 개량궁으로 보낸 최대거리를 65.3m로 볼 때 화살의 비거리가 활의 세기와 정비례한다는 가정 하에 계산할 경우 김수정의 육량전 평균 비거리인 194.4m를 날리기 위해서는 226파운드의 개량궁을 써야 한다. 이를 다시 옛 단위로 환산하면 170근이 된다. 동일한 가정 하에 112파운드의 활로 70.3m를 보낸 것으로 환산해보면 194.4m를 보내기 위해서는 309파운드가 되어야 하며 이는 234근에 해당하는 세기가 된다. 김수정이 사용한 육량궁의 세기를 정확히 파악할 수는 없지만 위와 같은 수치들을 참고하여 200근 안팎으로 추측이 된다.

육량궁이 100근 미만인 것이 일반적인 상황에서 그 두 배에 해당하는 200근이 넘는 육량궁이 있었고, 그것을 사용하는 무관이 있었다는 것이다. 비록 이 수치가 조선의 무관 김수정 개인에 해당하는 수치 일 지라도 우리는 이 자료를 통하여 육량궁이라는 우리 활의 세기를 어렴풋이 가늠해 볼 수 있다.

위와 같은 육량궁 세기에 대한 추정은 화살의 비거리가 궁사 개인이 가지고 있는 기술과도 관련이 있다는 것을 고려하지 않았으며, 비거리가 활의 세기와 정비례한다는 명확한 증거가 없는 상황에서 추측했다는 한계가 있다. 후속 연구자에 의해 화살의 비거리와 활의 세기에 있어서의 비례관계를 공식화하는 연구가 이루어지면 좀 더 실제에 가까운 추정을 할 수 있으리라 여겨진다.

---

26) 국궁신문, 2018년 7월 8일 기사. http://www.archerynews.net

□ 참고문헌

李燦雨, 「『弓道講座』에 보이는 朝鮮의 弓矢」, 『한국체육사학회지』 제19권 제2호, 2014.

강혜선, 「조선 통신사(通信使)의 일본에서의 연행(演行) - 『해행총재(海行摠載)』를 통해 본 17, 18세기 조선 통신사의 연행」, 『우리문학연구』 55집, 2017.

이건호, 「육량전 소고」, 『국궁논문집10』, 온깍지궁사회, 2018.

유지영, 「조선시대 임명관련 敎旨의 문서형식」, 『古文書硏究』 제30호, 한국고문서학회, 2007.

김재선, 『東夷傳-中國25史와 淸史稿에 있는 우리나라 歷史』, 瑞文文化社, 1996.

정진명, 『한국의 활쏘기』, 학민사, 2008.

조선왕조실록, http://sillok.history.go.kr

국궁신문, http://www.archerynews.net

인천전통편사의 실제와 계승 방안

박순선(인천 연무정 감사)

Ⅰ. 들어가며	Ⅴ. 기해년 편사의 이모저모
Ⅱ. 인천전통편사 구성인과 역할	Ⅵ. 역대 편사 자료
Ⅲ. 인천전통편사 준비과정	Ⅶ. 인천전통편사의 대외 활동
Ⅳ. 인천전통편사 진행과정	Ⅷ. 글을 마치며

Ⅰ. 들어가며

1. 편사란

1) 편사의 정의

편사(便射)란 사정들의 한량들이 편을 짜서 활쏘기 시합을 하는 것을 말한다. 『조선의 궁술』에는 교무희(較武戱)라고 설명하고 있다.

궁술이 성행함에 따라서 한량들이 한갓 습사만으로 만족하지 아니하고, 서정과 사정이 평일에 단련한 무예를 서로 비교하여 승부를 결하여 만인의 갈채를 받음으로써 의기를 돋우는 교무희(較武戱)를 설행하니 이것이 이른바 편사(便射)이다.[1]

2) 편사의 등장배경

편사는 조선 후기에 민간 사정들의 궁사들이 편을 짜서 활쏘기 시합을 하는 것으로 일종의 모의전쟁의 성격을 갖는다. 조선시대에 성행한 활쏘기는 크게 두 가지로 분류된다. 백성들 사이에서 개인전의 형식으로 성행한 활쏘기가 활 백일장이었다면 편사는 주로 양반들이 주관했던 단체전 형식의 활쏘기로 양반이 주도한 활쏘기인 만큼 격식과 절차가 매우 엄격하고 까다로웠

---

[1] 이중화(1929), 『조선의 궁술』, 조선궁술연구회, 53쪽

다.
　편사의 시작은 조선 후기 선조 때 임진왜란(1592~1598)을 겪고 이후 또 인조 때 병자호란(1636~1637)을 겪은 후부터 발생한 것으로 추정된다. 이 양란을 치르며 국방의 중요성은 더욱 더 부각되고 유성룡의 건의에 의해 군대체계를 속오군 체계로 개편하게 된다. 즉, 평소에 농한기를 이용해 백성들에게 군사훈련과 궁술을 연마하게 하여 비상시에 즉각적으로 국방에 활용할 수 있도록 하기 위함이다. 또한 1894년 갑오개혁 이후 무과시험이 폐지되기 이전까지는 무과시험에서 활쏘기가 차지하는 비중이 매우 컸기에 민간 사정은 무과를 준비하는 훈련장으로 역할을 하면서 더욱 번창하게 된다. 이렇게 융성하게 된 민간 사정들은 서울 지역만 해도 무려 40여 개의 사정 이름이 등장할 정도였다.2) 이러한 민간 사정에서 평소에 갈고 닦은 기량들을 편사를 통해 실력을 겨루고 즐기게 되면서 한국만의 하나의 독특한 활쏘기문화로 자리 잡게 된다.
　국가차원에서의 국방의 중요성과 무과준비생들의 무과 준비, 민간인들의 군사훈련이 모두 충족되는 활쏘기는 한량들의 개인적 습사의 단순함을 넘어 집단적으로 어울리며 즐기는 차원으로 한층 승화하게 된다.
　편사는 더욱더 성행하여 국가적 군사훈련의 차원을 벗어나 놀이의 요소가 가미되면서 독특한 문화를 만들어 가게 된다. 이후 시대가 흘러감에 따라 편사의 주체에 있어서의 다양성과 지역적 특수성이 나타나게 된다.

3) 편사의 종류

　편사의 종류는 참여하는 주체와 구역에 따라 다음과 같이 분류된다.3)
　① 터편사(射亭便射): 한 사정(射亭)이 한편씩 편성하여 승부를 가르는 것으로 '터'라는 말은 '활터'의 약칭이다.
　② 골편사(洞便射): 골은 고을, 즉 동(洞)의 뜻이며 구역과 구역이 각기 구역을 대표하는 한량들을 선발해 대결하는 것이다.
　③ 장안편사(長安便射): 도성(都城) 안이 한 구역이 되고 모화관(慕華館), 홍제원(弘濟院), 창의문(彰義門) 밖 북한(北漢), 남문(南門) 밖 애오개(阿峴)가 한 구역이 되며, 양화도(楊花島), 서강(西江), 삼개(麻浦), 용산(龍山), 한강(漢江), 뚝섬왕십리 동소문(東小門) 밖 손가장(孫家莊)이 다른 한 구역이 되어 이 세 구역이 모여 승부를 겨룬 것이 장안편사이다.
　④ 사랑편사(斜廊便射): 사랑끼리 사원을 편성하여 경기하는 것으로 각 사랑의 당호(堂號)를 붙여 서로를 구별하였다.
　⑤ 사계편사(射契便射): 사계가 성립된 사정에 한하여 사원을 편성하고 기예(技藝)를 경쟁하

---

2) 『조선의 궁술』, 54-55쪽
3) 인천 연무정(1995), 『연무궁도』, 134쪽.

는 편사로서 편성방법은 사랑편사와 같다.

⑥ 한량편사(閑良便射): 터편사에 한하여 행하는 관습으로 한량으로만 편성하여 응사하는 편사를 말한다.

⑦ 한출편사(閑出便射): 한 사정씩 구역의 분별없이 한량과 출신으로만 연합 편성하여 응사하는 것이며 이에 출신(出身)이라 함은 무과(武科)에 급제한 사람을 말한다.

⑧ 삼동편사(三同便射): 당상(堂上)한 사람과 출신(出身)한 사람과 한량(閑良)의 세 계급이 연합하여 편성한 것으로 터편사에 한해 행하였다.

⑨ 남북촌편사(南北村便射): 고종 병자년(丙子年)에 거행된 것으로 동대문에서 서대문까지 큰 길을 가로질러서 남쪽과 북쪽을 구별하여 대결하는 편사였다.

⑩ 아동편사(兒童便射): 한 동네씩 구별하여 아동으로 편성하여 경기하는 것으로 아동 때부터 궁술의 습예를 장려하던 고래(古來)의 풍속이다.

2. 인천전통편사의 유래

인천전통편사놀이가 언제부터 시작되었는지 시기는 정확한 기록이 없기에 확인하기가 어렵다. 다만 일제의 혹치(酷治)하에서도 편사가 열렸다는 기사가 소개된 것으로 보아 조선 후기 임란 이후부터 국가의 장려책에 힘입어 해마다 열렸을 거란 추측을 해본다. 인천의 옛 구사들의 증언으로 인천편사의 역사가 근 400여 년을 지속해 왔다는 것이 이를 뒷받침한다.

1) 『조선의 궁술』 편사의 유규

풍악과 기생의 획창이 있는 편사에는 기생의 복장은 필히 큰 남색치마를 입고 2~4인씩 어깨를 가지런히 하고 서서 목소리를 같이하여 병창(竝唱)하는데 남자한량의 획창소리가 그치기를 기다려서 군문의 대취타명령조로 관중이라 하는 데를 방울목을 넣어서 획창하는데 성명은 부르지 않고 관직을 따라서 부른다. 가령 국장(局長)을 지내고 성이 이(李) 가라면 '이 국장 영감'이라 하고 만일 당하관이라면 '나리'라 부르고 관직 없는 사원이면 성을 따라 이(李) 가면 '이 서방님'이라 하고 김(金) 가면 '김 서방님'이라 부른다.

2) 근대 신문 보도기사

① 매일신보(1918년 5월 29일)
재차의 편사, 청룡정에서 이십일점을 이겼다더라

아랫대 청룡정에서 편사의 두점을 지고 한량의 성벽에 지고 말수가 없다 하야 다시 황학정편을 청하야 지난 27일 자지동 청룡정 활터에서 시작되었는데 이번은 진편에서 모든 경비를 부담하고 기생과 삼현육각을 준비하고 산상하에 음식점을 설비…

양편 사정에서는 오후 세시부터 시작하야 한번 맞치는 때에 기생의 지화자 소리와 아울러 풍악소리가 자지러지는 중에 무겁에서는…

② 매일신보(1918년 7월 23일)
궁술대회 성황, 본사부산지국주최
(…) 오후 한시부터 각지 모여든 선수를 불러 열명을 일조로 하고 80간의 간격이 된 관혁 판을 쏘는데 만일 맞치는 경우는 그 맞친 한량의 성명을 기생이 획청을 하며 일변 삼헌을 잡히어 수천의 관객의 환호성은 더 말할 수 없이 성황이었는데…

③ 동아일보(1923년 6월 11일)
사회초일, 송림을 울리우는 지화자소리(寫)
(…) 궁수가 바로 과녁을 맞칠 때에 기생들의 부르는 지화자 소리는 소나무에 울리는 바람소리와 함께 승리를 축복하는 듯이…

이외에도 <弓術復興의 機運, 대성황을 이룬 便射大會, 매일신보(1916)>, <仁川便射大會盛況, 동아일보(1921)>, <論山便射弓術會盛況(江景), 동아일보(1921)> 등 약 20여 차례에 걸쳐 근대 신문에 소개되고 있다.

3) 『이야기 활 풍속사』 대담

① 인천지역의 해방 전 활쏘기 풍속
대담: 정진명(정), 김현원(김) / 책 105쪽(편사 당일 양편이 만나는 광경에 대한 기록이다.)

정: 혹시 그때 무슨 음악을 울리지 않았나요?
김: 음악? 음악 있었지.
정: 무슨 음악이었나요?
김: 육각으로 불었지.
정: 육각요? 육각이면 뭣뭣인가요?
김: 피리, 피리 둘이야.
정: 피리가 둘이요?

김: 그래, 둘. 그리고 해금, 장구, 북, 젓대 이렇게지.
정: 그러면 음악은 주로 어떤 걸 연주했나요?
김: 길군악을 했지. 왜, 옛날 음악 있잖아?

② 경기지역의 편사유풍
  대담: 정진명, 김봉학 / 책 164쪽

③ 전주 천양정의 전쟁과 선생안
  대담: 정진명, 박병연 / 책 179쪽

④ 전라도 지역의 해방 전 활쏘기 풍속]
  대담: 정진명, 윤준혁 / 책 159쪽

위와 같이 『조선의 궁술』과 『근대 신문』 그리고 각 지역 구사들의 증언들을 통해 편사가 오랜 세월 동안 이어져 온 것을 확인할 수 있다.

3. 인천전통편사의 의의

임진왜란과 병자호란 양란을 거치면서 국방의 중요성이 부각되고 전 국가적 차원에서 백성들에게 숭무정신을 강조하게 된다. 양란 이후 인조, 효종, 현종 때를 거치며 그 어느 때보다도 과거를 많이 치렀다. 이에 출세를 위한 무과응시생들이 더욱더 많아지게 되고, 이러한 영향으로 무과준비생들의 훈련장소인 민간 사정이 우후죽순처럼 생겨나기 시작한다. 지방도 역시 예외는 아니어서 인천의 무덕정(武德亭)과 양주의 승학정(乘鶴亭), 수원의 연무대 같은 사정들이 새로이 서거나 부흥하였다.[4]

이렇게 해서 생겨난 사정들을 중심으로 각 정마다, 혹은 고을마다 편사가 왕성하게 시행된다. 이 편사는 무과에 대비한 연습의 성격이 강하며 또한 비상시를 대비한 군사훈련의 성격도 띤다. 이런 전통은 이후 어지러운 정국의 변화에도 크게 달라지지 않고 현재까지도 이어져 편사의 풍속이 얼마나 뿌리 깊은 전통인가를 보여준다.

편사는 조선 후기는 말할 것도 없고, 해방 전에는 서울과 경기 곳곳에서 행해졌으며 해방 후에는 고양, 김포, 수원 같은 지역에서 꾸준히 시행된 것으로 확인된다. 그리고 인천 지역에서는

---

4) 정진명(2008), 『한국의 활쏘기』, 학민사, 365쪽

현재에도 해마다 봄이 되면 정끼리 편사를 한다. 황학정에서는 1995년부터 장안편사대중회를 통해 편사를 복원하여 매년 시행하고 있다. 인천 편사는 1970년대에 절정기를 이룬다.5)

한량들이 스스로 알아서 편장으로 나섰고 또한 한 사정의 우두머리인 사두가 되기 위해선 반드시 편장을 서야만 했다. 편장을 서는 것은 활 쏘는 사람으로서의 벼슬인 위관이 되는 것이었다. 이를 상당한 명예라고 생각했고 또한 주위 사람들에게 그만한 존경의 대상이 되었다. 당시 편장을 서기 위해선 상당한 비용이 들었다. 경제력의 수준에 따라 다소 차이는 있지만 보통 1000만 원~2000만 원 정도의 비용이 소요되었기에 아무나 쉽게 편장으로 나설 수 없는 규모의 비용이었다. 때로 편장의 경제력이 좀 부족할 경우나, 자정 내에서의 협의에 의해 자정의 사원들이 먹을거리를 십시일반으로 한 상씩 같이 준비해 주는 넉넉한 마음과 협동심이 있는 정도 있었다.6) 재력도 재력이거니와 인품과 덕망이 고루 갖춰진 사람들 중에 편장으로 나섰기에 편장이 된다는 것 활 쏘는 사람이라면 누구나 해보고 싶은 최고의 영예이었다. 이러한 편사는 시대가 변하고 의식이 변하는 상황 속에서 1980년대를 맞이하게 된다. 전국은 물론 경기도 일부 지역의 편사마저도 거의 사라져가고 오직 유일하게 인천에만 그 전통이 매년 이어지고 있다. 다음은 인천에서 거의 마지막으로 편장을 섰던 인천 현무정의 김해수 편장님의 대담내용이다.

> 내가 2006년에 편장을 섰어요. 그게 거의 마지막 편사이에요. 그 이후론 보존회의 지원을 받아서들 섰구요. 활 쏘다가 나이 들어서 편장도 못 서고 그리면 남부끄러운 일로 여겼어요. 요즘은 편장을 안 서도 사두가 되면 이후에 고문으로 대우해주잖아요. 옛날엔 무조건 편장을 서야만 대우를 했어요.7)

또한 인천에선 사람들을 만나다 보면 활의 고장답게 아버님께서 과거에 편장을 섰다는 말들을 어렵지 않게 들을 수 있다. 아버님께서 과거에 편장을 서시면서 주위 사람들에게 존경의 대상이 되었기에 이를 기억하고 있는 자식들에게도 두고두고 대단한 자랑거리가 되는 것이다. 인천에서는 편장을 서지 않고 사두가 되면 애사두라 하여 사두다운 사두로 인정하지 않았다 한다.

인천 연무정에서 편장을 서지 않고 사두를 지내다가 편장을 서야 한다니까 이를 거부하다가 사두 직이 박탈당한 사례도 있다. 그리고 "군수를 할래? 아니면 사두를 할래?" 하면 당연히 사두를 하겠다고 할 정도로 편장을 선 사두가 가지는 사회적 인정이나 위상은 대단한 것이었다 한다.

편사가 이루어지기 위해서 꼭 필요한 것은 3가지이다. 첫 번째는 많은 비용을 감당하고서라도 명예와 자부심을 가져다주는 편장을 기꺼이 서려는 사람이 있어야 한다. 둘째는 이를 같이 축하

---

5) 정진명(2019.01.07.), 『편사에서 전통을 생각하다』, 온깍지궁사회 카페.
6) 인천 남호정 송창영 고문 대담(2016.03.27.)
7) 박순선(2016), '멍에팔 고찰', 『국궁논문집9』, 고두미, 89쪽

해주고 참여할 한량들이 있어야 한다. 셋째로는 편사에서 흥을 북돋아 주는 음악(악공, 기공)을 담당해 줄 사람들이다.

인천은 현재까지 이 세 가지 요소를 완벽히 갖추고 있으며 이를 기반으로 매년 편사가 진행되고 있는 유일한 곳이다.

그러나 활터의 풍속도 2000년대를 거치며 많은 변화에 맞닥뜨리게 된다. 편사에 대한 중요성과 인식이 점점 바뀌기 시작하게 된다. 이러한 변화를 주도한 요인 중에 연간 50여 회가 넘는 각종 전국대회와 승단제도가 한몫을 하게 된다. 활꾼들은 각종 전국대회를 통해 상금을 획득하는 일에 관심을 갖게 되고 명궁이 되기 위해 승단에 집중하게 되므로 전통에 대한 인식과 이를 계승하고자 하는 의식이 급속도로 줄어들게 된다.[8]

이러한 위기감 속에 인천 편사의 가치를 제대로 알고 보존의 필요성을 느낀 몇 명에 의해 (사)인천전통편사놀이보존회가 만들어지며 인천시의 지원 속에 편사가 그 명맥을 어렵게 유지해오고 있는 실정이다. 과거에는 각 사정에서 자발적으로 시행되는 것에서 현재는 이러한 편사가 '(사)인천전통편사놀이보존회'를 중심으로 시행되고 있고 각 사정의 사원들의 인식 밖으로 서서히 잊혀가고 있는 안타까운 실정이다. 이 또한 언제 단절될지 모르는 위기의 상황에 직면해 있는 것이다. 단절된 문화는 계승과는 엄연히 다른 것이다.

단절된 서울 장안편사(서울특별시 무형문화재 제7호)가 복원될 때 이미 현재까지 계승되고 있는 인천의 편사에서 그 틀을 많이 배우고 참작했다. 이후에 전통문화를 아무리 비슷하게 재현해낸다 해도 한 번 단절된 것을 복원하는 것은 새로운 창작물에 지나지 않는다. 사람의 몸에 배어있고 그러한 사람의 정신 속에 면면히 이어져 오는 계승과는 분명히 차원이 다른 것이다.

인천편사는 보통 겨울부터 논의가 되고 봄에 준비가 되어 4~5월의 춘궁기에 시행되었다. 겨울을 보내고 춘궁기를 맞이하여 치러지는 인천편사는 온 동네 부녀자들의 도움을 얻어 큰 잔치마당을 열며 동네 사람들에게 베풀고 배불리 먹이는 구휼(救恤)의 장이기도 했다.

인천편사는 400여 년이 넘는 세월 동안 한 번도 단절되지 않고 이어져 오는 훌륭한 문화유산인 것이다. 이러한 문화유산 속에 나라를 구하고자 하는 호국의 정신이 깃들어 있고 주위 사람들에게 베푸는 애민의식이 녹아있으며 계층 간의 갈등을 해소하고 화합을 이루어내는 대동의 장을 만들어 왔다.

이러한 인천편사의 가치와 의의에 대해 올바로 인식하고 계승, 발전시킬 우리의 임무가 중요하다.

---

8) 정진명(2019.01.07.), 『편사에서 전통을 생각하다』 온갖지궁사회 카페

4. 인천전통편사놀이보존회

1) 연혁 및 사업내용

- ▶ 2005년: (사)인천전통편사놀이보존회 창립.「제46회 한국민속예술축제」인천시 대표로 참가: 장려상 수상
- ▶ 2006년~2008년: 무덕정, 연무정, 연수정 편사
- ▶ 2009년:「도시축전 기념」인천전통편사놀이
- ▶ 2010년: 사업 공백
- ▶ 2011년: 하반기 편사
- ▶ 2012년: 상반기 편사
- ▶ 2013년:「계사년 미추홀 정명 2000년 인천 정명 600년 기념」인천전통편사놀이
  - 1회: 2013.05.04. 무덕정 대 남수정 (장소: 무덕정)
  - 2회: 2013.06.01. 남수정 대 무덕정 (장소: 남수정)
- ▶ 2014년:「제17회 인천아시아경기대회 기념」편사 활쏘기(연희마당) 공연
  - 1회: 2014.09.29. (장소: 인천도호부청사)
  - 2회: 2014.09.30. (장소: 인천도호부청사)
  - 3회: 2014.10.01. (장소: 인천도호부청사)
- ▶ 2015년:「세계 책의 수도 기념」인천전통편사놀이
  - 1회: 청룡정 대 서무정 (장소: 청룡정)
  - 2회: 서무정 대 청룡정 (장소: 서무정)
- ▶ 2016년:「인천 인구 300만 돌파 기념」인천전통편사놀이 공연
  - 1회: 2011.11.12. (장소: 인천도호부청사)
  - 2회: 2011.11.13. (장소: 인천도호부청사)
- ▶ 2017년:「세계를 하나로」활쏘기 축제 인천전통편사놀이 공연
  - 1회: 2017.11.04. (장소: 인천대공원 어울큰마당)
  - 2회: 2017.11.05. (장소: 인천대공원 어울큰마당)
- ▶ 2018년: 사업 공백
- ▶ 2019년: 인천전통편사놀이
  - 1회: 2019.03.30. 남수정 대 청룡정 (장소: 남수정)
  - 2회: 2019.04.21. 청룡정 대 남수정 (장소: 청룡정)

2) 로고

3) 조직체계(2019년 현재)
- ▶ 회장: 1인
- ▶ 부회장: 1인
- ▶ 사무국장: 1인
- ▶ 감사: 2인
- ▶ 이사: 5인(25인 이내)
- ▶ 정회원
- ▶ 준회원
- ▶ 명예회원
- ▶ 특별회원

4) 역대 임원

① 1대 (2005년~2009년)
- ▶ 회장: 박창규
- ▶ 부회장: 이덕진, 심재성
- ▶ 사무국장: 이창희, 조상준, 여영애
- ▶ 이사: 구명수, 유용로, 조원복, 김정악, 박봉진, 양승원, 김원수, 이윤이, 안병배, 전칠석, 최정보
- ▶ 감사: 신희식, 박찬대

② 2대 (2010년~2012년)
- ▶ 회장: 나흥일
- ▶ 사무국장: 최재구
- ▶ 이사: 조상준, 김영기, 봉승수, 윤기덕, 양승원, 박봉진, 강동일, 황형준, 이용 해, 조윤휘
- ▶ 감사: 신희식, 박찬대

③ 3대 (2013년~2013년 9월)
- ▶ 회장: 김완용(10월 1일 사퇴)
- ▶ 부회장: 박상섭, 구이회
- ▶ 사무국장: 전영랑
- ▶ 이사: 여영애, 황운학, 유회준, 이승복, 하기용, 전칠석, 이덕진, 방애숙
- ▶ 감사: 양승원, 박찬대

④ 4대 (2013년 10월~2017년)
- ▶ 회장: 여영애
- ▶ 부회장: 박상섭, 구이회
- ▶ 사무국장: 전영랑
- ▶ 이사: 황운학, 유회준, 이승복, 하기용, 전칠석, 이덕진, 방애숙
- ▶ 감사: 박찬대, 전용훈

⑤ 5대 (2018년~현재)
- ▶ 회장: 여영애
- ▶ 부회장: 구이회
- ▶ 사무국장: 박지혜
- ▶ 이사: 황운학, 하기용, 전칠석, 방애숙, 박순선
- ▶ 감사: 김정숙, 이승복

5) 정관

(사)인천전통편사놀이보존회의 정관은 총 제9장 제46조의 조항에 의거한다. 정관의 내용은 생략한다.

Ⅱ. 인천전통편사 구성인과 역할

1. 한량(閑良)

한량이란 고려 후기와 조선시대에 "과거에 급제하지 못한 무반"을 뜻하는 말이나 보통 "일정한 직사 없이 놀고먹는 양반계층"으로 넓게 쓰였다. 이후 보통 활 쏘는 사람을 지칭하는 말이 되었다. 지금은 활량이라고도 한다. 한량들의 복장은 양복이나 한복을 입고 한복을 입을 경우 두루마기까지 정식으로 걸치는 것이 관례이다. 일상복장을 하여도 무방하다.

1) 편장(便長)

활을 쏜 경력이 오래된 어른으로서 많은 음식과 행사를 치를 수 있는 재력이 뒷받침되어야 하고 사원들로부터 존경을 받는 덕망을 갖춘 한량이다.

① 인천 남수정 편장: 이승복(李勝福)
　▶ 경력
　- 1988년 01월 05일 집궁
　- 2013년 (사)인천편사놀이보존회 이사
　- 2017년~2018년 인천 남수정 제32대 부사두
　- 2019년 (사)인천편사놀이보존회 감사
　- 2019년 편장
　- 2019년~ 인천 남수정 사두

② 인천 청룡정 편장: 구이회(具梨會)
　▶ 경력
　- 1991년 집궁
　- 1995년~2010년 인천 청룡정 교장
　- 2011년~2013년 인천 청룡정 사범
　- 2013년~ (사)인천편사놀이보존회 부회장
　- 2016년~ 2018년 인천 청룡정 부사두
　- 2019년 편장
　- 2019년~ 인천 청룡정 사두

2) 종띠(終띠)

　젊은 사원들 중에서 시수가 좋은 사원으로 선발한다. 편사는 종띠놀음이라고 할 정도로 그 역할이 중요하다. 종띠는 활쏘기와 편장님을 보필한다. 또한 상대편을 대접하고 분위기를 화기애애하게 조성하며, 돈도 많이 쓰고 하루 종일 편사의 성공적 진행을 위해 최선을 다한다.

　① 인천 남수정 종띠: 김진갑
　② 인천 청룡정 종띠: 최민영

3) 대기(大旗, 장기(長旗))

　상대편 맞이를 할 때 양 정의 대기 한량들은 서로 영접하면서 대기를 하나로 합친다. 대기를 하나로 합치는 것은 양정 간의 대동화합을 의미하는 것이다.
　사대에서 "무겁 대기 가르시오"라는 말에 합쳐져 있던 대기를 양 편으로 갈라 자기편으로 가져간다. 사대 뒤에서 한량 중 한 명이 자기편과 같은 색깔의 단기를 들어 자기편 선수들을 알려주면 대기를 가볍게 들어 알았다고 신호한다.
　사대에서 발시된 화살의 비행방향을 주시하고 있다가 과녁에 관중하면 대기를 수직으로 곧바로 세워들고 사대에서 들려오는 기공들의 획창 리듬에 맞추어 대기를 태극 모양으로 마치 용이 춤추듯 신나게 돌린다. 기공획창이 끝나면 기다란 깃발이 땅에 꼬이지 않도록 가지런히 놓고 다음 관중을 기다린다. 대기는 천 길이 5M 정도에 너비는 60Cm 정도로 만든다.

　① 인천 남수정 대기: 권항운
　② 인천 청룡정 대기: 김인선

4) 단기(短旗, 소기(小旗))

　사대 뒤에서 한량 한 명이 단기를 들어 무겁터에서 자기편임을 신호하면 알았다고 단기를 들어 돌려주어 서로 확인한다.
　사대에서 쏜 화살이 어디로 떨어지는지 주시하고 있다가 과녁에 관중하면 맞은 부위를 표시해 주며 어깨춤을 덩실덩실 추며 흥을 돋운다. 과녁에서 벗어나면 벗어난 위치를 알려주고 아쉬움의 동작을 하거나 다음번에는 잘 맞추어 달라고 사대를 향해 절을 하기도 한다.
　과거에는 과녁 앞에 짧게 떨어지는 화살을 단기로 받아쳐서 과녁에 관중하도록 하여 상대편과 시비가 붙어 실랑이를 하는 익살스런 장면들이 연출되기도 했다. 또한 능숙한 단기한량은 과녁에 바짝 다가가 가랑이나 옆구리에 살이 떨어지도록 하는 아찔한 기술을 보이며 구경꾼들의 탄성을 자아내게도 한다. 단기한량은 편사의 흥을 돋우는 매우 큰 역할이었기에 과거엔 편사를 성공적으로 개최하기 위해서 값비싼 비용을 들여서라도 경험 많은 전문 단기한량을 모셔왔다고도 한다.

단기는 천 길이 70~80cm 정도에 너비는 50~60cm 정도로 만든다. 색상은 자기 정을 상징하는 색이나, 멀리서 식별이 용이한 색상을 고른다.

① 인천 남수정 단기: 김익선
② 인천 청룡정 단기: 김명식

5) 사대 뒤 한량

사대에 자기편 편사원들이 나뉘어 들어서면 자기편 단기의 색깔과 같은 단기를 들어 자기편 편사원들이 누구누구인지를 머리 뒤편에서 단기를 펼쳐 가리키며 무겁에 있는 대기, 단기 한량에게 신호를 한다. 깃발을 든다 하여 거기(擧旗)한량이라고도 한다.

누구누구인지를 가리키는 것이 끝나면 단기를 절도 있게 바닥을 향해 ×자를 그어 마무리한다. 이를 멀리 무겁터에 있는 대기, 단기 한량이 보고 자기편이 어디부터 어디까지인지를 분별하게 된다.

재순 활쏘기와 삼순 활쏘기가 작대 순으로 끝날 때마다 이어지는 마당놀이에 한량들이 나갈 때 방금 활 쏜 한량들의 궁시를 받아 챙겨주는 역할을 한다. 이 역할은 딱히 누군가로 정해서 하는 것이 아니라 돌아가면서 시간 여유가 되는 한량들이 서로 도와서 한다.

6) 연전(揀箭)

연전은 사대에서 날아오는 화살이 어디로 가는지 집중해서 보고 있다가 사대의 활쏘기가 다 되었을 때마다 바닥에 떨어진 화살을 수거하여 사대 쪽으로 신속히 보내주는 역할을 한다. 이때 대기, 단기도 연전의 일을 같이 도와 편사가 신속하고 원활하게 진행될 수 있도록 협조한다.

① 인천 남수정 연전: 김광현
② 인천 청룡정 연전: 이원규

7) 획창(獲唱)

획창은 자정에서 목소리가 굵고 우렁찬 사원들 중에서 선발하며 편사의 분위기와 직접 관련되기에 사전에 충분한 연습과정을 거친다. 사대 뒤에서 한량 한 명이 소기로 자기편을 알리고 나면 보통 획창이 무겁을 향하여 길고 높은 목소리로 "정순(定巡)간다"라고 하며 활쏘기의 시작을 알린다. 편장은 성씨 뒤에 위관이라 하고 편장을 지내지 않은 평사원은 성씨 뒤에 이름을 부른다.

위관(尉官)이라는 말을 어떤 인천 구사들은 의관(儀冠)이라고도 하는데9) 구전에 의한 것이기에 발음상 전달되는 과정에 착오가 생겨난 것으로 추측된다. 조선시대에 의관(儀冠)이라는 벼슬 중에는 딱히 편사와 어울리는 벼슬의 이름이 없지만, 위관(尉官)은 조선말 무관계급인 정위(正尉), 부위(副尉), 참위(參尉)를 통틀어 이르는 말로 주로 무과준비생들이 각 사정에서 훈련하여 과거에 합격하면 벼슬을 하는 것이었기에 의관(儀冠)보다는 위관(尉官)이 맞는 말이라 여겨진다.

편장이 한 대를 맞추면 획창한량은 기공들에게 손을 번쩍 들어 검지손가락을 펴 보이며 "김 위관 (짧게) 관(貫)~ 벼언(邊)~(길게)"이라고 획창을 한다. 이를 곧바로 받아 기공들은 "김 위관 영감 일시에 관중요~" 하고 소리획창을 한다.

편장을 지내지 않은 평사원이 관중을 하면 검지손가락 하나를 기공들에게 잘 보이도록 높이 들어보이며 "김○○(짧게) 관(貫)~~벼언(邊)~~(길게)" 하며 깊고 길게 여운 있는 소리획창을 한다. 이에 기공들은 바로 이어받아 "김 주사(主事) 나으리 일시에 관중요~~"라고 소리획창을 한다. 즉, 편장을 선 사람은 벼슬을 한 사람으로 높여 '영감'이라 하고 편장을 서지 않은 사원은 '주사 나으리'라 칭하는 것이다.

2시 이상부터는 맞은 대수에 따라 손가락을 펼쳐 보이고 "김 위관 또~~벼언~~", 또는 "김○○ 또~~벼언~~"이라고 획창을 한다. 이에 "또~~ 벼언~~"부터는 기공들은 "김 위관 영감 2시에 관중요~~, 지화자, 지화자, 지화지화지화자, 지화자, 지화자~~"라고 소리획창을 한다. 평사원의 경우는 "김 주사 나으리 2시에 관중요~~, 지화자, 지화자, 지화지화지화자, 지 화자, 지화자~~"라고 소리획창을 한다. 2대 이상부터는 무조건 지화자를 하는 것이다.

획창의 목소리는 기공들이 부르는 창 소리와 함께 어우러져 편사의 분위기를 주도하게 된다. 그래서 각 정에서는 경험 많은 선배들로부터 사사를 받으며 획창의 역할의 중요성을 인지하게 되고 많은 연습과정을 거치게 된다. 하루 종일 목을 써야 하기에 혼자 하기에는 부담이 된다. 보통 2~3명이 돌아가면서 획창 역할을 한다.

---

9) 인천 연무정, 『연무궁도』, P144쪽

① 인천 남수정 획창: 조동찬, 김광성
② 인천 청룡정 획창: 박장원, 구정회

8) 획관(獲官)

획관은 자정에서 필체가 가장 좋은 사원들 중에서 선발하여 정성스럽게 시수를 기록하는 데 상대편과 마주 보며 시지를 놓고 써나간다. 관중을 하면 이름 아래에 붓으로 변(邊)자를 보통 초서체로 쓰고 안 맞으면 불(不)자를 쓴다. 상대편이 시수를 조작 없이 제대로 적고 있는지 서로 감시하고, 상대편의 시수와 비교해 보며 신경전을 펼치기도 한다. 과거에 불(不)자가 많으면 구경하고 있던 자정 구사분들이 "왜 이리 학다리가 많아" 하며 편사원들을 질책하기도 했다 한다.

① 남수정 획관: 박영진, 한훈열
② 청룡정 획관: 남만희, 이응규

시지(試誌)는 획지(獲誌)라고도 하는데 인천 연무정 사청 내에 역대편사시지철(歷代便射試誌綴)에 보관된 시지는 단기 4288년(서기 1955년)부터 2011년도까지 총 67장의 시지가 보관되어 있다. 이 시지철을 통해 시지 작성의 방법과 시대별로 변화되는 양상을 함께 알아볼 수 있다. 인천 구사들은 이 획지를 '혹기'라고도 한다. 이 말은 구전되는 과정에서 변화된 것이라 짐작된다.

시지는 한지전지(가로 118.9cm, 세로 84.1cm)에 편사에 참여하는 사원들의 이름을 적고 3순 경기결과를 기재한다. 획관들은 서로 마주 보며 획지를 펼쳐놓고 그날의 경기를 정확히 적어가는지 서로 확인하게 된다. 양 정간에 엄정하게 실력을 겨루는 편사이기에 참가하는 모든 편사원들의 경기 기록을 실수 없이 정성 들여 기록하게 된다. 이 시지는 편사가 끝난 후 가장 시수가 좋은 장원에게 내려지게 된다.

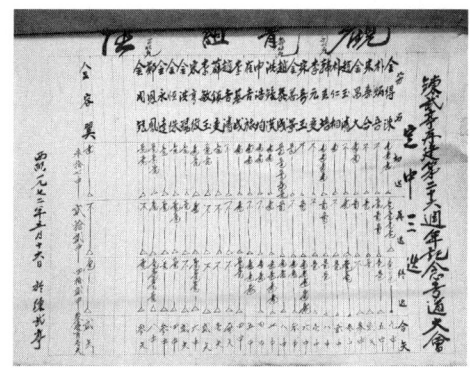 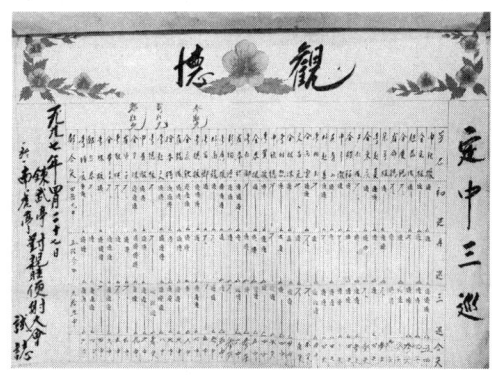

다음은 시지 작성방법에 대해 살펴보겠다.

1. 모든 글씨는 한문으로 쓴다.
2. 제일 위 상단에 관덕(觀德) 또는 사이관덕(射以觀德) 이라 적고 가운데에 태극기나 그림을 넣기도 한다. 자정 내에서의 사원들 간에 하는 편사를 청포놀이라 하는데 이때는 가운데에 청조(靑組) 또는 백조(白組)로 편사 때 자기편의 조(組)를 적기도 한다. 관덕(觀德)이라 함은 활쏘는 것을 통해 덕행을 살피어 알 수 있다는 것이다.
3. 맨 오른편에 정중삼순(定中三巡)이라 적는다.
4. 방명(芳名), 초순(初巡), 재순(再巡), 종순(終巡), 합시(合矢)를 적는다. 이름을 방명(芳名)이라 적는 것은 상대방의 이름을 높이는 말로 존중하고 배려한다는 의미이다.
5. 이름 순서에 맨 처음은 편장의 이름을 적고 맨 마지막은 종띠의 이름을 적고 중간에는 사대에서는 서열대로 이름을 적는다.
6. 맨 왼쪽에는 편사를 하는 양 정의 이름을 적고 연도와 날짜를 적는다.
   1975년 4월 15일 어 연무정 서무정 대사(대편사) 시지
   (一九七午年 四月 十五日 於 鍊武亭 西武亭 對射(對便射) 試誌)
   이때 어(於)자는 편사가 치러진 장소를 뜻한다.
7. 각 순마다 관중하면 변(邊)자를 보통 조서제로 적는다. 이하 5중이 아니어서 빈공간이 있으면 줄을 길게 아래로 긋고 세모로 마감표시를 한다. 시기에 따라서는 중(中)자나 변(邊)자를 도장으로 파서 관중하는 화살 순서에 따라 찍기도 하였는데 이는 편리성을 위한 변화라고 보인다.
8. 불(不)을 쏘면 不자를 길게 늘여 쓰고 세모로 마감한다. 인천 청룡정에서는 세모로 마감을 하면 끊어지는 의미라서 다음 순(巡)에 부정적이므로 세모 마감을 하지 않기도 한다.
9. 활을 못 쏘는 경우가 생기면 자불(自不)이라 적는다.
10. 합시란에 1시부터 4시까지는 시(矢)라 적고 5중부터는 중(中)이라 적는다. 이 또한 각 정마다 조금씩 차이가 있다. 불을 냈을 경우는 불(不) 또는 무시(無矢)라 적는다.
11. 종띠 옆 맨 마지막 란에는 도합시(都合矢)를 적는다.
12. 편사 후에 시수를 가려 방명 위에 도장원(都壯元), 부장원(副壯元), 삼장원(三壯元)을 적는다. 이 또한 각 정마다 차이가 있어 도장원, 부장원까지 선발하는 사정도 있고, 도장원, 부장원의 이름을 방명 위에 적지 않고 시지 제일 위나 연도 아래에 적는 정들도 있다. 편사 당일 편장이 기분이 좋고 재력이 있으면 더욱 많은 사원들에게 시상하기도 하였다고 인천구사들은 전한다.

2000년대를 지나면서 시지는 전체적인 틀에는 변함이 없으나 솜씨 좋은 사원이 직접 온갖 정성을 들여 화려하게 그림을 그려 치장하기도 하였음을 알 수 있다. 이후 봉황 등의 문양을 인쇄하여 시지를 만드는 변화된 모습이 보이기도 한다.

9) 편사원(便射員)

편사원은 편장과 종띠를 포함하여 편사에 참여하는 모든 사원들을 말한다. 편사원의 수는 선단을 보내는 과정에서 양정간의 합의에 의해 결정되므로 그 편사원 수는 일정치 않다. 편사원들은 편사를 준비하는 과정에서 자정의 구사나 교장, 사범으로부터 갖추어야 할 태도나 예의를 교육받고 숙지하게 된다. 교육 내용은 대략 다음과 같다.

- 과한 음주를 삼갈 것.
- 사대에서 절대 잡담하거나 뒤돌아보지 말 것.
- 화살은 앞사람이 다 쏘고 난 후나 기공들의 획창이 끝난 후에 뽑을 것.
- 작대 순서를 잘 기억하고 일사분란하게 움직일 것.
- 자정의 명예를 실추시키는 언행을 하지 말 것.
- 편사 준비와 행사 진행 과정에서 적극적으로 협조해 줄 것.
- 기공들에게 과한 실수를 하지 말 것.

① 인천 남수정 편사 때 편사원

▶ 남수정
 - 편장: 이승복
 - 편사원: 서진하, 이진형, 김사연, 배돌쇠, 김계남, 윤종근, 김사운, 김사인, 심재성, 신희식, 정삼룡, 봉승수, 김광성, 주한영, 여영애, 유재걸, 유상배, 정창현, 김윤경, 조재범, 서태성, 조동찬, 차기찬
 - 종띠: 김진갑

▶ 청룡정
 - 편장: 구이회
 - 편사원: 이광우, 박장원, 김종문, 김천홍, 남만희, 구정회, 이기덕, 조근형, 곽원영, 조홍구, 서민자, 남현우, 손형원, 엄성용, 이웅규, 이일균, 정운암, 전근식, 윤정순, 최성훈, 김동준, 현재명, 권미선
 - 종띠: 최민영

② 인천 청룡정 때 편사원

▶ 남수정
  - 편장: 이승복
  - 편사원: 김계남, 서진하, 이진형, 박영진, 김사연, 한훈열, 심재성, 배돌쇠, 봉승수,
           최현락, 김광성, 안상봉, 여영애, 서태성, 하용업, 유재걸, 유상배, 홍정빈,
           정창현, 류승현, 조재범, 조동찬, 차기찬
  - 종띠: 김진갑

▶ 청룡정
  - 편장: 구이회
  - 편사원: 이광우, 오세덕, 박장원, 김종문, 김천홍, 남만희, 구정회, 이기덕, 조홍구,
           서민자, 양해춘, 남현우, 손형원, 이상윤, 김선희, 이일균, 방병권, 조근형,
           김동준, 편희숙, 현재명, 이완형, 엄성용
  - 종띠: 최민영

2. 기공

1) 인천전통편사에 쓰이는 소리

엄격한 절차와 격식을 갖춘 인천전통편사는 음악이 함께하는 것이 특징이다. 인천전통편사에서 쓰이는 소리는 지화자, 권주가(시조), 경기12잡가, 창부타령을 주로 하고 여러 가지 타령이나 민요도 많이 불려진다. 인천전통편사의 진행과정 동안 쓰이는 소리에 대한 설명을 한다. 먼저 지화자이다.

편장이나 편장을 이미 지낸 한량이 1중을 하면 "김 위관 영감 1시에 관중요~~~"라고 한다. 편장을 서지 않은 평사원이 1중을 하면 "김 주사 나으리 1시에 관중요~~~"라고 한다. 2시부터는 "김 위관 영감(김 주사 나으리) 2(3, 4, 5)시에 관중요~~~"라고 하고 "지화자, 지화자, 지화지화 지화자, 지화자, 지화자~~~"라고 지화자 소리를 붙인다.

양 정 편장이 사청 내에 정성스럽게 차려진 좌부침상에 앉아 음식을 먹는 동안 권주가(勸酒歌)가 흘러나온다. 권주가는 술 마시기를 권하면서 부르는 노래이다. <가곡원류>에 실려서 전하는 조선시대 12가사 중위 하나를 지칭하기도 하지만, 시조 형태로 된 것도 있고, 각 지방마다 권주가라는 명칭으로 전해 내려오는 민요들도 있다.

지방에 따라 다양한 노랫말이 전해지지만, 대개는 "잡수시오, 이 술 한잔 잡수시오, 이 술 한

잔 잡수시면, 천만 년이나 사오리다..."와 같은 관용구로 가사가 구성되어 있다. 잡가(雜歌)는 지역 및 지방적인 가락 소리에 따라 경기 잡가, 서도잡가, 남도잡가로 구분하는데 경기잡가는 서울, 경기도 지역에서 불리는 잡가를 말한다. 경기 잡가는 12잡가와 휘모리 잡가로 나뉜다. 12잡가는 다른 속요보다 사설이 길다는 뜻에서 긴잡가라고도 부르는데 서서 부르는 입창은 춤이 따르지만 잡가는 그렇지 않아 앉아서 부르는 좌창(坐唱)에 들며 대체로 느린 도들이장단 또는 세마치장단에 경기도 토속가락으로 구성되어 있다.

조선 말기에는 유산가(遊山歌), 적벽가(赤壁歌), 제비가, 집장가(執杖歌), 소춘향가(小春香歌), 선유가(船遊歌), 형장가(刑杖歌), 평양가(平壤歌),로 이루어진 8잡가와 달거리, 십장가(十杖歌), 방물가(房物歌), 출인가(出引歌)로 이루어진 잡잡가(雜雜歌)로 구분했다. 명창에는 한말 일제치하의 추교신, 조기준, 박춘경을 손꼽는다.

휘모리잡가는 예전 소리꾼들이 모인 자리에서 파장(파장) 노래로 부른 것으로 사설은 우습고 해학이 담긴 옛 장형시조의 변형이며 음악 형식상으로는 엮음시조, 사설시조의 한 가지로 볼 수 있다. 휘모리잡가에는 <곰보타령>, <비단타령>, <맹꽁이타령>, <병정타령>, <바위타령> 등이 있으며 그밖에도 <생매잡아>, <만학천봉>, <육칠월흐린날>, <한잔부어라> 등이 있다.

이 12잡가는 서울 청파동 일대에서 상공업에 종사하는 도시 소시민들의 사계(四契)축 소리꾼들이 많이 불렀다. 이들은 이 지역의 공청(公廳)에 모여 가르치거나 불렀는데, 공청에 모이면 먼저 가사, 시조를 부른 다음 긴잡가, 수잡가, 휘모리잡가를 부르고 마지막으로 빠른 속도이 민요를 불렀다. 현재는 경기민요라는 이름으로 중요무형문화재 제27호로 지정되어 묵계월, 안비취, 이은주 등에 의해 전승되고 있다. 이번 인천전통편사에 참여한 국악인들 대부분이 국가무형문화재 제27호인 경기민요의 전수자 또는 이수자들이다.

창부타령(倡夫打令)은 경기민요의 대표적인 노래로 본디 한강 이북에서 불리던 무가(巫歌)로서 옛날에는 무가의 사설을 그대로 썼으나 차츰 순수한 민요사설로 바뀌었다. '창부'는 무당의 남편이자 악기를 연주하는 사람을 뜻한다. 경기민요의 대부분이 5음 음계의 평조선법(平調旋法)으로 되어 있고, 흥겹고 멋스러운 굿거리장단으로 된 민요가 많은데 <창부타령> 역시 이와 같은 노래인 것이다. 이러한 창부타령형의 음계를 판소리나 산조(散調)에서는 경조(京調), 또는 경토리라고 부른다. 대개 두 장단 단위로 한 가락을 불러나가지만 창자(唱者)에 따라서는 들쭉날쭉하고 "디리리 리리리리리 아니 노지는 못하리다." 등의 입타령까지 넣어가며 신축성 있게 부른다. 가락이 멋스럽고 굴곡이 많아 신이 나는 노래이어서 부채춤이나 무당춤 등 민속 무용의 반주음악으로 자주 쓰이게 되며, 연희나 놀이판에서는 최고의 절정을 이루는 민요이다.

대부분의 민요가 메기고 받는 형식(call and response)으로 되어 있는데 반하여 이 곡은 처음부터 끝까지 혼자 부르는 것이 일반적이다. 이 곡조 위에 얹어 부르는 사설은 약 30여 종이 있을 정도로 다양한 가사의 변화를 통해 흥을 한껏 돋우는 노래이다.

2) 2019년 인천전통편사에 함께한 국악인들

① 박봉임
- 인천광역시 국악협회 민요분과위원장
- 2009년 해남 전국국악경영대회 문화체육관광부 장관상

② 최정아
- 오동국악예술학원
- 중앙대학교 졸업, 한양대학교 대학원 졸업
- 국가무형문화재 제57호 경기민요 이수자

③ 채수현
- 오동국악예술학원
- 이화여자대학교 한국음악과 박사 과정
- 국가무형문화재 제57호 경기민요 이수자
- 국립국악원 민속악단 단원

④ 이미리
- 오동국악예술학원
- 중앙대학교
- 중앙대학교 대학원 졸업
- 중요무형문화재 제57호 경기민요 이수자
- 경기소리그룹 앵비 단원
- 불교음악원 봉은국악합주단 단원

⑤ 김민정
- 오동국악예술학원
- 한국예술종합학교 전통문화예술원 예술사 졸업
- 국가무형문화재 제57호 경기민요 전수자
- 인천 문학산 12기 잡가 경영대회 명창부 최우수상

⑥ 박지혜
- 오동국악예술학원
- 한국예술종합학교 전통예술원 예술사 졸업
- 제13회 고양 행주 국악 경영대회 민요부문 최우수상
- 김덕수 한울림예술단 단원

이번 편사에서 대거 오동국악예술학원 출신의 국악인들이 참여하여 편사의 수준을 한껏 높여

주었다. 여러 해에 걸쳐 편사에 참여하고 있기에 풍부한 경험을 축적하고 있고 편사에서 필요한 전문성이 충분히 갖춰져 있다.

3. 악공

1) 삼현육각(三絃六角)

삼현육각이란 한국의 전통음악 악기 편성법의 하나이다. 삼현육각에서의 숫자인 삼(三)과 육(六)은 특별한 의미를 뜻하는 것은 아니다. 단지 여러 가지 다양한 악기의 구성이라는 뜻으로 쓰인다. 주로 춤의 반주음악에 쓰인다. 장구, 향피리2, 대금, 해금, 북(좌고) 등의 악기가 쓰이므로 육잡이, 육잽이라고도 한다. 악기나 인원의 편성은 원칙과 조금 다를 수도 있다. 굿판, 인형극, 가면극, 탈춤에서 삼현육각은 가야금, 아쟁 등의 악기가 추가되기도 하며 생략되기도 한다. 춤의 반주음악으로 사용되는 악곡으로는 상령산, 세령산, 삼현도들이, 염불, 타령, 군악, 긴염불, 반염불, 허들타령, 굿거리, 당악 등이 있다.

궁중음악에서의 삼현육각은 타악기 중심의 대취타의 악기 편성인 전부고취와 관악기 중심인 후부고취에서 쓰이기도 했다. 이때 사용되는 악곡은 취타, 길타령, 염불타령, 별우조타령, 길군악(路軍樂) 등이다. 같은 편성이라는 춤의 반주가 아닌 감상을 중심으로 할 때는 대풍류(竹風流)라고 한다.

1929년 조선궁술연구회에서 발간한 『조선의궁술』의 '편사의 유규' 편에서 편사의 진행 절차뿐 아니라 모든 분야에 있어 매우 상세한 설명이 있다. '1중과 2중에는 장령산(長靈山) 곡조를 치고 3중에는 염불곡을 치며 4중과 5중에는 타령(打鈴)을 친다.'라는 대목이 있다. 인천전통편사에서도 삼현육각을 구성하여 음악을 연주한다.

2) 삼현육각의 구성

① 장구

한자로는 장고(杖鼓)라고도 한다. 장고란 이름은 오른손에 채를 들고 치기 때문에 붙여진 이름이다. 고려시대 송나라에서 전래되어 당악(唐樂)에 쓰였고, 장구 의 크기가 오늘날의 것보다 작았다. 기록에 남아있는 옛 문헌으로는 <악학궤범>이 있고, 고려가요인 <한림별곡> 가사에도 그 이름이 보인다. 북통의 모양이 허리가 잘록하다고 하여 세요고(細腰鼓) 또는 요고(腰鼓)라고도 한다. 이 악기는 통 양쪽에다 가죽을 대는데 가죽의 둘레에 원철(圓鐵)이라는 철테를 넣어 쇠고리인 구철을 걸어서 축승(縮繩)인 붉은 색실을 얽어매고 축수(縮綏)라고 하는 가죽으로 죄거나 풀어 음높이를 조절한다. 장구의 통은 사기, 기와흙. 나무 등으로 만드나 오늘날에는 대개

오동나무로 만든다. 통의 크기는 왼쪽이 크며 오른쪽이 작다. 가죽의 두께도 왼편은 두꺼워 저음이 나고, 오른쪽은 얇아 고음이 난다. 왼편은 흰 말가죽으로 하고 오른쪽은 생마피로 만들었으나, 오늘날에는 북편은 쇠가죽으로 채편은 말가죽으로 만든다. 민속악에는 왼편은 개가죽, 오른편에는 노루가죽을 쓰기도 한다. 크게 정악장구와 풍물이나 무악(巫樂) 등 민속악에서 쓰는 장구로 나눌 수 있는데, 정악장구는 왼편 가죽을 북편이라 하여 대나무를 가늘게 쪼개어 다듬은 채를 들고 친다. 채편은 성악곡이나 독주곡의 반주 혹은 실내악과 같이 음량이 작은 음악일 때는 변죽을 치며, 합주곡이나 풍물같이 음량이 큰 음악일 때는 복판을 친다. 민속악에 쓰이는 장구는 왼편 가죽을 궁글이채로 치는데, 때로는 궁글이채로 좌우의 가죽을 번갈아 치기도 한다.

▶ 여성룡: 장구
  - 오동국악예술학원
  - 한국예술종합학교 전통예술원 연희과 예술사 졸업
    음악과 성악 전문사 수료
  - 제5회 안비취 대상 전국민요 경창대회 대상
  - 국가무형문화재 제57호 경기민요 전수자

② 향피리 2(목피리=수피리, 곁피리)
  전통음악 연주에 사용되는 세 가지 피리, 즉 향피리, 세(細)피리, 당(唐)피리 중의 하나이다. 악기의 분류상으로 보면 팔음(八音) 악기 중 죽부(竹部)에 들며, 공명악기군(共鳴樂器群)에 속한다. 세 가지의 피리는 모두 관(관)에다 혀를(속칭 서(舌), reed)를 꽂아 세로로 부는데, 이 중에서 향피리는 세피리에 비하여 굵은 관대와 큰 혀를 사용하므로 일명 대피리로 지칭되기도 한다.
  향피리 관의 길이는 궁중음악용과 민속음악용이 약간의 차이를 보이는데, 궁중음악은 약 26.4cm, 민요에 사용되는 것은 25.4cm, 시나위용은 25cm 가량이다.(이상의 길이는 모두 서를 포함한 전체 길이) 지공(指孔)은 여덟, 음역은 탁중려(仲)에서 청태주(汰)까지 두 옥타브이다. 향피리는 대풍류음악, 즉 관악합주와 무용반주 등에서 주선율을 담당하는데 현행 전통음악의 연주곡 중 향피리가 중심이 되는 대풍류의 기본편성에서는 향피리 2, 대금 1, 해금 1, 장구 1, 북 1으로 삼현육각을 이룬다.

▶ 김영정: 피리 1
  - 한국예술종합학교 전통예술원 예술사 졸업
  - 국가무형문화재 제34호 강령탈춤 이수
  - 월드뮤직 예인스토리 동인
▶ 곽재혁: 피리 2
  - 한국예술종합학교 전통예술원 졸업
  - 국가무형문화재 제46호 피리 정악 및 대취타 이수자
  - KBS 국악 대경연 종합대상

③ 대금(大笒)

대금은 저 또는 젓대라고도 하며 한자로는 적(笛)으로 표기하기도 한다. 악기를 가로로 비껴 들고 한쪽 끝부분에 있는 취구에 입술을 대고 입김을 불어 넣어 소리를 가로로 부는 대표적인 악기이다. 대금은 <삼국사기>에 중금(中笒), 소금(小笒)과 함께 신라 삼죽이라 하여 그 어휘가 처음 보이며, 우리나라에 들어온 시기는 정확히 알 수 없으나 중앙아시아나 중국 대륙에서 사용된 것이 고구려에 전해지고 다시 신라에 받아들여져 정착된 듯하다. 재료로는 해묵은 황죽이나 쌍골죽(雙骨竹)이 쓰인다. 쌍골죽은 마디 사이가 짧고 살이 두껍고 단단하여 호흡으로 인한 습기에 잘 견디며, 맑고 여문 소리를 내기 때문에 황죽보다 즐겨 쓴다.

음역은 2옥타브 반 정도에 이른다. 음색은 저취(低吹)에서는 꿋꿋한 느낌의 장쾌한 소리 등을 지니고 있으며 그 변화가 다양하여 독주악기로 애용된다.

대금의 종류에는 정악대금과 이보다 장2도 정도 높은 소리를 내는 산조대금(시나위대금)이 있다. 두 가지 모두 합주곡을 연주하기 전 여러 악기들의 조율기준으로 사용되는데 이 관습은 고려시대에도 있었다. 현재 사용되는 대금의 길이는 82cm, 지름은 2cm 정도이고 취공과 청공이 각 1개, 지공 6개, 찬성공 1, 2개 있다.

취공에서 가장 가까운 지공부터 1공, 2공 등으로 명명되는데, 제 1공은 왼손집게손가락, 제 2공은 왼손 가운뎃손가락, 제 3공은 왼손 약손가락, 제 4공은 왼손 집게손가락, 제 5공은 오른손 가운뎃손가락, 제 6공은 오른손 약손가락으로 짚으며, 이러한 운지법(運指法)은 중금, 당적(唐笛)의 경우에도 같다.

▶ 유호식: 대금
  - 한국예술종합학교 전통예술원 졸업
  - 국가무형문화재 제34호 강령탈춤 전수자
  - 제25회 전국국악경연대회 관악부문 금상

④ 해금(奚琴)

　기록에 혜금(嵇琴)으로도 나타나며 속칭 '깽깽이'라고도 한다. <고려사>에는 당악과 향악에 고루 쓰인다고 되어 있으나 <악학궤범>에서는 향악에만 쓴다고 기록했다. 현을 잡는 위치와 당기는 강약으로 음높이를 조절한다. 해금은 주로 대나무로 만들며 활시위는 말총을 이용한다. 중국의 악서인 문헌통고(文獻通考)에 따르면 해금은 중국 본토인이 아니라 북방민족인 해족의 악기로, 중국에서는 호부악기로 분류되었다. 한국에서는 고려 고종 때의 한림별곡(翰林別曲)에 혜금이 보이고 <고려사>에도 혜금이 보이는 것으로 보아, 해금은 혜금으로 불렸음을 알 수 있다.

　<악학궤범>에 해금을 만드는 방법이 설명되어 있다. 큰 대나무의 밑부리를 울림통으로 하고 오동나무를 얇게 깎아 한쪽 면을 막는데 이를 복판이라고 한다. 울림통에 세로로 꽂혀 있는 입죽은 해묵고 마디가 오반죽을 쓰고, 주철을 입죽 아래에 꽂아 울림통에 연결시키고 통 아랫부분에 고정시킨다. 입죽 윗부분에는 2개의 구멍을 뚫어 줄을 감은 주아를 꽂는다. 주아에 연결된 2개의 줄인 중현과 유현은 울림통을 지나 주철에 연결된다. 2개의 줄은 주아 아래에서 산성이라는 줄에 의해 묶이고, 울림통과 줄 사이에는 원산이 있어 줄을 지탱해준다. 활대는 오죽이나 해죽으로 하고, 활시위는 말총으로 만든다. 활시위에 송진을 칠하여 유현과 중현 사이를 마찰하여 소리를 낸다.

　연주법은 바닥에 앉은 자세에서 오른발을 왼쪽 무릎 위에 올리고 그 위에 해금을 놓는다. 왼손으로는 줄을 짚고 오른손으로 활대를 쥔다. <악학궤범>의 해금산형을 보면 조선 중기 이전에는 줄을 가볍게 짚어 연주하는 경안법이 쓰였으나, 이후에는 바뀌어 퇴성, 전성, 요성 등이 자유롭게 표현되고 있으며, 해금산조가 가능하게 되었다. 옛날에는 관현합주, 관악합주, 삼현육각 등의 궁중음악에 널리 쓰였으며 지금은 시나위, 산조, 무속음악, 민요, 춤음악에도 쓰인다. 음역이 넓고 이조가 쉬운 장점이 있으나 정확한 음감을 요하는 까다로운 악기이다.

　중국의 호금류, 일본의 호궁. 인도네시아의 레밥(Rebab), 인도의 사랑기(Sarangi) 등은 해금과 같은 2현의 찰현악기이다.

　▶ 황안나: 해금
　　　- 한양대학교 및 동 대학원 졸업
　　　- 국립부산국악원 단원
　　　- 영남대학교 음악 박사(Doctor of Musical Arts)

⑤ 북(좌고(座鼓))

　한국 전통악기 중 막진동 악기의 하나이다. 양면을 가진 납작한 북을 정방향 틀에 걸어놓고 북채를 쳐서 연주한다. 명칭은 연주자가 앉아서 치기 때문에 붙여진 이름이다. 모양은 납작한 원통형이며 양면에 가죽을 대고 북통에는 용의 무늬가 그려져 있고 가죽 둘레에는 화려한 도안을 그려 넣기도 한다. 북채는 끝을 두껍게 싸서 사용하며, 북의 한 면만을 친다.

<고려사> 악지나 <악학궤범>에는 이 악기에 대한 기록이 없으므로 언제부터 쓰였는지 정확히 알 수 없다. 다만 김홍도의 무악도(舞樂圖)에서 그 모습을 볼 수 있기 때문에 조선 후기에 쓰인 것을 짐작할 수 있다. 무악도(舞樂圖)에 의하면 피리, 대금, 해금. 장구. 북의 여섯 잡이로 편성되어 있는데 이것은 삼현육각 편성법이다. 지금은 삼현육각, 관현합주, 관악합주 등 음량이 큰 음악에 편성되며, 현악합주에는 쓰이지 않는다. 치는 법은 장구가 북편을 칠 때 따라치며 장단의 첫 박자 또는 강박에 친다.

▶ 김재동: 좌고
  - 오동국악예술학원
  - 한국예술종합학교 예술사 졸업
  - 2010 세계사물놀이대회 대통령상
  - 2017 안비취 전국민요경창대회 일반부 최우수상

Ⅲ. 인천전통편사 준비과정

1. 발기(發起)

편장을 정하고 편사 할 대상을 미리 찾는 과정이다. 편장은 인품이 있고 덕망이 있는 자로 편사의 경비를 부담해야 하므로 재력도 어느 정도 뒷받침되어야 한다. 상대편에서 나올 편장의 인품과 재력의 조건도 비슷해야 하는데 만약 그렇지 못할 경우라도 인천에서는 상대편의 형편 등을 미리 알고 있는 경우가 대부분이었기 때문에 실제로 거절되는 경우는 거의 없었다 한다. 그럼에도 불구하고 사정이 여의치 못하여 편사에 응할 수 없는 경우에는 퇴통(退通)을 한다. 현재 인천편사에서는 편장이 모든 경비를 부담하는 것으로 관례화되었으나 남호정의 경우는 음식 장만하는데 편사원들도 한 상씩 같이 차려왔다는 구사의 증언이 있다.

2. 사통(射通)

사통문은 주로 겨울을 지나며 농한기에 편사할 대상을 찾아 선단(宣單)을 보낸다. 단은 모의 전쟁인 편사를 하자고 제의하는 일종의 선전포고문이라 할 수 있다. 선장(宣章), 선통(宣通), 사통(射通)이라고도 한다. 선단은 자 정에서 가장 필적이 좋은 사원을 시켜 붓글씨로 창호지에 쓰게 하고, 이렇게 작성된 선단은 종띠와 정을 대표하는 임원, 교장이나 사범을 포함한 2~3인이 상대 정으로 가지고 간다. 예의를 더욱 깍듯이 차리기 위하여 자 정의 어르신 중에 한 명이 대동하기도 한다.

선단을 가지고 가면 상대 정에서는 미리 소식이 있어 알고 있으므로 이를 맞을 채비를 한다. 사통을 가지고 가면 사두 또는 지위가 높은 사람이 의관을 정제하고 있고, 사원 중에 한 명이 사정 위로 올라오라 청한다. 그러면 사정에 올라가서 궁시를 손에 잡고 공손히 큰절을 하고 선단을 전달한다. 그러면 그 사정의 사원들이 청하여 쉬어가라고 하고 활도 쏘라고 하며 정성껏 준비된 음식을 권한다.

선단을 가지고 가서 활을 낼 경우 활은 세 순 이상 쏘지 말도록 하였으며, 술도 석 잔 이상은 마시지 않았다 한다. 이는 상대편에 전력을 노출하는 것을 삼가고 술로 인한 실수를 방지하려는 것이었다.

1) 사통문

다음은 2019년 2월 17일(일요일) 인천 남수정에서 인천 청룡정에 보낸 사통문이다.

▶ 글: 박영신 편장

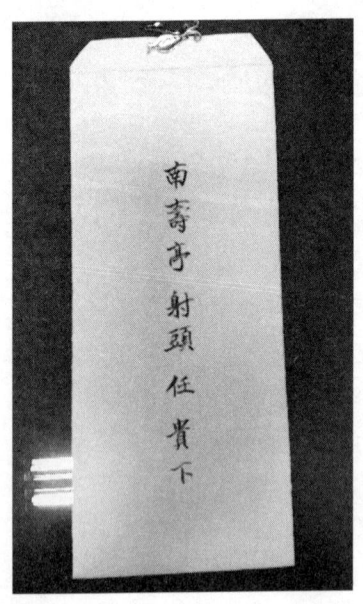
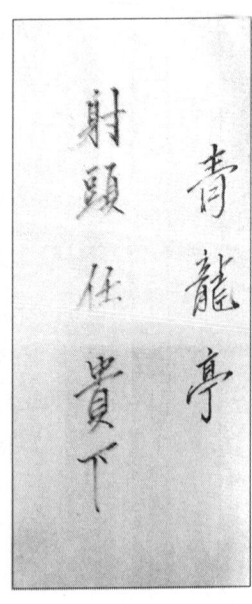

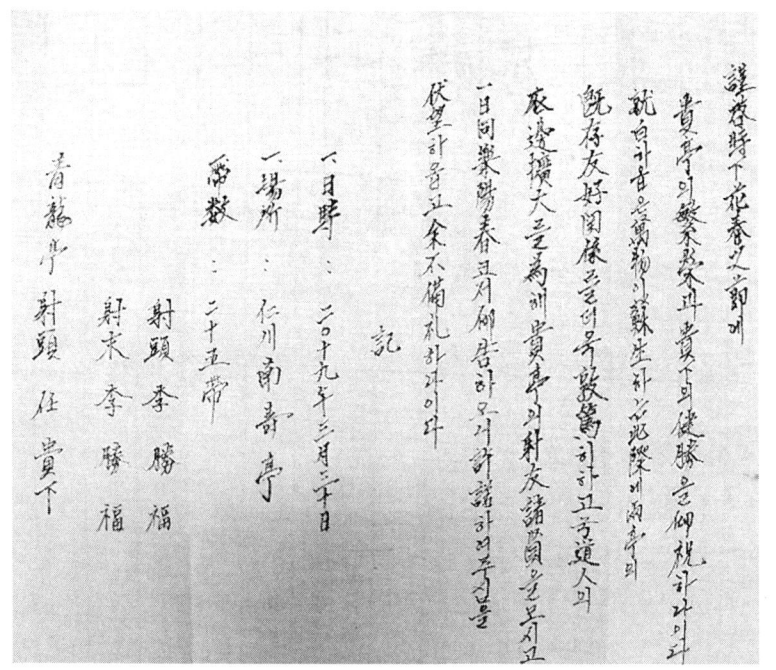

근계시하(謹啓時下) 화춘지절(花春之節)에
귀정(貴亭)의 번영(繁榮)과 귀하(貴下)의 건승(健勝)을 앙축(仰祝)하나이다.
취백(就白)하옵은 만물(萬物)이 소생(蘇生)하는 차제(此際)에 양정(兩亭)의
기존우호관계(旣存友好關係)를 더욱 돈독(敦篤)히 하고 궁도인(弓道人)의
저변확대(底邊擴大)를 위(爲)해 귀정(貴亭)의 사우제현(射友諸賢)을 모시고
일일동락양춘(一日同樂陽春)코저 앙고(仰告)하오니 허락(許諾)하여주심을
복망(伏望)하옵고 여불비례(餘不備禮)하나이다.

기(記)

一. 日時: 二O十九年 三月 三十日

一. 場所: 仁川 南壽亭

一. 帶數: 二十五帶

射頭 李勝福

射末 李勝福

靑龍亭 射頭 任 貴下

[참고용 번역]

謹啓: 편지의 서두에 쓰는 말로 삼가 아룁니다.

時下: 이때, 요즈음

謹啓時下 花春之節: 꽃이 피는 봄의 계절에 삼가 아룁니다.

就白: 나아가 엎드려 여쭙는다는 뜻으로 웃어른에게 보내는 편지에서 안부를 물은 뒤에 하고자 하는 말을 적기 시작할 때 쓰는 말, 아뢰옵건대

此際: 때마침, 주어진 기회에

餘不備禮: 용건만 갖추고 그 외의 예를 갖추지 못했다는 뜻. 편지 끝에 쓰는 말

사통문의 내용을 보면 먼저 처음에는 계절인사(初春之節, 仲春佳節, 花春之節, 晩春佳節 등)를 하고 상대편 정에 편사를 제안하는 취지와 일시와 장소, 대수를 기재하고 사두와 편장의 이름을 적고 관인을 찍는다.(생략된 것도 있음) 보통은 사통을 보내는 측의 사두를 겸양의 뜻으로 사말(射末)로 적고 다음에 편장(便長)을 적는 것이 일반화된 것이나, 옛 기록을 약간의 변형이 있어 사두라 적고 편장을 사말이라 기재된 사통문도 있다. 또한 본문 뒤에 기(記)라 적고 일시와 장소, 대수 외에 기공, 악공 등은 각 정에서 각자 준비하자는 등의 세부적인 내용을 적기도 하고, 기(記)자가 생략된 것들도 있다.

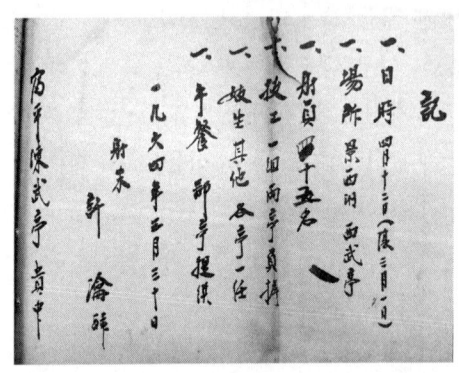
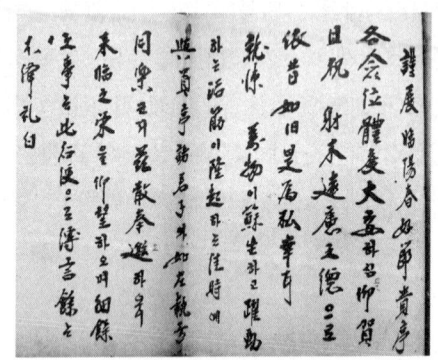

2) 사통문 전달 절차

미리 인편이나 전화로 상대 정에 방문 일자와 대략적인 시간을 알리고 작성된 사통문을 들고 고문, 부사두, 교장, 사범 들 중 정을 대표하는 사원 1~2인이 복장을 잘 갖추고 종띠와 함께 궁시를 지참하고 상대 정으로 간다. 사통문을 들고 사정에 가서 올라가지 않고 "왔습니다" 한다. 상대 정 사원들이 응성(應聲)하여 "어서 오십시오" 하면 선장(선단) 또는 사통 가지고 왔습니다. 하면 상대 정에서는 사원 중에 사두 또는 지위가 높은 사람이 의관을 정제하고 사정 위로 올라오라 한다. 상대 정에서는 손님들을 맞이하기 위해 편장과 고문들이 배석한다. 그러면 종띠는

사정에 올라가 서 궁시를 머리 위로 높이 들었다가 내려놓고 공손히 큰절을 한다.

교장 혹은 사범은 옆에 서서 가지고 간 사통문을 종띠에게 전달한다. 이어 종띠는 사통문을 상대편 편장에게 전달한다. 상대편 편장과 고문들은 사통문의 내용을 살펴보고 편사에 의논할 세부 사항이 있으면 추후 다시 의논하자고 말하고 답례봉투를 종띠에게 전달한다.

3) 응대

상대 정에서는 사통문을 들고 온 사람들에게 먼길 오시느라 고생하셨다고 말하며, 쉬어가라고 하기도 하고 활도 쏘라고 하며 정성스럽게 준비된 음식을 권한다. 옛 풍속에는 공손히 사양하는 것이 예의로 되어 있지만 현재는 약간 대접에 응하되 술은 석 잔 이상 마시지 아니하며 활도 석 순 이상 쏘지 말라고 웃어른들은 미리 엄격한 예의를 가르쳐 준다. 이는 술을 통해 실수하는 것을 방지하고 상대편에게 전력을 노출하지 않기 위한 것이다.

3. 답통(答通)

상대 정에서는 가지고 온 선장을 살펴보고 응사하고자 할 때는 3일을 넘겨 답통(答通)을 작성해 보내기도 한다. 답통을 응단(應單)이라고도 한다. 이때 답통(答通)의 내용은 선장(宣章)에 변경 사항을 기록하여 선장(宣章)을 가지고 왔던 발기정의 사원과 같이 읍양(揖讓)절차를 같게 한다.

1) 답통문

다음은 2019년 3월 10일(일요일) 인천 청룡정에서 인천 남수정으로 보낸 답통문이다.

▶ 글: 이웅규 사원

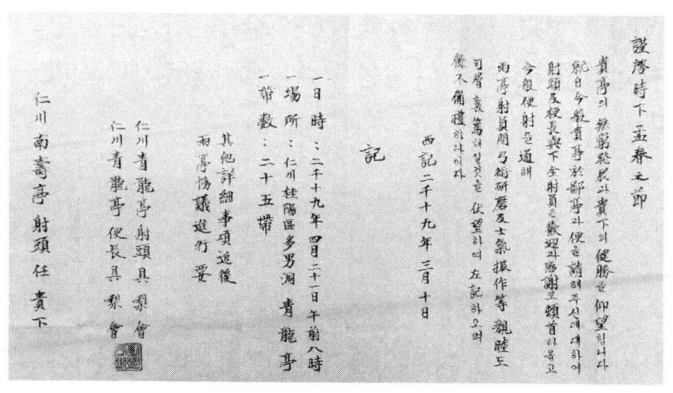

근계시하(謹啓時下) 맹춘지절(孟春之節)

귀정(貴亭)의 무궁발전(無窮發展)과 귀하(貴下)의 건승(健勝)을 앙망(仰望)합니다.

취백(就白) 금반(今般) 귀정(貴亭) 어(於) 비정(鄙亭)과 편(便)을 청(請)해 주신데 대하여 사두(射頭) 내(乃) 편장(便長) 여하(與下) 전사원(全射員)은 환영(歡迎)과 감사(感謝)로 돈수(頓首)하옵고 금반(今般) 편사(便射)를 통(通)해 양정(兩亭) 사원간(射員間) 궁술연마(弓術研磨) 내(乃) 사기진작(士氣振作) 등(等) 친목(親睦)도 가층(可層) 돈독(敦篤)해질 것을 복망(伏望)하여 좌기(左記)하오며 여불비례(餘不備禮)하나이다.

서기(西記) 이천십구년(二千十九年) 삼월(三月) 십일(十日)

기(記)

一. 日時: 二千十九年四月二十一日午前八時
一. 場所: 仁川 桂陽區 多男洞 青龍亭
一. 帶數: 二十五席帶

其他詳細事項推後
兩亭協議進行要

仁川 青龍亭 射頭 具梨會
仁川 青龍亭 便長 具梨會

仁川 南壽亭 射頭 任 貴下

2) 답통문 전달 절차

답통문을 전달하는 절차는 사통문을 전달하는 절차와 같다. 예를 공손히 갖추어 읍양(揖讓)하고 언행(言行)의 절차에도 실수를 하지 않도록 주의한다. 답통을 받은 발기 사정은 대우와 영접을 선장을 받던 사정과 같이 지위 높은 사원이 의관을 정제하고 영송(迎送) 절차까지 엄숙하고 정중히 한다.

3) 응대

답통문을 전달하러 온 상대정의 사원들에 대한 응대 절차도 사통문을 전달할 때와 동일하다. 너무 오랫동안 머무르지 않으며 예의에 벗어나지 않는 선에서 활도 쏘고 음식 대접을 받는다.

4. 퇴통

정의 사세가 여의치 않아 상대 정에서 가지고 온 선장을 받지 않는 경우도 있는데 대개는 상대 정의 성의를 고려해 선장을 받은 날로부터 3일 이내에 퇴통(退通), 또는 방단(防單)을 작성해 선단(宣單)을 보내야 한다. 그러나 실제 인천에서는 미리 상대 정의 사정의 두루 살펴 사통을 보내므로 퇴통하는 경우는 거의 없었다 한다.

5. 대공일 행사

모든 편사 일정이 결정되면 각 정에서는 사습(射習)을 실전과 같이 시행한다. 3회에 걸쳐 3순씩 시지를 작성하며 실전에 대비한 연습을 하며 편사원의 실력을 점검하여 편사원의 작대를 편성한다. 처음 집결하여 사습하는 날을 초중회(初衆會), 두 번째 집결하여 사습하는 날을 재중회(再衆會), 세 번째로 집결하여 사습하는 날을 삼중회(三衆會) 또는 대사습(大射習)이라 한다. 요즘은 사원들의 편의를 고려해 보통 편사 전 주에 한 번 집결하여 이 과정들을 거치게 되는데 대공일 행사라고도 한다.

사습 행사를 하면서 편사원들에 대한 음식은 편장이 책임진다. 옛날에는 편장 댁을 중심으로 동네 아낙들이 모두 모여 일손을 거들어주었다.

각 사정에서는 사습 행사를 하면서 편사에 경험이 많은 성의 어르신이나 교장, 사범은 세 번에 걸친 모임을 통해 작대를 확정지어 편성하게 되고 사원들이 편사에 임해서 지켜야 할 절차와 예법을 숙지하도록 교육한다. 종띠의 역할뿐 아니라 회관, 획창 연습을 하게 되고 편사원들도 사대에서의 예법을 익히게 된다. 사대에서의 예법은 대략 다음과 같다.

- 활 쏘는 중에 잡담하지 말 것
- 뒤돌아보지 말 것
- 앞사람 살이 다 나가고 살을 뽑을 것
- 기공들의 창이 끝나고 살을 뽑을 것
- 작대 순을 잘 숙지하고 있을 것
- 두루마기 착용 시에 궁대 매는 법 숙지
- 지나친 음주를 삼갈 것
- 기타 편사에 관한 전반적인 이해

▶ 청룡정 대공일 행사(2019년 3월 24일)
▶ 남수정 대공일 행사(2019년 3월 24일)

Ⅳ. 인천전통편사 진행과정

1. 고사

주최 정에서는 본 행사를 시작하기 전에 무사 무탈한 행사가 되고 정을 더욱 안전히 보호하고 번창할 수 있기를 기원하며 고사를 지낸다.

2. 상대편 맞이(길놀이)

상대편이 본 정 근처에 도착하면 주최 정 한량들은 편장을 필두로 대기를 앞세우고 풍악을 울리면서 반대편을 마중하기 위해 나간다. 악공과 기공들이 따라나서고 편장이 필두로 나서 상대편을 맞이하기 위해 서로 질서 정연하게 마중을 나간다. 상대편과 마주하면 제일 먼저 앞장서 온 양편의 대기가 먼저 대화합을 의미하는 의미로 대기를 합치는 절차가 이어지고 상대편 한량들과 반가이 인사를 나눈다. 인사를 하는 한량들을 악공들이 먼저 앞장서고 기공들이 뒤를 따르면서 이끈다. 한량들은 함께 본 정으로 들어와서 사대 앞으로 질서 있게 정렬한다. 사대 앞에 정렬할 때까지 풍악이 계속 울린다.

3. 개사식

순서는 다음과 같다. 양 편 편장과 사두, 고문들을 사청에 배석하게 한다. 사회자의 간단한 인사말과 함께 식순에 의거해 행사가 진행된다. 주최 정 편장이 환영사를 한다. 상대편 편장이 답사를 한다. 양 정 사원들이 서로 마주 보며 상견례를 한다.

4. 좌부침상

좌부침상의 어원은 확실하지 않다. 사청 내에 좌부침상이 미리 차려지고 양 편 편장님들이 중앙에 배석하고 주위에는 양 정의 사두, 고문들이 같이 배석한다. 아침 일찍부터 먼 길 오시느라 고생하셨다는 말 등을 하며 덕담을 서로 주고받는다.

음식상에 둘러앉아 술잔을 나누며 식사를 한다. 기공들은 편장과 고문들께 술잔을 올린다. 기공 한두 명은 권주가를 부르며 아침 일찍부터 흥을 돋운다.

5. 종띠 체계

식사를 마치면 좌부침상을 옆으로 물리고 양 정 편장과 사두 및 고문님들이 양 편의 앞에 배석 후 시수가 좋은 젊은 사원들 중에서 선발된 종띠가 궁시를 머리 높이 들었다 내려놓고 양 편 편장님들께 "체계를 올립니다."라고 하며 큰절을 올린다. 체계를 올린다는 의미는 출전태세가 준비되었음을 뜻한다.

종띠 옆에서 교장이나 사범은 시지를 종띠에게 전해주고 종띠는 무릎을 꿇고 시지를 편장님께 올리면 편장, 사두, 고문님들은 시지를 펼쳐보며 그날 출전한 편사원들의 명단을 확인한다. 편장은 종띠에게 최선을 다해 잘 싸워 본 정의 명예를 드높여 달라는 말을 하며 봉투에 담긴 격려금을 준다.

6. 기공 큰절

기공들은 편장, 사두, 고문님들이 앞에 배석하면 큰절로 예를 올리고 절을 받은 편장과 사두, 고문님들은 하루 분위기를 흥겹게 잘 이끌어 달라고 당부하면서 봉투에 담긴 격려금을 준다. 인천편사에서 기공 역할을 했던 분의 증언에 의하면 편사 전날부터 편장 댁에서 숙식을 제공받는 경우도 있었다 한다. 기공들의 복장은 한복차림으로 한다.

7. 무겁 대기 가르기

길맞이를 하면서 하나로 합쳐졌던 대기는 과녁에 같이 놓여있게 된다. 주최 정의 획창이 "무겁 대기 가르시오." 하면 무겁터에서는 대기 한량이 합쳐져 있던 대기를 갈라 양편으로 나뉘어 서고 소기와 연전도 함께 양편으로 나뉘어 자리를 잡은 후 준비한다.

8. 초순 내기

초순은 주최 정이 선사를 한다.

1) 종띠 초순 활쏘기

양편의 종띠가 나와서 초순을 낼 준비를 한다. 초순에 종띠가 제일 먼저 활을 내는 것은 풍향을 알아보는 것과 상대편의 기선을 제압하는 의미가 실려 있다. 종띠가 활을 쏘아 한 대가 관중하면 획창이 손가락 하나를 기공들에게 펼쳐 보이며 "김일우 관~변~"하고 구성지게 외친다. 이를 받아 준비하고 있던 기공들은 "김 주사 나으리 일 시에 관중~~~요"라고 소리획창을 한다. 한량들이 활을 쏘는 중에도 기공들은 계속 소리를 하며 흥을 돋운다.

소리를 계속하는 중에 또 관중하면 획창은 바로 손가락 2개를 기공들에게 펼쳐 보이며 "김일우 또~변~"하고 외친다. 기공들은 이를 바로 이어받아 "김 주사 나으리 2시에 관중~요. 지화자~ 지화자~ 지화지화지화자~ 지화자지화자~"하며 지화자 소리를 부른다. 2시 관중부터는 세 겹 지화자를 부른다.

편장을 서지 않은 일반 편사원들의 뒤에 붙이는 호칭은 '주사 나으리'로 한다.

2) 편장 초순 활쏘기

양 편 편장님들이 초순을 낼 준비를 하면 주최정 획창이 "월차 말씀내렸소, 양 정(편) 편장님 시수 보시니 정좌 말고 기좌하오~"라고 외친다. 이에 모든 사람들이 자리에서 일어나 편장님들의 활쏘기를 구경하며 응원한다. 편장이 사대에 서면 아들이나 종띠가 편장 옆에 서서 활을 먼저 건네준다. 이어서 쏠 순서가 되면 화살을 한 발씩 건네준다. 편장님이 한 대를 맞추면 획창은 손가락 하나를 기공들에게 펼쳐 보이며 성씨를 앞에 부쳐 "김 위관 관~변~"하고 외치면 기공들은 "김위관 영감 일 시에 관중요~"하고 소리획창을 한다.

편장들이 활을 쏘는 중에도 역시 기공들은 계속 소리를 하며 흥을 돋운다. 기공들의 소리 중에 또 관중하면 획창은 바로 손가락 2개를 기공들이 잘 보이도록 펼쳐 보이며 "김 위관 또~변~"이라고 외친다.

기공들은 부르던 소리를 바로 중지하고 자리에서 벌떡 일어나 "김위관 영감 2시에 관중요~ 지화자~ 지화자~ 지화지화지화자~ 지화자지화자~"하고 소리획창을 한다. 편장은 1시부터 4시까지 안 맞다가 5시가 처음으로 맞았어도 5시에는 지화자를 불러준다. 이에 5자 대를 한량대 또는 지화자대라고 한다. 또한 5시마저 안 맞았다 하더라도 편장은 특례로 허시를 인정해 획관은 "김위관 관~변~"을 외치고 기공들은 지화자를 불러준다. 편장은 편샷날에는 허시 특례로 한

대를 더 맞은 것으로 기록하기에 5시 6중을 할 수도 있다.
편장은 활 쏘는 사람으로서의 최고의 벼슬을 했다 하여 위관이라는 호칭을 붙여주며 편장의 부인 역시 편장 댁이라 하여 그 위상을 높여주고 존중해주었다.

3) 편사원 작대 순으로 초순 활쏘기

편장 초순 활쏘기가 끝난 후 편사원들이 작대 순으로 나와서 초순활쏘기를 한다. 양편의 편사원들의 규모에 따라 한 띠당 한 편에서 3~5명 정도 양편으로 나뉘어 서서 활쏘기 준비를 한다.

9. 재순 내기

재순은 상대정이 선사를 한다. 초순에는 종띠가 먼저 활을 쏘았으나 재순부터는 편장님들부터 화을 쏜 후에 편장 가족들과 친구, 한량들이 모두 함께 사대 앞마당에 나와 기공들과 힘께 손을 잡고 창부타령에 맞추어 한바탕 신명나게 춤을 추며 마당놀이를 한다.
편장님들이 활을 다 쏘고 나갈 때 한량 중 한 명이 기다렸다가 편장님의 궁시를 받아 챙겨 놓는다. 흥겹게 마당놀이를 한 편장님과 한량들은 기공들의 노고에 사례를 하며 봉투를 건넨다.
작대에 따라 편사원들의 활쏘기가 끝날 때마다 마당놀이가 이어진다. 이때에도 편사원들이 사대 앞으로 나갈 때 뒤에서 대기하고 있는 한량들이 궁시를 받아 챙겨준다. 편사원들도 마당놀이가 끝나면 흥을 북돋아 준 기공들에게 사례한다.

10. 삼순 내기

삼순(종순)은 주최 정이 선사를 한다. 편사 시 초순은 주최 정, 재순은 상대 정, 종순은 주최 정에서 선사하는 것을 원칙으로 한다. 편장부터 작대 순으로 활을 쏘고 난 후 이어서 마당놀이가 진행된다. 재순 활 쏠 때와 방법과 절차가 동일하다.

11. 폐회식, 성적발표

종순까지 다 쏘고 시지가 모두 작성되어 합시가 집계된다. 폐회식을 하며 최종 성적발표를 한다. 폐회식 순서는 다음과 같다.

- 사회자 인사말
- 주최 정 편장 인사말
- 양팀의 승패 발표
- 상대 정 편장 인사말 및 상대 정 편사 날짜 발표
- 사회자 인사말

12. 필배상, 마당놀이

편사의 아침상을 좌부침상이라 하고 저녁상을 필배상이라 한다. 술과 음식을 나누며 승패에도 관심을 보여 더욱 분발하지 못한 것을 아쉬워하기도 하고, 편사를 무사히 치르게 됨을 감사히 여기며 서로 덕담을 나누면서 또 한바탕 잔치 마당을 즐긴다. 기공들과 악공들의 연주로 더욱더 흥은 고조된다.

13. 배웅

아침에 마중 나갈 때와 같은 방법으로 예를 갖추어 상대편을 배웅한다.

14. 획지불림, 장원다루기, 뒤풀이

상대편을 배웅하고 돌아와 편사에서 좋은 시수를 낸 편사원들을 가려 상금과 함께 시상을 한다. 장원한 편사원에게는 그날의 시지를 접어 몸의 전면이나 배면에 꽂아주는데 이를 '획지불림'이라 한다. 획지 불림이 끝나면 장난스럽게 장원다루기를 한다. 장원한 사람의 양팔을 양쪽에서 잡고 뒤에서는 또 한 사람이 다리 하나를 붙잡는다. 꽹과리나 북을 치면서 편장님을 향해 "앞으로 찌이~" 하면 사원 한 명이 "물렀거라!" 한다. 그러면 다시 뒷걸음친다. 이렇게 서너 번 반복한다. 이때 장원한 사람의 얼굴에 숯검댕이를 가지고 장난스럽게 그림을 그리며 어울린다.

흥겨운 분위기 속에서 서로 장난치다 보면 나중에는 모든 사람의 얼굴이 시커멓게 되어 있다.

V. 기해년 편사의 이모저모

2019년 편사에서의 다양한 모습들이다. 2019년 인천편사에 인천시에서 많은 협조와 지원이 있었다. 또한 전국 각지의 많은 인사분들도 적극적인 관심을 보여주었고 참여해주었다. 특히 (사)인천전통편사놀이보존회의 여영애 이사장의 헌신적인 노력과 준비로 이번 행사가 전국적으로 집중적인 관심을 받게 되었다.

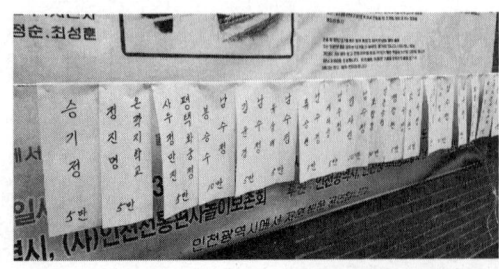 

　2019년 인천 남수정과 인천 청룡정의 편장들과 사원들은 편사의 주인공들로서 혼연일체된 모습으로 편사에 임해주었다. 2019년 편사에서 함께 참여한 기공들과 악공들은 대부분 오동국악예술학원 출신이거나 이사장과 긴밀한 관계에 있는 국악인들로 수년간의 풍부한 경험을 바탕으로 이번 편사의 수준을 최고로 끌어올렸다. 2019년 편사에서는 편장의 가족들과 많은 지인들도 참석하였다. 편사에 대한 새로운 인식으로 400여 년 이어져 온 편사가 단절될지도 모른다는 위기의식이 이번 행사를 통하여 말끔히 씻기는 자리가 되었다.

Ⅵ. 역대 편사 자료

1. 역대 편장 증경록

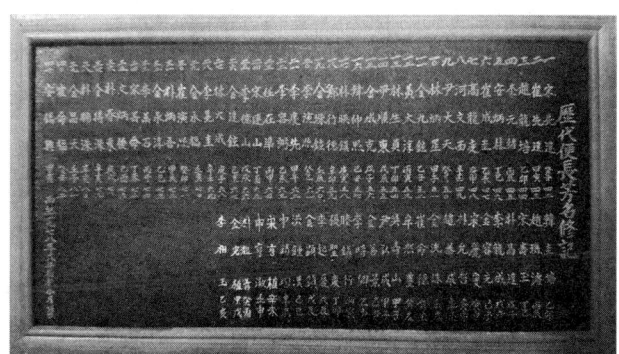

다음은 인천 연무정의 100여 년이 넘는 역대 편장을 지낸 분들의 기록이다.

代順	편장명(便長名)	편사년도(便射年度)	주소(住所)	비고(備考)
1	송선달(宋先達)	1913(癸丑)	계산동	入山
2	최선달(崔先達)	1914(甲寅)	계산동	入山
3	조용배(趙龍培)	1915(乙卯)	계산동	入山
4	이원서(李元緒)	1916(丙辰)	계산동	入山
5	안병혁(安炳赫)	1917(丁巳)	작전동	入山
6	최성규(崔成圭)	1919(己未)	계산동	入山
7	고용섭(高龍燮)	1920(庚申)	계산동	入山
8	하문서(河文西)	1921(辛酉)	계산동	入山
9	윤대천(尹大天)	1923(癸亥)	계산동	入山
10	임병성(林炳星)	1924(甲子)	서운동	入山
11	김구현(金九鉉)	1925(乙丑)	작전동	入山
12	황대순(黃大淳)	1926(丙寅)	계산동	入山
13	임생원(林生員)	1927(丁卯)	서운동	入山
14	윤순동(尹順東)	1928(戊辰)	계산동	入山
15	김성극(金成克)	1948(戊子)	삼산동	入山
16	한중희(韓仲熙)	1949(己丑)	계산동	入山
17	박영진(朴映鎭)	1950(庚寅)	효성동	入山
18	정행덕(鄭行德)	1951(辛卯)	계산동	入山
19	김주현(金珠鉉)	1952(壬辰)	작전동	入山
20	이연희(李演熙)	1953(癸巳)	작전동	入山
21	이경선(李慶先)	1954(甲午)	부평동	入山
22	이용필(李容弼)	1955(乙未)	작전동	入山
23	임재준(任在準)	1956(丙申)	효성동	入山
24	송연산(宋連山)	1957(丁酉)	계산동	入山
25	이억산(李億山)	1958(戊戌)	계산동	入山
26	김달현(金達鉉)	1959(己亥)	작전동	入山
27	임대성(林大成)	1960(庚子)	청천동	入山
28	이만규(李曼圭)	1961(辛丑)	계산동	入山
29	김영복(金永福)	1962(壬寅)	작전동	入山
30	최인희(崔寅熙)	1963(癸卯)	작전동	入山
31	박병오(朴炳吾)	1964(甲辰)	작전동	入山
32	김영순(金永淳)	1965(乙巳)	작전동	入山
33	이만석(李萬石)	1966(丙午)	갈산동	入山
34	송수명(宋壽命)	1967(丁未)	계산동	入山
35	문병준(文炳俊)	1968(戊申)	작전동	入山
36	박춘동(朴春東)	1969(己酉)	갈산동	入山
37	김득수(金得洙)	1971(辛亥)	작전동	入山
38	박남수(朴楠洙)	1971(辛亥)	효성동	入山
39	김창대(金昌大)	1972(壬子)	계산동	入山
40	최명복(崔命福)	1973(癸丑)	삼산동	入山

41	안석흥(安錫興)	1974(甲寅)	작전동	入山
42	한규배(韓圭培)	1975(乙卯)	계산동	入山
43	조기준(趙璣濬)	1976(丙辰)	부평동	入山
44	송수옥(宋壽玉)	1977(丁巳)	계산동	入山
45	박창원(朴昌遠)	1978(戊午)	삼산동	入山
46	이용성(李龍成)	1978(戊午)	계산동	入山
47	김용선(金容先)	1979(己未)	계산동	入山
48	송여섭(宋麗燮)	1980(庚申)	계산동	入山
49	박윤철(朴允哲)	1980(庚申)	효성동	入山
50	조태성(趙泰成)	1981(辛酉)	부평동	入山
51	김광수(金洸洙)	1982(壬戌)	작전동	入山
52	최명덕(崔命德)	1983(癸亥)	삼산동	入山
53	모연풍(牟然豊)	1983(癸亥)	서운동	入山
54	오수산(吳壽山)	1984(甲子)	계산동	入山
55	윤홍성(尹弘成)	1984(甲子)	부평동	入山
56	김선경(金善景)	1985(乙丑)	삼산동	入山
57	이시경(李時卿)	1985(乙丑)	작전동	入山
58	목진행(睦鎭行)	1986(丙寅)	작전동	入山
59	장성섭(張聖燮)	1987(丁卯)	계산동	入山
60	이기하(李起夏)	1988(戊辰)	효성동	入山
61	김현진(金顯鎭)	1988(戊辰)	계산동	入山
62	홍종한(洪鍾漢)	1989(己巳)	서운동	入山
63	신호균(申鎬均)	1990(庚午)	삼산동	入山
64	송형식(宋亨植)	1991(辛未)	계산동	
65	신형철(申亨澈)	1992(壬申)	삼산동	入山
66	박기선(朴起善)	1993(癸酉)	서운동	入山
67	김완식(金完植)	1994(甲戌)	계산동	入山
68	이상옥(李相玉)	1995(乙亥)	부평동	入山
69	전병운(全丙雲)	1996(丙子)	삼산동	入山
70	신현진(申鉉振)	1997(丁丑)	삼산동	入山
71	이홍경(李弘卿)	2001(辛巳)	작전동	入山
72	이부경(李富卿)	2002(壬午)	계산동	
73	이응진(李應振)	2003(癸未)	효성동	
74	이덕진(李德振)	2004(甲申)	작전동	
75	이응진(李應振)	2005(乙酉)	효성동	
76	서춘득(徐春得)	2007(丁亥)	계산동	
77	이창희(李昌喜)	2008(戊子)	서운동	
78	이주진(李珠振)	2009(己丑)	일신동	
79	윤주섭(尹周燮)	2009(己丑)	작전동	
80	황형준(黃炯俊)	2011(辛卯)	계산동	

2. 역대 편사 시지철

다음은 인천 연무정에 보관된 시지이다. 서기 1955년(단기 4288년)부터 2011년도까지 총 67장의 시지가 보관되어 있다. 그중에 일부이다.

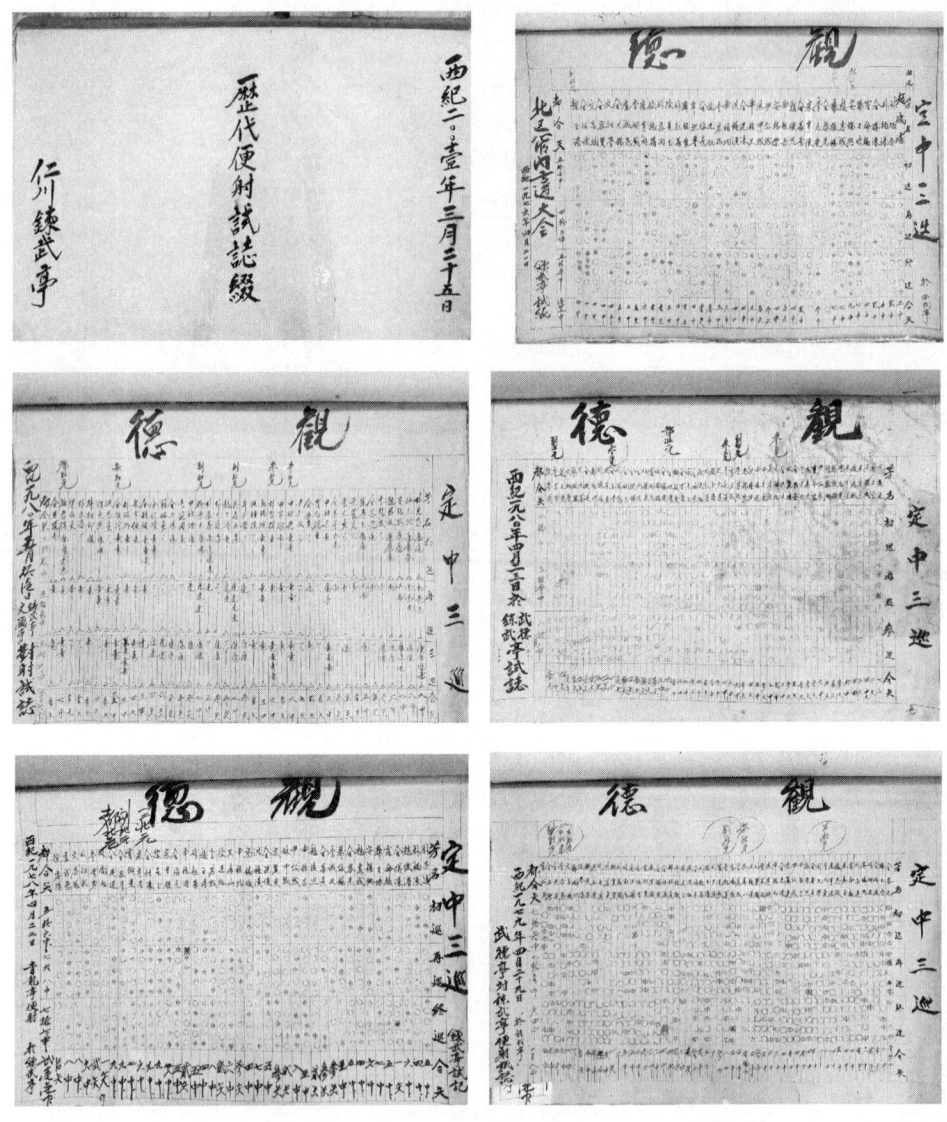

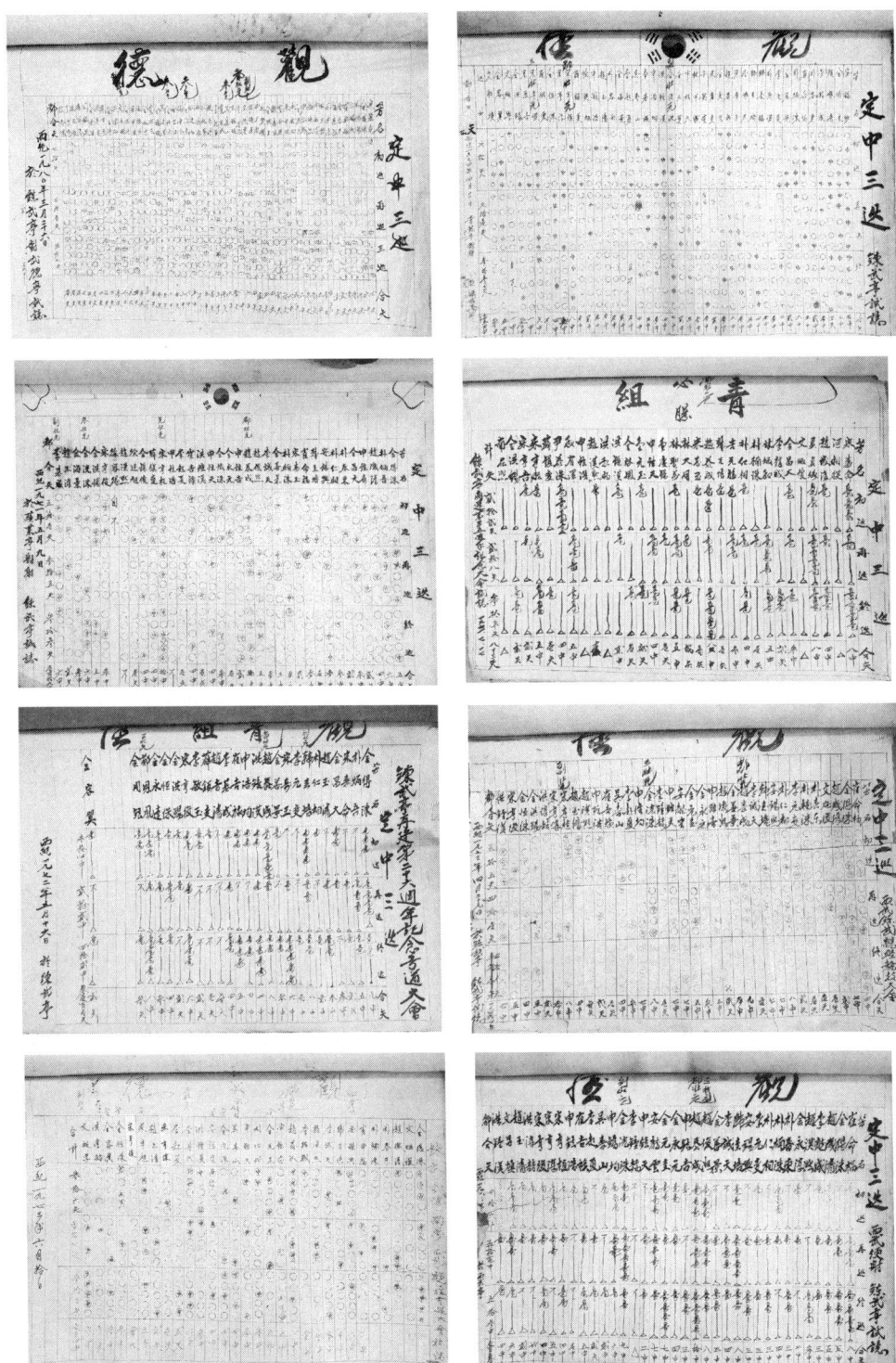

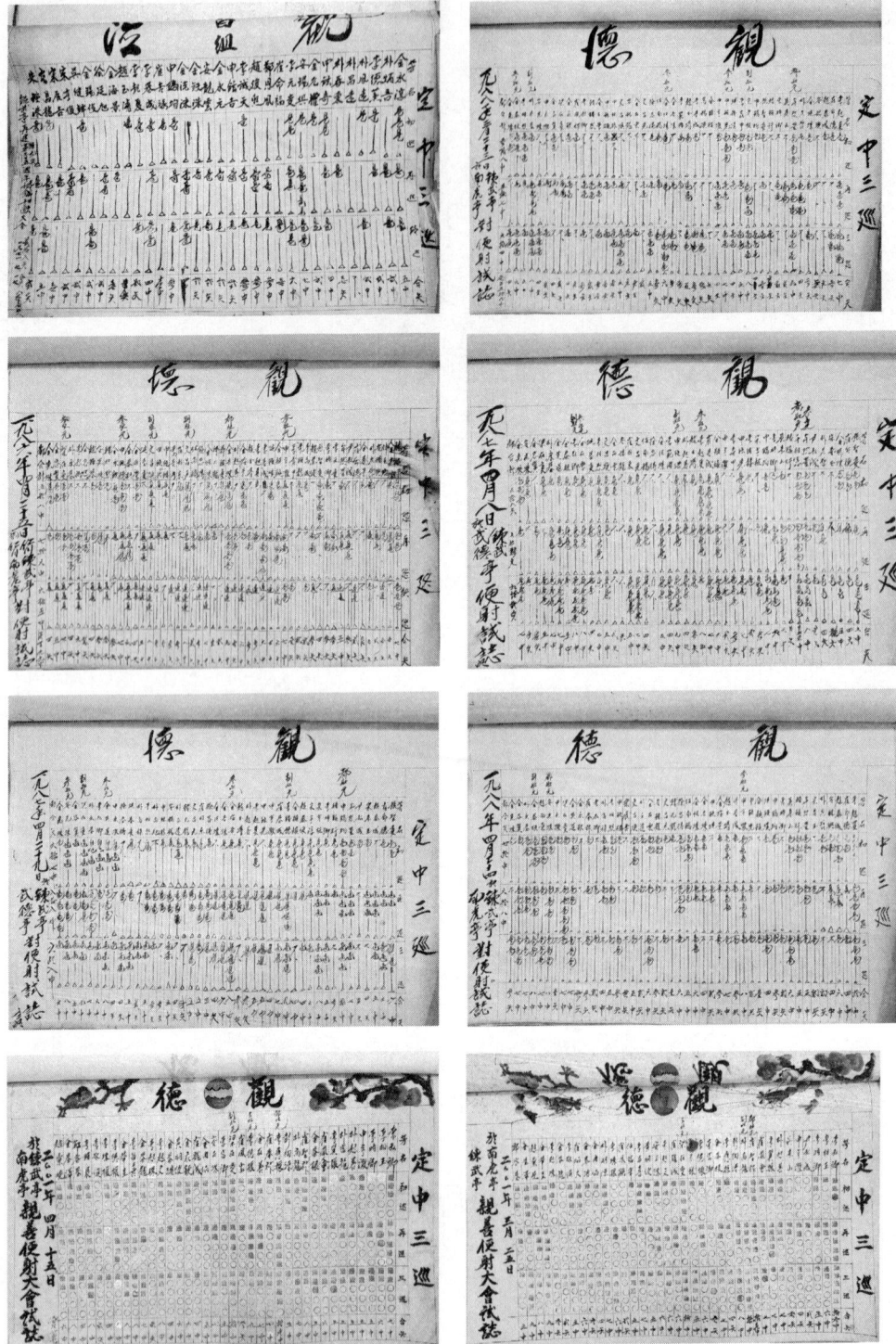

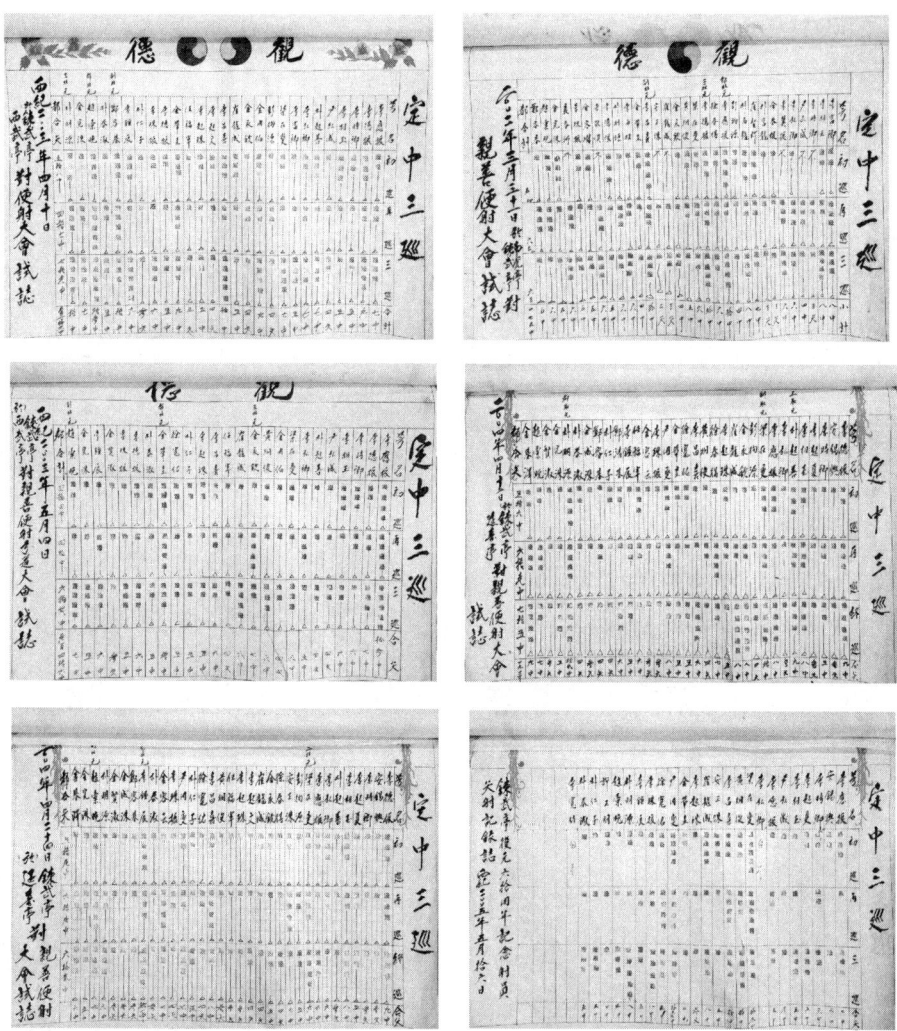

다음은 (사)인천전통편사놀이보존회 여영애 이사장이 2002년 남수정 대 소래정 편사에서 장원하고 받은 시지이다.

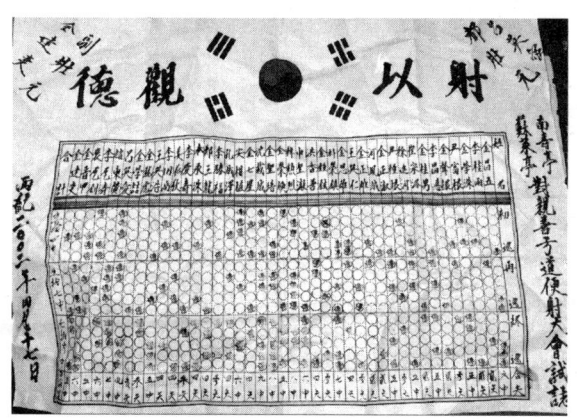

3. 역대 편사 사진

인천의 역대 편사 사진이다.

Ⅶ. 인천전통편사의 대외 활동

1. 국궁문화대축제 시연 행사

▶ 국궁문화대축제 참가
 - 일시: 1994년 10월 28일
 - 장소: 육군사관학교
 - 주최: 육군사관학교
 - 내용: 인천전통편사 시연
 - 참가: 인천 연무정과 인천 남수정
 - 기획: 권무석 궁장(서울 무형문화재 제23호)
 - 대회 입상: 인천 연무정 단체전 준우승(이덕진, 박상용, 최경해, 이창희, 박영기)

이날의 행사는 서울 무형문화재인 권무석 궁장의 기획 하에 개최되었다. 국궁계에서 거의 최초로 인천전통편사놀이에 관심을 보이게 된다. 인천 연무정과 남수정이 인천편사를 시범행사로 선보이며 인천편사에 대해서 인식시키며 가치를 재조명하게 한다.

2. 제46회 한국민속예술축제 입상

▶ 인천전통편사 인천시 대표 출전 장려상 수상
- 기간: 2005년 10월 1일~4일
- 장소: 경기 포천시 종합운동장
- 목적: 각 지방의 전래민속을 발굴 보존하고 전통문화에 대한 국민들의 이해를 증진 시키기 위함
- 주최: 문화관광부와 KBS가 공동주최하고 경기도와 포천시가 공동주관.
- 참가: 16개 광역시도와 이북 5도에서 모두 21개 팀 1355명 출전
- 각 시도별 지역 예선을 통과해 본선에 참가하는 종목은 다음과 같다.
    - □ 서울: 애오개본산대놀이
    - □ 부산: 동래학춤-부산무형문화재
    - □ 대구: 달성하빈들소리-대구무형문화재 제16호
    - □ 인천: 인천전통편사놀이
    - □ 광주: 광주월계상여소리
    - □ 대전: 유성전민동상여놀이
    - □ 울산: 고래잡이재현놀이
    - □ 경기: 멩개안사줄놀이
    - □ 강원: 거북둔지농목장치기
    - □ 충북: 오티별신제
    - □ 충남: 노성현칠형제두레메기
    - □ 전북: 전주기접놀이-전북무형문화재 제63호
    - □ 전남: 순천낙안읍성두레놀이
    - □ 경북: 구미무을풍물
    - □ 경남: 통영삼현육각

- 제주: 귀리겉보리농사일소리-제주무형문화재 제18호
- 황해: 거첨뱅인염감굿
- 평남: 평양검무-평남무형문화재 제1호
- 평북: 영변성황대제
- 함남: 돈돌날이
- 함북: 애원성

이를 분야별로 보면 민속놀이가 15개, 무용이 2개, 민요가 3개, 농악이 1개이다. 다음은 본 행사에 참가하기 전 사전 예행연습을 하는 장면이다.

이 행사의 시상 내역은 다음과 같다.

- 대상(대통령상): 귀리겉보리농사일소리-제주무형문화재 제18호
- 금상(문화관광부장관상): 전주기접놀이-전북무형문화재 제63호
- 은상: 애원성-함북무형문화재 제1호
- 장려상: 인천전통편사놀이

2005년 경기 포천에서 개최된 [제46회 한국민속예술축제]에서 인천전통편사놀이가 인천시의 대표로 출전하였다. 이 대회의 목적은 각 지방의 전래민속을 발굴 보존하고 전통문화에 대한 국민들의 이해를 증진시키기 위함이다. 남한뿐만 아니라 이북 5도까지 출전하는 대회에서 인천전통편사놀이가 지역예선을 통과해 본선에 참가하였다. 모두 21개 팀 1355명이 출전한 이 대회에서 인천전통편사놀이는 당당히 장려상을 수상했다. 이때 당시 입상했던 귀리겉보리농사일소리(제주무형문화재 제18호), 전주기접놀이(전북무형문화재 제63호), 애원성(함북무형문화재 제1호) 등은 현재 거의지역 문화재로 등록돼 있고 더 나아가 국가무형문화재로 인정받기 위한

과정을 밟고 있다.

이에 반해 본 대회에서 당당히 입상하고도 이후 14년 동안 인천전통편사놀이는 지역문화재로서 인천에서 관심도 제대로 못 받고 있는 실정이다. 현재 학계에선 우리나라 전통 활문화를 세계문화유산의 가치로 인식하고 이에 따른 연구와 준비를 하고 있는 중이다. 전통 활문화 중에서도 단연 으뜸으로 빛나는 보물 같은 존재가 바로 인천전통편사놀이다. 가장 한국적이고 한국인의 호국정신과 애민정신이 뿌리 깊이 박혀있는 것이 인천전통편사놀이이기에 가히 한국전통문화를 대표한다 할 수 있다.

VIII. 글을 마치며

1. 인천전통편사의 가치

인천전통편사놀이가 특별히 주목받게 되는 이유는 현재 인천에서만 유일하게 계승되고 있다는 점이다. 조선 후기(17C~19C) 전국에서 융성했던 편사가 급속도로 사라져 현재는 인천에만 전승되고 있다. 서울에서 2000년도에 서울시 무형문화재 제7호로 등록된 장안편사는 한때 끊겼던 서울지역의 터편사를 복원한 것이다. 전통의 관점에서 볼 때 계승과 복원은 분명한 차이가 있다. 복원은 아무리 잘 만들었어도 단절된 전통을 새롭게 구성한 것이기에 엄연히 전승되고 있는 계승과는 차원이 다른 것이다 이 장안편사를 복원하는 과정에서 살아있는 인천전통편사놀이의 여러 면을 참고할 수밖에 없었다.

1994년 육군사관학교에서 주최한 '국궁문화대축제'에서 전국에서 모여든 한량들과 관계자들이 모인 가운데 인천전통편사놀이 공연 팀에 인천 연무정과 남수정이 참여하여 성대하게 개막식 시연행사를 펼쳐 보였고 많은 박수갈채를 받았다. 이때부터 인천전통편사놀이의 가치를 인식하기 시작한 사람들이 서서히 나타나기 시작했다. 과거 편사를 치렀던 경기 일부지역에서 이러한 편사를 가져다가 자기 고장의 문화재로 등록하려 하거나 문화 콘텐츠로 활용하려는 움직임들이 나타나고 있는 상황이다. 현재 유일하게 인천에서만 계승되고 있는 인천전통편사놀이를 소중히 지켜야 할 의무가 우리에게 있다.

현재 한국에서 전승되고 있는 민족 고유의 무예는 택견과 활쏘기뿐이다. 택견은 이미 문화재로 등록이 되어 있다. 활쏘기에 대한 연구만으로도 우리나라 전통무예뿐 아니라 민족정신을 깊숙이 살펴볼 수 있고 활을 통해 지키려 했던 조상들의 호국정신을 느낄 수 있다. 이러한 활쏘기 문화에 오락적 요소가 가미되어 단순한 활쏘기 무예를 종합예술로 승화시켜낸 편사는 활쏘기 문화의 백미라 할 수 있고 이 속에 조상들의 얼과 깊은 정신세계가 스며있다.

편사의 종류는 참여하는 주체와 구역에 따라 다양하게 분류된다. 터편사, 골편사, 장안편사,

사랑편사, 사계편사, 한량편사, 한출편사, 삼동편사, 남북촌편사, 아동편사 등이다. 이처럼 각각의 편사들은 주체가 다양했고 참여했던 지역도 가지각색으로 당시 활 쏘는 시대의 특성이 반영되어 있다. 특히나 일제 강점기에도 지속된 편사는 당시 일제에 대한 항일의식과 애국의식을 고취시키는 계기가 되었다. 이와 같이 각기 시대상이 반영된 편사문화를 통해 한국문화의 뿌리를 찾아볼 수 있다.

지난 2014년 예천에서 개최된 [제1회 예천세계활축제] 심포지움에서 '한국 활 축제의 현황과 발전 방향(발표 국궁신문 대표 이건호)'이라는 주제발표 속에 '인천전통편사놀이'가 심층적으로 다루어졌다. 전 세계에서 활과 관련된 전문가들이 모인 가운데 현재까지 생생히 계승되고 있는 인천전통편사놀이의 의의와 가치가 재조명되었다. 또한, 같은 해 7월 20일에 육군사관학교에서 '국궁문화연구회' 주최로 개최된 세미나에서도 인천전통편사놀이가 집중적으로 다루어졌다.

이후 2017년 '인천 월미회관'에서 활과 관련된 학자, 저술가, 연구단체회장, 활 전문가들이 모여 인천전통편사놀이를 주제로 세미나가 개최되었고 『국궁논문집 10』에 특집 편으로 수록되었다. 학계에서 활과 관련된 논문들이 속속들이 발표되고 있고 그동안 잘 알려지지 않았던 인천전통편사놀이의 가치가 그 어느 때보다도 부각되어 조명되고 있는 실정이다.

2. 인천전통편사의 계승 방안

1) (사)인천전통편사놀이보존회의 계승 방안

① 그동안 활동성과 전문성이 다소 부족했던 이사들로 구성된 (사)인천전통편사놀이보존회의 이사진을 새롭게 구성한다.
② 현재 진행되고 있는 편사에서 전통적 요소가 아닌 것들을 걷어내고 더욱 원형에 가깝도록 연구, 보완작업을 한다.
③ 보존회 조직은 사무국 하에 기획부, 교육부, 재정부, 소품부, 홍보부 등을 두어 업무를 효율적으로 분담한다.
④ 전문인력을 5~6인 정도 양성하여 각 부서에 배치한다.
⑤ 회원 확보를 통해 부족한 재정을 확충하고 인천전통편사놀이에 조직적 행사 지원을 할 수 있도록 한다.
⑥ 세미나를 개최하여 인천전통편사놀이를 심도 있게 연구하고 널리 홍보한다.
⑦ 정기간행물을 편찬한다.
⑧ 과거자료 발굴 및 자료 정리를 하고 체계적으로 보관한다.

2) (사)인천전통편사놀이보존회의 계승 의지

(사)인천전통편사놀이보존회 여영애 이사장은 국악인으로서 40년 이상 긴 세월 동안 외길을 걸어왔고, 편사에 대한 더욱 깊은 공부를 위하여 활에 입문한 지도 30년 이상이 되어간다.

그동안 인천에서 끊임없이 계승되어왔던 인천전통편사놀이에 거의 빠짐없이 참여해옴으로써 그 누구보다도 이에 대한 경험이 풍부하고 완벽한 전문성을 갖추고 있다. 또한 (사)인천전통편사놀이보존회 단체의 체계를 바로잡고 어려운 여건 속에서도 단체를 이끌어올 수 있었던 원동력이 바로 인천전통편사놀이의 가치를 깨닫고 이를 지키려는 크나큰 애착심이 있었기 때문이다.

과거에 융성했던 편사가 이제는 모두 사그라지고 유일하게 인천에서만 전승되고 있는 안타까운 현실이기에 이러한 상황을 직시하고 있는 여영애 이사장과 (사)인천전통편사놀이보존회는 이를 잃어버리지 않고 올곧이 지켜 문화재로서 보존해야 할 사명감을 갖고 있다. 여영애 이사장은 오랫동안 국악계에 몸을 담고 많은 후학들을 양성해온 한 사람으로서 그 무엇보다 우리 민족의 혼과 숨결이 배어있는 문화를 올바로 지켜내야 하는 것을 자신에게 부여된 소명으로 여기고 있다.

그동안 인천전통편사놀이를 지켜내려는 노력이 일정 정도 인정되어 2019년도는 "국악인재양성"과 "전통편사놀이" 문화 보존에 대한 공로로 '남동구구상'을 수상하게 되었다.

현재 (사)인천전통편사놀이보존회의 이사진들은 인천전통편사놀이에 대한 전문인들로 구성되어 있으며 애착이 강하고 이를 계승하려는 의지가 그 어느 때보다도 강하다.

한때 본고장인 인천에서조차도 소외 시 되고 외면되어 왔던 인천전통편사놀이가 2014년을 기점으로 활 문화에서 최고의 관심거리로 떠올랐다.

그동안 인천시의 지원으로 명맥을 어렵게 이어온 인천전통 편사놀이가 명실 공히 문화재로 인정이 되면 이에 따른 파급력과 위상이 크게 달라질 수 있을 거라 기대한다.

400여 년 동안 이어져오는 소중한 문화유산인 인천전통편사놀이가 영구히 보존, 계승되어 활쏘기 축제를 통하여 세계가 하나가 되어 즐길 수 있기를 바란다. 그러하기에 먼저 인천시의 문

화재로 가치를 인정받아 등록되어야 한다. 나아가 전국 400여 개의 활터 3만 국궁동호인들과 국민들이 편사를 통하여 동이민족의 자긍심을 느끼고, 한자리에서 즐기며 화합할 수 있길 기대한다.

끝으로 21세기 세계문화경쟁시대에 인천전통편사놀이의 우수성이 세계에서 인정받아 유네스코 문화유산으로 등재되길 간절히 희망하며, (사)인천전통편사놀이보존회는 전 세계인이 함께 즐길 수 있는 훌륭한 문화 상품으로 발전시키는 데 혼신의 노력을 다할 것이다.

□ 참고문헌

- 연무궁도(1995) 인천 연무정
- 한국의 활쏘기(1999) 정진명, 학민사
- 국궁논문집9(2016), 온깍지궁사회, 고두미
- 국궁논문집10(2016) 온깍지궁사회, 고두미
- 이야기 활 풍속사(2000) 정진명, 학민사
- 조선의 궁술(1929) 조선궁술연구회
- 다음백과
- 한민족문화대백과사전
- 온깍지궁사회 다음카페
- 국궁포럼(KAF) 다음카페
- 온깍지활쏘기학교 다음카페
- 인천전통편사 다음카페
- 인천 연무정 다음카페
- 디지털 국궁신문
- 인천 남호정 송창영 고문 대담록(2016.03.27.)

활터의 세속화와 정치화

정진명(장수바위터 선생)

```
1.머리말                           1)사두 임기의 변화와 선거
2.활터의 세속화 :                  2)활터의 정치화와 건전한 사고의 실종
   단순화 사유화 자본화 물질화    4.다양성의 의미와 사풍
3.활터의 정치화                    5.맺음말
```

1. 머리말

활터는 오랜 전통과 문화가 이어져오는 곳이다. 한국의 전통이 이토록 오랜 세월 이어진 곳도 보기 드물다. 그렇기 때문에 휠티에는 활터의 정체성을 유지하기 위한 제도와 체제가 정비되어 존재한다. 이런 제도는 구성원들에게 익숙하게 되어 자연스레 후대에 전달된다. 그렇게 전달되는 것 가운데는 세월이 흐르면 다소 엉뚱하거나 불편하게 비치는 경우도 있다. 특히 특별한 성격을 지닌 형식이 재교육을 통해 논리화를 거치지 않으면 이런 불편은 극복해야 할 장애물로 비치기 십상이다. 이렇게 되면 오랜 세월 이어온 전통에 대한 반발과 도전이 싹트고 그것이 구성원 간의 갈등을 유발하여 뜻밖의 결과를 낳기도 한다.

이런 변화는 다른 그 어느 때보다 요즘 들어 더욱 심해지고 있다. 그 원인은 지난 5천 년 간 있지 않았던 변화가 최근 들어 급격히 일어난 현상과도 관련이 있다. 예컨대 개량궁의 등장과 더불어 나타난 반깍지 사법이 불과 한 세대도 가기 전에 전국을 점령해버리고, 전통이던 온깍지 사법이 극소수의 동호인들이 즐기는 것으로 전락한 것이 그런 사례이다. 좌우궁 발시 교대가 사라진 것이나 화살 차는 방향이 바뀐 것도 마찬가지이다.

이런 사례들은 천년을 이어온 전통이 바뀌는 것이어서 풍속사의 측면에서는 지각변동이나 혁명과 맞먹는 엄청난 일인데, 실제 활터에 몸담은 당사자들의 반응은 너무나 황당하다. 아예 그런 사실을 모르거나 극히 일부가 알더라도 그게 뭐 대수냐는 식이다. 이런 인식은 앞으로도 활터의 양상을 바꿀 수 있는 것이기에 한 번쯤 검토해볼 필요가 있다.

근래에 일어난 활터의 변화를 면밀히 살펴보면 이런 엄청난 변화를 아무렇지도 않게 일으키는 요인으로는 크게 두 가지를 꼽을 수 있다. 활터의 세속화와 정치화가 그것이다.

2. 활터의 세속화

　세속화란, 성스러운 것의 타락을 뜻한다. 원래 성스러운 것은 아무나 접근하지 못한다는 속성이 있다. 이에 반해 아무나 다 할 수 있는 것은 세속의 일이기에, 아무나 접근하지 못하는 것을 아무나 다 할 수 있게 되는 것을 세속화라고 한다. 예를 들어 골프는 언뜻 보면 아무나 다 할 수 있는 스포츠인 것 같지만, 거기에 따르는 비용 때문에 아무나 쉽게 접근할 수 없다. 라운딩 한 번 나가면 최소한 30만원 돈은 든다. 적어도 골프를 즐기려면 이런 비용을 지불할 수 있는 경제력이 있는 사람이어야 한다. 이렇게 비용을 통해 접근이 저절로 제한되고, 이렇게 제한된 사회에서는 그들만의 특별한 문화와 규율이 존재한다. 그리고 이런 규율 속에는 반드시 품격이 중요한 요인으로 떠오른다. 골프를 아무나 칠 수 있고 또 능력이 있다고 칭찬을 받을 수 있지만, 인격이 안 되면 반드시 욕을 먹기 마련이다. 만약에 이러한 내면의 제한이 없다면 골프는 한국의 상류사회 스포츠로 정착할 수 없었을 것이다. 어떻게 보면 이 품격은 골프와는 아무런 상관이 없는 '인간'의 조건이다. 골프의 본질과는 상관이 없는 이 조건이 바로 세속화의 여부를 결정하는 가장 중요한 요소이다. 즉 아무나 골프를 칠 수 있지만, 그 골프를 통해 상류사회의 책임 있는 구성원이 되려면 '인품'이라는 또 다른 문화를 받아들여야 한다.

　반면에 세속화에서는 이런 요소가 거의 다 사라진다. 세속화에는 인간의 품성이나 품격이 없다. 그냥 행위만 존재할 뿐이다. 세속이 나쁜 말은 아니지만, 그것이 상류사회의 '노블레스 오블리주'를 중지하지 않는다는 점에서는 그것을 지향하는 사람들에게는 또 다른 어떤 세계를 추구하려는 관성을 만들어 낸다. 그런 관성이 세속과는 다른 세계를 구축하는 동력으로 작용한다.

　한국의 전통 사회에서는 활터가 오늘날의 골프와 비슷한 상류사회의 스포츠였다. 그래서 요즘도 활을 쏘라고 권하면 많은 사람들이 이렇게 말한다.

　"내가 어떻게 그런 거를 해?"

　이런 반응의 배경에는 활쏘기가 오랜 세월 상류사회의 것이라는 인식이 들어있고, 실제로 활쏘기는 온 백성이 다 하는 스포츠였으면서도 왕실과 관리들의 전통이 잘 살아있는 문화였기에 정말 제대로 하는 활쏘기는 쉽지 않다는 인식이 저변에 깔려 있는 것이다. 그리고 이것은 각궁과 죽시의 비싼 비용 때문에 저절로 접근을 제한하는 요인과 맞물렸다.

　활터가 이런 공간이었던 만큼 그런 사람들이 누렸던 다양한 풍속이 속속들이 살아 있다. 그런데 그런 풍속을 누릴 품격이 없는 사람들에게는 그런 것들이 거추장스러울 따름이다. 만약에 활터에서 어떤 전통에 대해 하지 말자는 제안이 나온다면 그것은 틀림없이 그것을 누릴 만한 품격을 잃었기 때문에 생기는 현상이다. 예컨대 화살을 깃이 앞으로 오도록 한 결정은 한복을 입지 않기 때문에 생긴 결과이다. 한복을 입기 귀찮은 상태에서 그보다 좀 더 간편한 옷이 생기자, 활쏘기를 좀 더 편리하게 하려고 꾀를 부린 끝에 만들어진 행동이다. 만약에 두루마기를 입는다면 오늘날처럼 깃이 앞으로 오도록 찰 수가 없다. 결국 두루마기를 입는 거추장스러움을 감당할 뜻과 넉넉함이 없다면 화살을 옛날식으로 찰 수 없다.

또 좌우 교대 발시도 언뜻 보면 과녁이 둘 이상 놓임으로서 생긴 불가피한 현상 같지만, 그 이면에는 대회 경기 운영이라는 현실의 압박이 있다. 원래 초순에는 우궁이 먼저 발시하고, 2순에는 좌궁이 먼저 발시하는 것이 원칙이다. 그리고 그것은 편사에서 엄격히 지켜야 할 예의이기도 하다. 그런데 편사가 사라지고 사대에 번호를 붙여서 1번부터 발시하는 방식으로 진행을 하다 보니 거기에 적응하느라고 옛 법을 무시하고 오늘날처럼 하게 된 것이다. 이 좌우 발시 교대 원칙은 단순한 제도 개선이 아니라, 옛 예법을 무시하고 활량의 인격을 스스로 깎아내린 자충수이다.

결국 이런 풍속의 변화에 서린 배경을 살펴보면 단순한 제도 변화에 그치지 않고 그 풍속을 즐겼던 사람들의 품격을 누리기 힘든 상황이 벌어졌기 때문에 편리함이라는 미명으로 변화를 정당화한 것임을 알 수 있다. 오늘날 활터는 이러한 세속화가 급속도로 진행 중이다.

세속화의 특징은 크게 3가지로 나눌 수 있다. 단순화, 사유화, 자본화(물질화)가 그것이다.

1)단순화

단순화는 다양했던 현상들이 모두 사라지고 단순해지는 현상이다. 여기에는 효율성이라는 맹신이 깔려있다. 오늘날 활터에는 과녁 맞히는 목적 하나만 존재한다. 과녁만 잘 맞히면 된다는 의식이 팽배하다. 이런 것은 당연히 협회의 경기 운영 방침이나 목적과 연관이 깊다. 즉 승단대회와 상사대회를 주최하면서 그것을 기준으로 구성원을 평가하는 것이다. 즉 5단을 따고 명궁이 되면 누구나 존경받는 사람이 된다는 인식이 암묵을 이루다 보니 오랜 세월 활 쏜 사람들의 입지가 점차 줄어든다. 그리고 그게 못 마땅하면 당신도 단을 따보라는 식으로 반응한다. 이야말로 앞서 말한 '품격'을 쓰레기통에 버린 악다구니인데도 이런 말들이 수시로 풍문이 되어 날아든다. 물론 이렇지 않은 사람이 더 많다고 자기합리화를 하고 싶겠지만, 그런 사람들이 판을 치는 세상이라면 그런 합리화는 정말 옹색한 변명이나 철딱서니 없는 궤변에 지나지 않는다. 그런 사람들이 설치도록 놔둔 자신의 무기력과 용기 없음을 정당화는 것보다 더 치사한 일도 없다.

오늘날 활터는 이 단순화가 지나치게 빨리 그리고 과격하게 진행 중이다. 과녁 맞히는 일 이외엔 무관심하다. 그것이 활쏘기의 목적이 아닌데도 유일한 목적이 돼버렸다. 활터에 올 때 과녁을 맞히겠다는 목적으로 오는 사람은 단 한 명도 없다. 처음에는 자신의 건강을 위해서 활을 배운다고 말한다. 그러나 1년이 채 안 되어 처음 마음먹었던 그 생각은 까맣게 잊고 과녁 속으로 빨려들어 헤어날 줄 모른다. 활터 구성원들 대부분이 그렇다.

이런 단순화는 사법에도 영향을 미쳤다. 과녁 맞히는 일에 몰두하여 동작마저 단순화로 접어든 것이다. 온깍지 동작은 움직임이 크기 때문에 원리에 맞지 않으면 화살이 잘 맞지 않는다.

그러다보니 몸의 움직임을 최소화하는 방향으로 단순화가 진행된 것이다.

2) 사유화

세속화의 두 번째 특징은 사유화이다. 사유화에는 다시 2가지 특성이 있다. 즉 권력화와 도구화이다. 활터에서 권력을 독점함으로써 자신의 명예욕을 충족시키고 나아가 이익을 뽑아내기 위한 도구로 만드는 것이다. 한국 사회에서 명예에는 반드시 돈이 뒤따른다. 이 순서가 바뀔 때도 있다. 정치인들이 국회의원이 되고자 하는 것은, 겉으로는 국민을 위한 것이라고 하지만, 명예욕과 사리사욕을 채우는 2가지 일과는 뗄 수가 없는 상황에 이른다.

사유화는 공과 사를 구별하지 못하는 것이다. 그리고 어떤 직책이 봉사직임을 자각하지 못하고 그것을 권력이라고 착각하는 것이다. 옛날의 왕이 부리던 권력만을 생각하고는, 왕이 백성에게 봉사해야 하는 가장 높은 직책이었다는 사실을 까맣게 잊는다.

이 조직 사유화의 양상은 오늘날 빙상연맹의 사례에서 또렷이 볼 수 있다. 쇼트트랙과 컬링에서 9시 뉴스에 자주 등장할 만큼 그 운영상의 난맥상과 부패상이 조명을 받곤 했는데, 그 특징이 초기 그 스포츠를 도입한 사람의 조직 사유화와 그로 인한 운영상의 부패, 그리고 부실이다. 그것이 사실인지 어떤지는 대법원의 판단을 기다려야겠지만, 지금까지 보도된 기사들을 보면 그 안에서 벌어진 밑그림이 한 눈에 그려진다.

활터에서 벌어지는 잡음도 이런 사유화와 관련이 깊다. 직책을 봉사가 아닌 권력이라고 오판하는 순간, 빙상계에서 벌어진 오류는 활터에서도 순식간에 복사될 위험이 있다.

3) 자본화

세 번째 특징으로는 자본화이다. 자본화는 물질화이고 물질에는 반드시 돈이 따라 붙는다. 이윤이 발생하는 순간 모든 부패는 한꺼번에 일어난다. 그런데 이런 부패에는 반드시 권력이 작용한다는 것이다. 활터에서 벌어지는 대부분의 소음은 이 돈 문제로부터 비롯한다. 아주 작은 돈이라도 회비를 걷으면 정산을 해야 하고, 그 정산과정에서 나오는 작은 오류를 두고 해석이 서로 다름으로 해서 싸움이 일어나곤 한다.

물론 이 싸움은 돈 그 자체보다는 세력 간의 알력 다툼에 빌미가 되기 때문이지만, 남에게 상처를 주기 가장 좋은 방법이 돈 문제이기에 진흙탕 싸움에는 가장 좋은 수단이기도 한다.

범위를 좀 더 넓혀서 활터 이상의 상위 조직으로 가면 협회 운영을 위해 꼭 필요한 경비를 만들어내기 위해 돈 문제를 관여하지 않을 수 없고, 그 과정에서 투명한 회계가 이루어지지 않으면 반드시 문제가 생긴다. 투명한 회계는 집행부의 정산과 정기 보고이다. 이것을 작성하는 과정에서도 비리가 생길 수 있지만, 그런 보고 자체가 존재하지 않을 때 조직 전체의 궤멸이라는 위험을 늘 떠안게 된다.

4) 물질화

세속화의 특징이랄 만한 것 중에 물질화도 있다. 물질화는 거대화라는 말로 표현할 수 있다. 옛날에는 활터에 과녁이 하나였다. 그래서 전국대회를 치르는 데 꼬박 사흘이 걸렸다. 하루에 1순씩 쐈기 때문이다. 이러던 것이 1960년대 접어들면서 과녁 둘로 바뀌고 마침내 1970년대 접어들면 전국대회 참가자 1,000명이 육박하는 상황에서 대부분 과녁을 셋 놓는 활터가 생기더니 1990년대로 접어들면 활터를 만들 때 으레 과녁을 3개 놓는 관행으로 변하였다. 그리고 2000년을 지나는 시점에 이르면 과녁이 4개 5개까지 놓이는 활터도 여럿 생겼다.

이것은 경기 운영의 효율성을 의식한 결과이다. 그리고 지방자치제로 바뀐 1980년대 이후 각 지자체의 지원과 도움으로 활터는 그 전에 맞지 않던 뜻밖의 변화를 겪게 되었다. 즉 무지막지한 예산 지원으로 원래 있던 아담한 3칸짜리 정자를 모두 때려 부수고 어마어마한 콘크리트 건물로 짓는 것이다. 그 전에는 '정' 수준이었는데, 이제는 '당'과 '대'의 수준으로 규모가 달라졌다. 그런데도 활터 이름은 여전히 '○○정'이다.

물질화는 반드시 거대화를 지향하고, 거대화는 그 전의 딱 알맞은 크기를 왜소한 것으로 보이게 만든다. 활터가 개방되고 세속화됨으로써 수많은 사람들이 쉽게 접근할 수 있게 된 것은 민주주의 사회에서 바람직한 일이지만, 숫자가 불어남으로써 그 전의 풍속을 감당할 만한 상황이 못 되는 변화가 온 것은 큰 문제점을 낳는다. 이해 수준 미달로 좋은 풍속을 쓰레기통에 버리게 된다.

물질화는 굳이 버려야 할 일은 아니지만, 물질을 따라가지 못하는 의식수준일 때 물질화는 큰 재앙이 된다는 것을 2000년대의 한국 활터가 여실히 보여준다. 물질은 무한 발전 중이지만 미풍양속은 퇴화 중이다. 옛날에 가고 싶던 활터 중에서 다시는 가고 싶지 않은 활터로 변한 곳이 많다. 규모를 키우면서 그 전의 건물과 환경을 모조리 부숴버리고 과녁 맞히기 위한 구조만을 달랑 남겨놓은 활터에는 '전통'이랄 만한 것이 없다. 과녁 잡는 사냥꾼들의 피비린내 나는 눈빛만 있을 뿐이다. 그것이 활터라고 주장한다면 더 이상의 할 말은 없다.

3. 활터의 정치화

정치화의 특징은 본질을 흔드는 세력싸움이다. 활터의 본질은 구성원들이 활을 편안하게 쏠 수 있도록 하는 것이다. 그리고 그런 일을 하라고 임원을 뽑는 것이다. 그런데 임원 선거철만 되면 시끌벅적하고 온갖 음모가 판을 치는 양상이 정치판 못지 않다. 이런 싸움들이 활터의 발전을 위한 것이라면 좋겠지만, 대부분은 오히려 활터의 분위기를 망치는 요소로 작용한다. 패한 사람은 권토중래를 노리고 승리한 사람은 패자들의 도발이 두려워 전전긍긍한다.

1) 사두 임기의 변화와 선거

활터의 임기는 옛날엔 보통 4년이었다. 대통령 선거와 비슷한 기준이다. 옛날의 단체장 임기도 대체로 4년을 염두에 두고 임명한다. 그런데 이 4년을 못 채우는 이유는 정치권의 음모와 계략 때문이다. 즉 임명직의 경우 당선자가 자신을 뽑는데 도움을 준 사람에게 사례하는 의미로 임명하기 때문에 보은의 의미가 많다. 그러다 보니 만기를 못 채우고 중간에 갈아버리는 것이다. 보은 인사라고 서로 비난하면서도 정권이 바뀌면 그런 행태를 버리지 못하는 것은 이런 보은 인사의 구조와 병폐를 잘 보여주는 일이다.

그렇지만 활터의 경우는 그런 영향으로부터 일정한 거리를 두었기 때문에 대부분 4년 임기제였다. 그러던 것이 1980년대부터 서서히 절반으로 줄어들어 지금은 거의가 2년 임기제로 바뀌었다. 충북의 경우는 1980년대에 청주 MBC 사장이던 이달형 접장이 협회장 임기 4년제를 2년제로 바꾼 이래 지금껏 2년제가 지켜진다.

2년마다 사두가 바뀌다 보니 단일후보의 경우에는 덜 소란스럽지만 후보가 2명 이상일 경우엔 생각지도 못한 권모술수가 판을 친다. 그리고 선거는 우리가 정치권으로부터 오레 바온 것이기 때문에 그런 방법을 활터에 있는 그대로 적용한다. 거대 사회에서 활개 치던 음모와 편법이 활터라는 한 줌 밖에 안 되는 사회 안에서 파노라마처럼 펼쳐지며 구성원들의 환멸을 조장한다. 결국 이렇게 몇 번만 선거를 치르면 활터는 정치 지옥으로 변한다. 사두 선거의 목표가 '봉사'가 아닌 집권이 되는 것이다. 그렇게 하여 잡은 권력은 결코 '봉사'로 자신의 마음을 내려놓을 수 없다. 그를 뒷받침하고 지지하던 사람들이 맞서던 사람들과 결코 화합하지 못한다. 차기 권토중래를 꿈꾸며 2년을 참는다. 2년 참는 사람들의 마음은 '굴욕'으로 점철된다. 매사 집행부가 하는 일을 고까운 눈으로 보게 된다. 활터가 순식간에 지옥으로 변하는 것이다. 이런 지옥 속에 살면서 그게 지옥인 줄을 모른다. 활을 쏘러 오는 건지 복수하러 오는 건지 알 길이 없는 어이없는 세월을 보낸다.

2) 활터의 정치화와 건전한 사고의 실종

이러는 사이 실종되는 것이 있다. 활터가 무엇을 하는 곳인가 하는 근본에 대한 의문이다. 활터는 활 쏘는 사람들이 편안해야 하고 활 풍속이 오래도록 이어져야 하는 곳이다. 권력 싸움이 시작되면 이런 의미는 사라진다. 상대가 주장한 것이 싫기 때문에 억지로 반대주장을 만들게 된다. 예컨대 집행부가 좌우 교대발시가 옳은 것이니 실시합시다, 라고 제안을 하면 그들과 대립각을 세우던 사람들은, 그것이 옳고 그르기 때문에 반대하는 것이 아니라, 상대의 주장이기 때문에 반대를 하게 된다. 결국 반대를 위한 반대가 설치는 상황 속에서 어떤 의미 있는 일을 추진하려고 하면 그 일보다 그 일을 반대하는 사람들을 설득하다 지친다. 활터에 전통이 있는 줄 알고 왔다가 실망하고 떠나는 사람들은 이런 경우이다.

이렇게 활터가 정치화 되면 애초부터 바람직한 활동이 어렵게 된다. 미래를 바꿀 움직임이 일어나면 활터에서 그것을 '정치' 감각으로 해석하여 '내가 하면 로맨스, 남이 하면 불륜(내로남불)' 수준으로 비난에 골몰하게 된다. 온깍지궁사회 활동도 내내 그런 시달림을 받았다. 그리고 이런 환경은 지금이라고 하여 달라진 것이 없다. 오히려 정치 뉴스로부터 학습이 계속 이루어져 활터의 선거판은 역겨워진 지 오래이다. 마치 1인자가 모든 것을 다 차지하는 원숭이들 세계처럼, 이쪽저쪽의 우두머리 밑으로 모든 사원을 편 갈라서 싸움판의 한 복판에 던져놓는다. 이런 상황에서는 활터에서 순수하다는 것은 멍청하다는 것에 지나지 않게 된다. 활터가 정치화되면 새로운 일이 일어나기는 어렵다. 결국 자기 발전의 싹을 자르게 된다. 그런 어두운 환경이 정치권의 밑그림을 자꾸 활터로 불러들이고, 미디어를 통해 학습된 정치행위는 활터를 결국 점차 망조로 물들이게 된다.

4. 다양성의 의미와 사풍

활터는 다양한 사람들이 모인다. 아이들이 교육 받고서 사원이 되는 것이 아니라, 사회에서 일정한 직위에 있는 사람들이 찾아와서 활을 쏜다. 그렇기 때문에 누구나 자신의 생활 습성을 활터에도 적용시키려고 한다. 이런 식이면 활터는 누가 우두머리가 되느냐에 따라서 환경이 상전벽해처럼 바뀔 것이다. 바로 이런 변화를 제지하고 활터가 나름대로 자신의 모습을 지켜가며 천년을 이어가도록 하는 것이 전통이고 '사풍'이다.

활터의 사풍은 활터에 올라온 사람이 지켜야 할 예의이고 덕목이다. 다양한 사람들이 모여서 활동하는 가운데 일사불란한 질서를 드러내는 것이 사풍이다. 자신을 버리고 그 사풍에 적응하여 사원으로서 활을 편안하게 내고, 또 그런 사원들의 행동을 지지하고 성원해주는 자리가 사두이고 임원이다. 이런 봉사직을 권리직으로 착각하는 순간 활터는 정치화되고 동시에 세속화된다.

이런 암담한 결과로부터 활터를 지키려면 사풍을 만들던 사람들의 고민이 무엇이었는가를 늘 생각하며 활터에서 생활을 해야 한다. 그 고민이 무엇이었는가? 누구나 즐겁게 남의 눈치 안보고 활을 쏘는 것이다. 그러기 위해서는 내 고집대로 내 방식대로 행동할 게 아니라, 활터에 수 백 년째 내려오는 사풍을 지켜가기 위해 내 버릇을 거기에 맞추는 것이다. 사풍을 존중하면 남도 존중하게 된다.

5. 맺음말

활터는 오랜 세월 이어온 전통이 있다. 그 전통은 다소 불편하더라도 활쏘기의 목숨을 영원히 이어가는 원리이다. 그런 원리가 위협을 받는 요인이 최근 들어 또렷해졌다. 이 글은 그런 현상을 짚어보려고 쓴 것이다. 그런 요인으로 크게 2가지를 뽑았다. 즉 활터의 세속화와 정치화가 그것이다.

구성원들의 자각하지 못하는 사이 활터에 스며들어 활터의 본질을 바꾸고 활터의 전통을 흔들게 되는 경우가 있다. 그런 과정은 지난 30여 년 간 꾸준히 이어져왔으며 오늘날 활터의 미래를 걱정해야 하는 상황에 이르렀다. 그런 문제점을 해결하기 위하여 먼저 문제점을 인식하는 것이 더 중요하다. 그런 인식을 위하여 몇 가지 방법을 생각하고 제안해본 것이다.

활터는 우리의 것이 아니다. 우리 후손들의 것이다. 우리는 이미 늙었다. 쓸데없는 희망으로 얼마 남지 않은 세월을 허비하지 말고, 앞으로 뻗어갈 후손들이 어떻게 하면 우리 활을 잘 이해하고 지켜갈 것인가를 고민해야 할 때다.

제 2 부

국궁 세계화의 현실과 과제

정진명(온깍지활쏘기학교 교두)

1. 머리말	5. 집단의식과 제도 정비
2. 국궁 세계화의 현 단계	6. 착각하기 쉬운 세계화
3. 국궁 세계화가 어려운 이유	7. 국가와 세계
4. 세계화의 첫걸음, 기준	8. 맺음말

1. 머리말

국궁은 한국의 전통 활쏘기이다. 인류사의 전개과정에서 17세기 화포의 등장으로 세계 각 민족의 활은 모두 단절되고, 용도를 무기가 아닌 다른 것으로 바꾼 겨레의 활만이 살아남았다. 지금까지 명맥이 끊이지 않고 이어져온 민속궁으로는 우리나라를 비롯하여, 일본, 몽골, 부탄 정도이다. 이 중에서 세계화의 가능성을 보여준 활은 일본 궁도이다. 이미 전 세계에 퍼져서 많은 수련 인구를 확보하고 인류의 보편 문화로 자리 잡았다.

이에 비하면 국궁은 아직 첫 걸음마도 떼지 못한 상황이다. 국궁은 어떤 면으로 비교해보아도 일본 궁도에 뒤처지거나 모자라지 않다. 오히려 일본궁도보다 훨씬 더 많은 장점을 지녔다. 그런데도 세계화의 기준으로 볼 때 이제 걸음마 단계도 내딛지 못한 것은 활의 종주국으로 자부하는 우리를 위해서나, 그런 좋은 것을 누리지 못하는 인류를 위해서나 불행한 일이다.

이 글에서는 국궁의 세계화를 위한 국궁계의 현 단계를 검토하여, 이후에 벌어질 다음 단계를 위해 작은 디딤돌 하나를 놓는 것으로 만족하고자 한다.

2. 국궁 세계화의 현 단계

현재는 국궁의 세계화를 논할 만한 단계라고 보기도 힘들다. 한국에 들른 외국인들이 우연히 활터를 접하여 잠시 체험하거나 한국에 체류하는 동안 근처의 활터에서 잠시 활을 쏘다가 돌아가는 정도의 수준이기 때문이다. 그 중에서도 한국에서 활을 배운 외국인들이 자국으로 돌아가 한국식 활터를 만들다가 시들해진 경우가 몇 차례 있었다. 경주 호림정에서 활을 배운 토마스

듀브나이는 캐나다 현지에 청호정이라는 활터를 만든 적이 있고, 카를 짜일링어도 독일 현지에 한국식 활터 덕호정을 세우고 과녁을 놓은 적이 있으나 그의 입산과 함께 사라졌다. 이 과녁은 같은 독일인인 요한이 가져가서 혼자 사용하는 수준이다.

최근에 눈여겨 볼 것은 미국의 '대한정'과 독일의 '덕화대'이다. 대한정은 2007년 무렵 청풍정이라는 이름으로 미국 로스앤젤레스 인근에 김헌구가 세운 활터로, 현재까지 꾸준히 한국 활을 현지에 전하는 데 큰 기여를 하는 중이다.[1] 이에 반해 독일의 덕화대는 김정래 접장이 한국식 활터를 세울 계획을 세우고 그를 위한 준비를 마쳐가는 중이다.[2] 1980년대에는 아르헨티나에 한국 교민들이 세운 활터가 있었으나[3] 최근 들어는 그마저도 사라져서 세계화의 어려움을 다시 한 번 확인하게 한다.

3. 국궁 세계화가 어려운 이유

그렇다면 한국 활을 세계화 하는데 이토록 어려움을 겪는 이유는 무엇인가? 이에 대한 진단이 이루어져야만 그에 대한 대안이 나올 것인데, 아직 이에 대해 상세한 고민을 편 사람이 없는 형편이다. 이 글도 그에 대한 막연한 추정으로 그칠 수밖에 없는 한계를 지니게 된다.

국궁의 세계화가 어려운 이유는 일본 궁도를 보면 저절로 드러난다. 일본 궁도는 서양인들에게는 없는 한 가지 뚜렷한 특징이 있다. 곧 그것은 절차와 형식이다.[4] 정신이 담길 수 있는 어떤 보이지 않는 절차와 질서, 그리고 형식이 일본 사람들에게는 '도'라는 이름으로 정리된다. 그렇기 때문에 일본 활은 궁도이다. 바로 이 점이 서양인들에게는 없는 일본 만의 특징이다. 그리고 이 특징은 서양인들이 동양을 이해하는 분명한 방법과 원리가 되었다. 그렇기 때문에 서양인들이 일본 궁도에 열광하는 것이다.

일본 활에서 형식과 절차란, 과녁 맞추는 일과는 상관이 없는 일이다. 화살이 과녁에 맞는 것은, 그 전에 이루어진 형식과 절차를 지키면 저절로 나타나는 결과일 뿐이다. 그렇기 때문에 결과는 일본 궁도에서 큰 의미가 없다. '도'는 형식과 절차이기 때문에, 관중이라는 결과는 절차의 한 부분에 지나지 않는다. 결과가 또렷해도 그 절차가 어긋나면 그 결과는 있으나마나 한 것이다. 이것이 일본 궁도가 추구하는 뚜렷한 현상이다.

이 현상에 서양인들이 열광하는 것은, 실용주의와 자본주의를 추구한 그들의 오랜 의식 때문이다. 자본주의가 출현하여 인류의 현실을 강력하게 규제하게 된 이래, 정신은 계속 물질에 예

---

[1] 디지털 국궁신문 기사 참조.
[2] 온깍지활쏘기학교 카페 <독일 덕화대> 참조.
[3] 전국대회 팜플렛 활터 현황 참조.
[4] 류근원 정진명, '활을 보는 몇 가지 관점', 『전통 활쏘기』, 고두미, 2015.

속되는 결과만을 초래했고, 그것이 삶을 황폐화시킨다는 것은, 굳이 유럽까지 가지 않아도 2019년을 지나는 한국 사회를 보면 쉽게 볼 수 있다. 황금만능주의와 배금사상이 전 사회를 물들여서 '돈' 몸살을 앓는 것이 우리의 현실이다. 이런 현실에서 정신에 위안이 되는 그 어떤 것을 생각하는 것은 '돈'에 예속된 몸의 반대급부로 정신 속에서 일어나는 자연스러운 현상이다. 그렇기 때문에 물질에 젖은 육신을 일깨워서 새로운 차원의 정신을 만날 수 있는 수련 체계가 필요해진다. 1990년대 접어들면서 한국사회가 단 수련과 요가 열풍이 일어난 것도 이런 심리와 무관하지 않다. 이런 현상을 유럽 사회는 1970년대부터 겪은 것이고, 자연스럽게 일본궁도가 그들의 관심을 끈 것이다.

그러나 한국의 활은 어떤가? 한국의 활터에는 일본 궁도 못지않은 엄정한 질서가 있었다. 그러나 1980년대를 지나면서 그런 엄정한 질서가 많이 사라지고, 현재는 과녁 맞추는 능력 하나만 남았다. 사람들의 관심이 과녁 맞추는 능력으로 쏠리면서 그 전의 다양했던 활터 문화가 사라지고 전래해오던 질서가 무너진 것이다. 우리 활의 가장 기본이 되는 질서인 팔찌동조차도 무너진 지경이니 더 무엇을 말할 것인가? 좌궁 사두가 1번 자리에 서려고 하는 이 어이없는 현실은 활터의 질서가 완전히 무너졌음을 증명하는 것이다. 이 모든 것은 과녁으로부터 연역된 것이다.[5]

앞서 일본 궁도에서 과녁 맞추는 과정과 절차의 극히 작은 부분에 지나지 않는다고 말했다. 일본 궁도에서 가장 하찮은 것으로 여기는 것을 우리는 가장 중요하게 여긴다. 이것이 무엇을 뜻하는지 생각하지 않는다면 국궁의 세계화는 입 밖에 낼 필요도 없는 일이다. 유럽인들에게 과녁 맞추기는 그렇게 중요한 관심사가 아니다. 그들에게 위안이 될 일도 아니다. 양궁이 있어서 과녁 맞추기는 얼마든지 전 세계에 유행한다. 이미 유행하는 것을 한 번 더 확인하려고 굳이 불편한 한국의 활을 그들이 잡을 이유가 없다. 유럽인들이 우리 활을 잡게 하려면 그럴 만한 분명한 이유를 만들어주어야 한다. 일본 궁도는 그것이 '도'인데, 우리 활의 그것은 무엇인가? 이에 대한 답부터 해야 엉킨 매듭을 풀 수 있다.

4. 세계화의 첫걸음, 기준

이곳에서는 세계화를 위한 문제를 제안하고 검토해보는 것이니 일단 한 단계 더 나아가 보기로 한다. 앞선 문제, 즉 우리 활이 외국인들에게 어떻게 다가가야 하는가 하는 답을 얻었다고 치고, 그 다음 단계를 논의해보고자 한다. 활터의 구성원들이 모두 깨어 논의한 결과 어떤 방향을 잡았다고 하자, 그렇게 해서 일정한 합의에 이른 뒤에는 또 다른 숙제가 기다린다. 어떤 내용이 밖으로 드러날 때는 반드시 형식과 절차가 필요하다. 그런데 그 형식과 절차는 기준에서 나

---

5) 정진명, 『활쏘기의 어제와 오늘』, 고두미, 2017

온다. 무엇을 전해야 할 것인가가 내용이라면 어떻게 전할 것인가가 바로 형식이다. 이 형식을 정하자면 반드시 기준이 필요하다. 그 기준을 어디서 찾을 것인가? 간단하다. 『조선의 궁술』이다.[6]

그런데 기준을 이렇게 정해놓고 나면 수많은 문제가 우리 앞에 나타난다. 활터의 현실이 『조선의 궁술』과는 거리가 멀기 때문이다. 『조선의 궁술』이 나온 뒤 100년 가까이 흐른 지금의 활터는 『조선의 궁술』과 많이 달라졌다. 달라진 데 특별한 의미가 있다면 달라져도 좋은 일이다. 그러나 특별한 이유 없이 달라지면서 원래의 수준에서 후퇴한다면 그것은 반드시 고쳐야 할 일이다. 이런 우려는 활터의 현실에서 얼마든지 확인할 수 있다. 현재의 활터가 『조선의 궁술』보다 더 낫다는 것을 입증할 수 없다면, 현재를 버리고 원래의 자리로 돌아가야 한다. 그 이유는?

세계화는 현재가 아니라 미래의 문제이기 때문이다. 세계화는 현재를 합리화하려는 것이 아니다. 현재를 넘어서 우리의 미래로, 나아가 세계로 가는 일이다. 그러니 현재가 잘못 되었다면 당연히 그것을 뜯어고치고 미래로 나아가야 한다. 미래를 위한 담론이기에 현재를 버릴 수 있어야 한다. 이런 전제를 인식하지 않는다면 어떤 논의를 해도 그것은 궤변으로 나아간다. 논의하지 아니함만 못한 결과에 이른다.

『조선의 궁술』에서 엿볼 수 있는 분명한 기준을 몇 가지로 정리하면 다음과 같다.

1) 전통 사법

현재 활터에서 주종을 이루는 사법은 반깍지이다.[7] 이것은 『조선의 궁술』에서 병으로 간주된 사법이다. 그런데 오늘날 활터에서 대부분 유행하는 사법은 바로 활병으로 간주된 반깍지 사법이다. 오늘을 기준으로 활터의 내일을 결정하면 활병에 불과하던 사법을 전통사법으로 착각하게 된다. 세계화의 기준이 될 사법은 온깍지 사법이다.

2) 예법

활터의 예법 중에서 가장 중요한 것은 등정례, 팔찌동, 초시례이다. 현재 등정례와 팔찌동마저 무너졌고 초시례도 중대한 시험에 맞닥뜨렸다.

①등정례

등정례는 정간배례 때문에 망가졌다. 정간배례는 대한궁도협회에서 낸 활 안내서 『한국의 궁도』(1986)에 '정간은 최근에 생긴 것'이라고 분명히 설명했는데도[8] 마치 오랜 내력이라도 있는

---

6) 정진명, 『활쏘기의 지름길』, 학민사, 2018.
7) 정진명, 『한국의 활쏘기』, 학민사, 1999.

양 호도하는 자들이 나타나서 그것을 논리화하는 중이다. 정간에 대해서는 그간 많은 글들이 나와서 그 발생의 황당무계함과 논리의 허술함을 수없이 밝혔는데도 이런 엉터리 글들이 나타나는 것을 보면 국궁과 관련된 논의들이 얼마나 한심한 수준인지 여실히 보여준다. 게다가 최근에는 체육학을 전공한 학자들까지 참여하는 형국인데, 이들의 논의는 과연 우리나라의 '체육학'이 학문이기는 한가? 하는 의심까지 절로 일게 해준다. '사실'에 대한 기초 확인도 안 되어, 차라리 소설을 쓰는 게 더 낫다는 생각이 들 정도이다. 소설은 상상력의 쾌감을 주지만, 논문은 본인은 물론 그 분야 전체까지 망조가 들게 한다. 정간과 관련된 글들에서 한국 체육학의 몰락을 재촉하는 자충수를 본다.

그 동안 정간의 실상을 밝히는 논문이 얼마나 많이 나왔고 얼마나 많은 사람들이 그 허구성을 지적하기 위해 노력했는지는 그 목록만 살펴보아도 또렷이 드러난다.

임종남, '9장 정간', 『한국의 궁도』, 대한궁도협회, 1986
정진명, 『한국의 활쏘기』, 학민사, 1999
박병연, '전주 천양정의 정간과 선생안'『이야기 활 풍속사』, 학민사, 2000
정진명, '내 마음의 성지 황학정', 『황학정백년사』, 황학정, 2001
정진명, '사풍에 대한 고찰', 『국궁논문집』, 제2집, 온깍지궁사회, 2002
이건호, '정간에 대한 설문 결과 고찰', 『국궁논문집』, 제3집, 온깍지궁사회, 2003
정진명, '청주지역의 정간 고찰', 『국궁논문집』, 제3집, 온깍지궁사회, 2003
김세현, '정간의 유래에 대한 고찰', 국궁문화연구회, 2003
정진명, '국궁의 3대 장애 비판', 『국궁논문집』, 제4집, 온깍지궁사회, 2005
김집, '태극기와 정간', 『국궁교본』, 황학정, 2005
김동욱, '정간의 허구성', 궁도문화평생교육원, 2006
이태호, '정간의 허상과 실제', 『국궁논문집』, 제5집, 온깍지궁사회, 2007
정진명, '활터와 사풍', 『활쏘기의 나침반』, 학민사, 2010
류근원 정진명, '왜 조선의 궁술인가?', 『전통 활쏘기』, 고두미, 2015
정진명, '우암정, 정간을 떼다', 『한국 활의 천 년 꿈, 온깍지궁사회』, 고두미, 2015
장창민, '정간 논쟁 고찰', 『국궁논문집9』, 고두미, 2016
정진명, 『활쏘기의 어제와 오늘』, 고두미, 2018
정진명, 『활쏘기 왜 하는가』, 고두미, 2018
정진명, 『온깍지 활 공부』, 고두미, 2019

---

8) 『한국의 궁도』, 대한궁도협회, 1986. 『국궁논문집』; 디지털 국궁신문 ;『한국의 활쏘기』;『활쏘기의 나침반』

정간은, 낱말 뜻부터가 건물의 중앙을 가리키는 건축용어이다. 이게 예절을 논하는 자리에서 거론할 만한 가치가 없는 물건이며 국궁계를 뺀 다른 분야에서 이와 같은 황당한 주장이 나온 적이 없다. 이런 의미 없는 주제로 논쟁을 벌이는 일 자체가 국궁계의 몰상식과 무지를 드러내는 일이며, 공력만 낭비하는 일이다. 국궁의 현재를 정당화하면 국궁의 미래에 어떤 먹구름이 밀려들지 또렷이 보여주는 증상이 바로 이 정간 배례 문제이다.

그러니 활터가 제 모습을 갖추려면 정간에 대한 궤변으로 버리고 『조선의 궁술』에 정리된 등 정례로 돌아가야 한다.

② 팔찌동

팔찌동은 좌우 발시 교대가 없어지고 특정 협회의 경기운영방식으로 활터에 강제되면서 무너졌다. 예컨대 좌궁 사두조차 1번 자리에 서려고 하는 것들이 그런 것이다. 좌우 발시 교대는 대회진행의 편의에 따라 사용된 임시방편이다. 이것이 고착화됨으로써 좌궁 자리의 가치마저 값이 떨어진 것이다. 황학정의 성문영 사두는 좌궁이었다. 황학정은 접근로가 좌궁 쪽이다. 그래서 자연스레 사원들은 활터에 올라오면서 좌궁 첫 자리에 선 성문영 사두를 향해 인사를 했고, 성문영 사두는 좌궁 첫 자리를 자신의 팔찌동 위치로 여겼다.9)

좌궁 자리 경시 현상은 활터에 협회의 영향력이 미치면서 발생한 것으로, 사태의 본말이 전도된 심각한 증상이다. 원래 협회는 활터의 사원들 중 일부가 교류하기 위하여 만들어진 임시조직이다. 이들이 활터에 앞설 수 없다.10) 활터에는 그 협회의 회원들만 있는 게 아니기 때문이다. 그런데 활터의 회원들이 대다수를 차지한다고 해서 그들이 자신들이 속한 협회의 규칙을 활터에 적용한다면 그것은 소수에 대한 다수의 폭력이 된다. 이런 것은 인권 문제로 본다. 따라서 평등성과 호혜성에 기초한 원래의 예절로 돌아가는 것이 바람직한 일이다.

③ 초시례

초시례의 변화도 감지된다. 원래 초시례는 그날 첫 발을 낼 때 "활 배웁니다."라고 선언하여 자신의 마음가짐을 다지는 행위이고 선배들에 대한 예절을 갖추는 행위이다. 그런데 최근 들어 신사들이 하는 초시례를 보면 대부분 "활 배웁니다."보다는 "활 배우겠습니다."가 훨씬 더 많다.

현재형인 "배웁니다."와 미래형인 "활 배우겠습니다."는 그 뜻이 많이 다르다. <겠>은 의지를 나타내는 말이다. 활을 배우겠다는 의지를 표현하는 것이다. 그러나 현재형은 '선언'의 의미를 띤다. 선언의 의미에 의지를 실을 수도 있는 것이지만, 우리 선배들이 그렇게 하지 않은 데는 나름대로 다 이유가 있다고 본다.

내가 집궁한 1996년 무렵에는 이렇게 미래형으로 하는 사람이 거의 없었다. 그런데 최근에

---

9) 정진명, 『활쏘기의 어제와 오늘』, 고두미, 2017.
10) 정진명, 『온깍지 활 공부』, 고두미, 2018.

장수바위터에서 활을 쏘며 가끔 찾아오는 다른 정 사원들과 교류하다 보니 대부분 이렇게 바뀌었다는 사실을 알게 된 것이다.

게다가 초시례를 하면서 과녁을 향해 목례한다. 이것도 옛날과 변한 부분이다. 사대에 서서 하는 행위는 옆 사람에게 방해가 되는 것을 삼가야 한다. 그래서 될수록 움직임을 줄인다. 사람들이 팔찌동대로 한 띠를 이루어서 죽 서있다면, 이미 비정비팔 발 자세를 취한 것이다. 그 상황에서 차렷 자세를 하고 허리 숙여 절을 한다면, 발 자세를 풀어야 하고, 그런 동작은 틀림없이 군더더기가 되어 활쏘기의 흐름을 방해하게 된다. 초시례는 이렇게 거창하거나 번거로운 것이어서는 안 된다. 활터 예절이 이렇게 절제된 형식을 갖춘 것은, 주변 활 쏘는 사람에게 방해되지 않도록 하려는 것이다. 이런 성향으로 보면 초시례 때도 굳이 절까지 할 필요가 없고, 과잉 예절은 오히려 예절의 본질로부터 벗어나는 것이다.

이상의 논의로 볼 때, 정간배례는 등정례로 돌려야 하고, 팔찌동은 원래의 원칙으로 돌아가야 한다. 이밖에도 활터에는 여러 가지 지켜야할 준칙이 전해오는데, 그것을 일상생활 속에서 금과옥조처럼 지켜야 한다. 이런 보이지 않은 질서들이 전통의 가치를 잘 드러내는 것들임을 빨리 깨닫고, 오늘날 우리가 헌신짝처럼 내팽개치는 그것이, 유럽인들에게는 그들이 꿈꾸던 유토피아의 그것임을 알아야 한다.

3)복장

복장은 정신이 밖으로 드러나는 형식이다. 그러므로 우리의 전통을 잘 살리고 간편함을 갖추어서 외국인들이 쉽게 접하면서도 자부심을 느낄 수 있는 것으로 제도화해야 한다. 한복에 두루마기가 가장 좋은 것이지만, 그것이 어렵다면 최소한 전복 수준이라도 가야 한다. 전복은 1960년대 복장 논의 과정에서도 중요하게 떠올랐던 것이고, 실제로 활쏘기대회에서 여무사들이 입고 쏘던 복장이기도 하다. 간편하고 보기 좋다.

4)경기방식

전통 활쏘기의 경기방식에는 백일장 식과 편사 식이 있다. 이 둘을 모두 살려야 한다. 그리고 근대 이후에 시작된 단체전이나 개인전에 현재 진행되는 방법을 정비할 필요가 있다.

현재 국궁계에는 토너먼트 방식이 대부분이고, 편사 식은 유일하게 전국체전에만 남아있다.

결국 백일장 식은 사라진 것이다. 백일장 식은 경기도 지역 일원에서 유행하던 것으로 백성의 활쏘기 특징을 가장 잘 담은 방식이다.[11] 이런 것이 외면당하는 현실은 우리 활의 큰 손실이라 아니할 수 없다. 그나마 최근에 활백일장계승회(회장 정만진)가 결성되어 소규모이기는 하지만 백일장을 제대로 계승하려고 노력하는 모습은 다행이라고 할 수 있다.

5) 장비

장비도 전통 방식과 변형 방식을 응용하여 전통을 지키기 위한 다양한 노력을 할 필요가 있다. 특히 전통 사법은 각궁에서 만들어진 사법이므로 그것이 보존되기 위한 처방과 제도가 필요하다. 지금은 단급제도의 영향으로 각궁의 전통마저 위태로운 상황이다. 각궁의 본래의 모습으로 활성화될 수 있는 처방이 필요하다.

특히 죽시는 눈여겨볼 필요가 있다. 각궁은 그것을 사용하는 법을 배우는데 시간이 오래 걸린다. 그래서 당장 시행하기는 어려운 점이 있어서 차차 방법을 모색해볼 수 있다. 그러나 화살은 다르다. 화살은 마음만 먹으면 즉시 바꿀 수 있다. 즉 화살은 죽시로 하는 것이 전통을 보존하는 가장 빠른 방법이다. 죽시와 카본살은 많이 다르다. 그러므로 전통으로 한 발짝이라도 더 빨리 다가가게 하려면 우선 대회에서 죽시부터 사용하도록 조처하는 것이 필요하다.[12]

5. 집단의식과 제도 정비

우리 활이 세계화 되려면 가장 중요한 것이 구성원들의 의식이다. 이미 틀려버린 것을 정당화한들 시간이 갈수록 반발에 부닥칠 뿐이다. 그러니 세계화는 현재가 아니라 미래라는 점을 자각하고, 그를 위한 생각과 고민을 공개할 필요가 있다.

먼저 현재가 정당하다고 강변하면 안 된다. 세계화는 미래이 문제이다. 그러므로 미래를 기준으로 놓고 볼 때 현재가 문제라면 그것을 뜯어고쳐야 한다. 우리가 좋다고 하여 외국인들까지 그것을 좋아하지는 않는다. 외국인들에게만 좋게 만들 필요는 없지만 우리가 가진 것이 문제가 되어 외국인들에게 침투가 안 된다면 그것은 인류보편을 넘어서는 문제이다.

정간의 경우 벌써 수많은 사람들의 반발을 산다. 기독교인들이 선뜻 따라 하기 어렵고, 외국인들에게는 설명해주기도 난감하다. 그런 것을 굳이 달아놓고서 세계화를 추진할 필요가 없다. 긁어 부스럼이고 손발을 묶은 수갑 같은 것이다. 이런 것을 버리지 못한다면 세계화는 애초부터

---

11) 『온깍지 활 공부』
12) 온깍지활쏘기학교에서는 모든 대회에서 죽시 지참을 원칙으로 하고, 카본살의 경우는 불가피하게 참가하더라도 수상자에서는 제외한다.

불가능하다.

　세계화는 미래의 문제이기 때문에 현재에 안주하면 안 된다. 그러자면 기준을 정하고 그리로 돌아가기 위한 노력을 기울여야 한다. 그렇기 때문에 세계화는 우리 활이 마주친 가장 어려운 과제가 된다. 기준을 합의해야 하고, 그게 맞춰 나 스스로를 바꿔야 한다.

　구성원들의 이런 의식이 형성이 되면 그 다음에 해야 할 일은 세계화를 추진할 단체를 구성하는 일이다. 현재 여러 국궁단체가 있지만, 이런 과업을 수행할 만한 단체는 없다고 봐야 한다. 현재에 안주하여 자신의 기득권을 유지하려거나 새로운 이권 단체로 도약하려는 단계이기 때문에 먼 미래를 내다보고 일을 기획하기에는 문제가 많다. 단순히 머리 숫자나 지배력의 문제가 아니라 원칙과 결심의 문제이다.

　특히 정치권과 결탁하여 업적 위주로 간다면 반드시 패망의 길을 가게 된다.

6. 착각하기 쉬운 세계화

　2007년부터 10여 년 동안 생활체육궁도협회의 주관으로 세계 민족궁 대축전이 한국에서 열렸다. 여러 가지 바람직한 현상과 결과를 많이 낳았고, 한국 활을 세계에 알리는 중대한 기여를 하였다. 우리 활이 세계인에게 알려지는데 아주 중요한 노릇을 톡톡히 했음은 의무의 여지가 없다.

　그런데 그 반대의 효과도 나타났다. 즉 대축전에 참가한 사람들이 거꾸로 우리나라 한량들에게도 영향을 미친 것이다. 그 중에서 가장 표 나게 미친 영향이 실전활쏘기이다. 즉 145미터라는 붙박이 과녁을 놓고 쏘는 것이 전부였던 한국의 활터에 그것만이 전부가 아니라는 것을 또렷이 보여주었고, 그 결과는 쉽게 나타났다. 즉 들녘에 다양한 거리로 다양한 과녁을 만들어서 쏘는 방식이 나타난 것이다.[13] 그것을 '실전 활쏘기'라고 하든 '야전 활쏘기'라고 하든, 이름이 중요한 게 아니다. 그런 형태의 활쏘기가 기존의 활터 밖에 나타났다는 것이 중요하다. 이것이 바로 다른 나라의 활이 우리나라의 활에 영향을 미친 또렷한 증거이다.

　그리고 이런 형태의 활쏘기는 유튜브를 비롯하여 페이스북 같은 인터넷 매체를 통해 전 세계인과 소통하는 방식으로 확대되었다. 인터넷은 국경이 없다. 그래서 즉시 영향을 주고받는다. 이 과정에서 활터의 붙박이 과녁을 쏘는 방식이 아닌, '야전 활쏘기' 형태에도 한국의 활쏘기라는 인식이 붙었다는 것이다. 국궁 장비로 하는 활쏘기이기 때문에 한국의 활이 된 것이다. 그리고 세계인과 교류하면서 그것을 한국 활의 세계화라고 착각하게 된다.

　그러나 분명히 해야 할 것은 한국산 활로 한다고 해서 그것이 한국의 활쏘기라고 하기는 힘들

---

13) 그 간의 변화는 디지털 국궁신문에 기사로 잘 정리되었다.

다는 것이다. 지금 여기서 논하는 것은 세계화의 문제이기 때문에 한국에만 있는 형식성과 절차 그리고 그에 따른 내용을 말하는 것이다. 그러므로 세계화라는 문제 속에는 한국의 것이라는 문제가 동시에 포함된다. 세계화의 문제는 곧 한국 활의 정체성 문제도 깊이 연루된다.

따라서 한국 활이 세계화된다고 할 때 어떤 것이 한국의 것이냐 하는 문제가 뒤따르고, 거기에는 반드시 '전통'이라는 가장 중요한 주제가 검토되어야 한다는 뜻밖의 과제를 안게 된다. 그리고 외국인들은 벌써 한국의 활량들에게 질문을 하기 시작했다. 외국인들이 한국의 활량들을 향해 던진 질문은 다음과 같다.[14]

"너희들은 전통 활과 화살을 쓰지도 않으면서 왜 전통 활쏘기라고 하느냐?"
"궁도는 일본 활을 가리키는 말인데, 왜 너희들이 쓰느냐?"
"한국의 활은 대회만 잘 운영되지, 무엇이 한국의 전통인지 모르겠다."

7. 국가와 세계

현재 활터의 주류를 이루는 나잇대는 60~70대이다. 이들의 특징은 1970년대의 주역이라는 점이다. 1970년대의 특징은 국가주의가 발전의 원동력으로 작동했던 때이다. 일제 강점기부터 나라 잃은 백성들을 하나로 묶는 정신으로 작용한 것이 민족이라는 의식이고, 이것이 항일운동의 가장 강력한 촉매제였으며, 해방 후에도 이런 의식이 경제개발의 동력으로 작용하였다. 그 결과 우리나라는 다른 그 어느 나라보다 더욱 민족을 개인보다 특별히 우선시하는 편향을 보였다.

그렇지만 2000년대로 접어들면 자본주의 도입이 100년에 이르고, 이때의 젊은 세대들은 '한국인'이 아니라 '세계시민'으로 성장한다. 한 때 국가 발전의 동력으로 작동하던 민족의식이 이 자유로운 영혼을 지닌 젊은 세대를 억누르는 힘으로 작용한다. 한국 사회는 지금 나라에서 개인으로 의식이 바뀌어가는 과도기이다. 그렇지만 활터는 아직도 국가주의와 겨레의식이 1970~80년대처럼 충천하다. 젊은이들이 활터에서 어떤 환경에 놓일 것인지, 그리고 그것이 앞으로 어떤 갈등을 유발할 것인지 예견되는 지점이기도 하다.

예절은 공동의 질서이기도 하지만 어떤 경우에는 강제의 성질 때문에 걸림돌로 느껴지기도 한다. 활터는 오랜 세월 이런 질서를 담은 곳이기 때문에 새로 입사하는 사람들이 따라야 할 수칙이 많다. 그렇지만 그 가운데는 사이비 예절도 있어서 검토가 필요한데, 이런 사이비 예절이 바로 국가주의와 맞물려서 나타난 것들이라면 앞으로 더더욱 젊은 세대의 반발에 맞닥뜨릴

---

14) 세계 민족궁 대회에 오래도록 관여한 권성옥(경산 삼성현정) 접장이 일본인들로부터 자주 받은 질문이다.

수밖에 없다. 생각이 다른 것을 차별로 강화시키는 규율은 우리 활의 앞날의 어둡게 한다. 그런 것들 중에서 가장 심각한 것이 '정간 배례'임은 앞서 말한 것과 같다. 그것이 하필 1970년대에 나타났다는 것은, 국가주의의 사회의식에 영향 받은 바가 많다는 것을 잘 보여준다.15) 버려도 될, 버려야 마땅할 것을 예절로 착각하고 미래로 나아간다는 것은 어리석은 일이다.

활터엔 아직도 국가주의가 팽배하다. 그리고 그것은 민족주의, 나아가 국수주의와 결탁할 때 국궁의 미래를 암담하게 할 것이고, 또 우리 활의 우수성을 우리 민족의 우월성을 입증하려는 자료로 쓰려는 사람들도 나타난다. 우리 활이 국수수의를 받아들이는 순간, 세계화는 그날로 끝장난다. 이유는 간단하다. 우리 민족의 우월성을 보여주는 스포츠를, 일본이나 중국인들이 배울까? 나라면 배우지 않을 것이다. 이것이 국수주의가 우리 활에 감염되면 안 되는 이유이다. 우리 활의 세계화 과정에 민족주의나 국수주의는 전혀 도움이 안 된다.16) 한때 그로 인하여 오늘날의 우리가 있었다고 하여, 그에게 우리의 미래까지 맡길 수는 없는 일이다. 국가는 국가일 뿐, 세계에 앞설 수 없다. 우리 활의 미래에서는 그렇다. 우리 활은 우리 겨레에게서 나왔지만, 인류 전체가 누려야 할 세계문화유산이다. 그것을 독점하려는 민족은, 그 민족 스스로에게 불행을 가져다줄 뿐이다.

8. 맺음말

한국의 활쏘기는 5천년을 자랑하지만, 세계화의 기준으로 보면 이제 걸음마 단계이다. 시작조차도 못한 상태이다. 그렇지만 그 내면을 들여다보면 세계화의 모든 조건을 다 갖추었다. 그런데도 그쪽으로 나아가지 못하는 것은 구성원들이 미래에 대한 전망을 갖지 못 한 까닭이다. 그렇기에 현재에 안주하여 과거도 미래도 돌보지 않고 과녁 맞히는 쾌감 하나로 활의 모든 것을 저버리는 어리석은 짓을 벗어나지 못한다.

세계화는 미래의 문제이다. 그러므로 기준과 형식을 도모하고 추진하여 미래를 대비해야 한다. 그러지 않으면 국궁은 지역의 소수 문화로 존재하다가 정체성도 잃고 마침내 사라질 운명을 맞이할 것이다. 국궁의 세계화는 미래사회에서 국궁의 생존을 위해서도 필수불가결한 조건이다.

게다가 최근에는 통일 문제에서도 큰 전환점을 맞았다. 국궁은 이제 북한이라는 새로운 변수를 맞닥뜨리게 될 것이다. 이를 위해서도 세계화에 대한 고민은 중요하다.

---

15) 『활쏘기의 나침반』
16) 정진명, '국궁의 3대 장애 비판', 『국궁논문집』 제4집, 온깍지궁사회, 2005.

유럽 활쏘기 동향

김정래(독일 덕화대 사백)

1. 올림픽 종목 2. 3D 토너먼트	3. 전통 활쏘기 　　영국 터키 중국 일본 한국

　유럽의 활꾼들은 다채로운 색깔을 지녔습니다. 미국 활꾼이 사냥용 활같이 특정 활에 집중하는데 반해, 유럽 궁사들의 관심은 전 세계에 있는 다양한 활에 있습니다.

　저는 약 10년 전 독일의 한 활터에서 입문을 했습니다. 당시와 지금을 비교하면, 불과 10년 사이에 꽤 많은 변화가 일었습니다. 이에, 본고에서는 유럽에서 행해지는 여러 활쏘기를 소개하고 아울러 국궁의 현주소를 살펴보도록 하겠습니다. 활을 보는 시각 차이와 제 주관에서 오는 편협이 있더라도 너그러운 양해를 구합니다.

　현재 유럽에서 활성화된 활쏘기는 크게 세 종류를 나눌 수 있습니다.

　　1. 올림픽 종목 - 양궁, 컴파운드[1]
　　2. 3D 토너먼트 - 현재 유럽에서 가장 활발하게 펼쳐지는 활쏘기.
　　3. 전통 활쏘기 - 한국, 중국, 터키, 일본, 영국 등 여러 나라의 전통 활쏘기입니다.

1. 올림픽 종목

　유럽에서 양궁과 컴파운드는 엘리트 체육인을 육성하지 않고, 동호회 중심으로 활동합니다. 어지간한 도시마다 양궁 또는 컴파운드 클럽이 하나 이상 있습니다. 재능 있는 활꾼은 일 년에 여러 차례 열리는 대회에서 두각을 나타내기 마련이고, 그런 활꾼이 국가대표로 올림픽에 출전합니다.

　특히 컴파운드는 미국이 전문 선수 육성에 적극적입니다만, 유럽에서는 양궁과 마찬가지로

---

[1] 2014년 인천 아시안게임에서 정식종목으로 처음 채택되었다. 세계 양궁협회 정식 종목이기도 하나, 아직 올림픽 종목에는 채택되지 않았다.

동호회 활동이 중심입니다. 프랑스나 이탈리아 등 선수가 훈련에 매진할 수 있도록 후원해주는 나라도 있습니다. 하지만 그러한 경우는 극히 드물고 대다수는 전업이 아닌, 취미와 전문 활쏘기 사이를 오가며 활쏘기를 즐깁니다. 국가대표로 활동하더라도 본업은 따로 있는 경우가 많습니다.

2. 3D 토너먼트

유럽에서 큰 인기를 끌고 있는 활쏘기 분야입니다. 3D 토너먼트란 실제크기로 제작한 고무재질의 다양한 동물을 쏘는 활쏘기입니다. 사냥을 하는 긴장감을 맛볼 수 있으면서도 살생을 하지 않기에 등장과 함께 큰 인기를 얻었습니다. 2차원인 평면 과녁이 아니라, 3D 입체 과녁을 쏘니 그 생생함이 더 합니다. 또한 거의 모든 종류의 활을 허용하여 그만큼 참가자의 폭도 넓습니다. 영국 장궁(롱보우), 사냥용 활, 컴파운드, 국궁, 터키 활, 헝가리 활, 중국 활 등 저마다 다른 활을 든 궁사들이 모입니다. 예외적으로 석궁을 허용하는 곳은 드뭅니다. 석궁의 화살은 보통살의 반 정도 길이이고, 활의 장력이 100파운드를 넘어서 동물모형의 과녁을 관통하기 십상이기 때문입니다. 일본 활인 유미도 보기 힘듭니다. 3D 토너먼트는 대개 숲이나 호숫가 등 자연 속에서 열리는데, 상대적으로 긴 활을 들고 숲속을 다니기 번거롭습니다. 행여 그런 불편함을 감수한다 하더라도, 3D 토너먼트 특성상 다양한 활쏘기 지세가 필요하므로 형식을 중요시하는 규도와는 어울리지 않습니다.

유럽에서 활쏘기가 가장 활발하게 행해지는 나라는 독일입니다. 독일에서 활 관련 전문 잡지는 네 종류 이상 발간됩니다. 양궁 전문 잡지가 두 권, 전통 활쏘기 잡지가 두 권입니다. 그 중 가장 대표적인 잡지의 경우, 1년에 4번 발행합니다. 같은 독일어권인 오스트리아, 벨기에, 네덜란드, 룩셈부르크, 스위스까지 보급됩니다. 그 외에 미국에서 발행하는 잡지도 유럽에 보급됩니다.

활꾼은 홀로 활쏘기를 즐기는 부류와 활 단체에 소속되어 활동하는 궁사로 나눌 수 있습니다. 한국의 면 소재지 급에 해당하는 마을 또는 그 이상의 도시마다 활 동호회가(올림픽 종목과는 다른 종류의 활) 두 개 이상 있습니다. 각 동호회엔 50명 안팎의 활꾼이 속해있고, 동호회 전용 활터가 있습니다. 지역에 따라 활 동호회가 3D 토너먼트 코스를 갖춘 곳도 있습니다.

또한, 전(全)독일, 유럽권 대회나 국제대회를 유치하는 단체도 있습니다. 그러나 이러한 대회는 거리와 시간 등으로 참가가 용이한 궁사들만이 주를 이룹니다. 명칭은 큰 규모 같지만, 대회 우승자라고 하여도 전 유럽을 통틀어 가장 뛰어난 궁사라는 세간의 존중을 얻기는 힘듭니다. 유럽의 활꾼들이 그리는 꿈의 무대가 아닐뿐더러, 각 지역에서 벌어지는 활쏘기 행사가 워낙 많기 때문에 집중된 관심을 불러일으키지 못 합니다.

독일 3D 토너먼트 일정을 볼 수 있는 웹사이트(https://www.3d-jagd.de/)를 보면 2017년에 204개, 2018년에 187개의 토너먼트가 독일 지역에서 열렸습니다. 이 수치는 실제 열린 토너먼트보다 적습니다. 기획한 토너먼트를 알리고자 이 웹사이트에 등록한 경우에만 집계 및 정보 열람이 되는데, 대개의 토너먼트는 굳이 이러한 웹사이트에 홍보를 하지 않아도 지역 활꾼들로 인원수가 쉽게 차기 때문입니다. 보통은 당일 열리는 토너먼트 참가자들에게 다음 행사를 알리는 전단지를 나눠주거나, 지역의 활 클럽 담당자에게 이메일 등으로 행사 정보를 알립니다.

독일에서 발행되는 전통 활쏘기 잡지. 매 회당 발행 부수는 2만 부이다.

3. 전통 활쏘기

다양한 활쏘기가 공존하는 유럽에서 전통 활쏘기라는 말은 세분화가 필요합니다. 활 인구 또는 활성화된 순서는 영국 활, 터키 활, 중국 활, 일본 활, 한국 활입니다.

1)영국 활 (장궁, Long bow)

유럽에서 '활' 하면 으레 떠오르는 게 장궁입니다. 나무막대기를 휘어 양 끝에 줄을 건 원시적인 형태의 활입니다. 영국 및 유럽의 여러 나라에서 전통적으로 사용하던 장궁은 그 길이가 궁수의 신장과 맞먹으며, 활대는 둥그런 나무 그대로거나 조금 다듬은 'D' 형태입니다. 이러한 전통 장궁만을 고집하는 사람들은 대개 중세시대를 연출하는 모임에서 활동합니다. 참가자들이 중세시대의 기사, 십자군 등의 복장과 장비를 착용하고 며칠간 마치 중세로 돌아간 듯 생활하는 모임입니다. 수공구로 여러 생활 용품을 만들고, 도끼로 장작을 패서 불을 때 빵도 굽고 요리를 하는 식입니다.

이와 달리, 대개의 궁사들이 선호하는 장궁은 전통 형태가 아닌, 신종 장궁입니다. 변형된 장궁은 국궁처럼 납작한 형태의 활장(Limb)이 대표적인 특징입니다. 전통적 재료인 주목뿐만이 아니라, 히코리(hickory), 오렌지과 나무(Osage)부터 대나무까지 다양한 나무가 활용되며 카본을 목재 사이에 넣은 장궁도 인기를 끌고 있습니다. 즉, 활 길이가 길어 장궁이라는 이름이 통용될 뿐, 여러 부분에서 전통 장궁과는 다른 활이 널리 퍼져있습니다.

손잡이 부분도 두드러진 차이를 보이는 부분 중 하나입니다. 전통 장궁은 통으로 된 목재 그대로이거나 가죽을 감싼 정도입니다만, 현대에 들어서는 활을 쥔 손바닥의 형태에 맞게 굴곡진 손잡이가 있는 장궁을 선호합니다. 그와 함께 활에 화살이 닿는 부분을 달리 한 장궁도 많이 사용합니다. 전통 장궁은 국궁의 출전피에 해당하는 부분에 따로 형태나 기능성 장치를 넣지 않습니다. 하지만 현대에 이르러 화살이 놓이는 공간을 활대 중심까지 파 놓은 형태가 많이 퍼졌습니다. 국궁의 '한오금' 부위에 해당되는 곳에 약간의 굴곡을 줘서 탄성의 효율성을 증가시킨 변종 장궁(Hybrid long bow)도 있습니다.

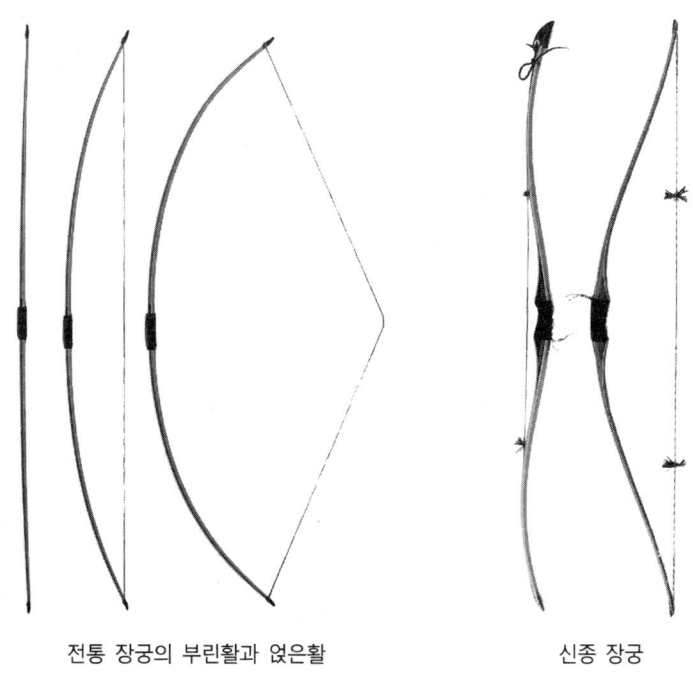

전통 장궁의 부린활과 얹은활   신종 장궁

이처럼 다양하게 변형된 장궁은 활 가게에서 쉽게 구입할 수 있지만, 취미로 활 제작을 하는 궁장에게 개인적으로 부탁하여 구하는 경우도 흔합니다. 곁가지로 독일의 경우, 활 제작을 배우는 코스가 매달 20곳 이상에서 열립니다. 활 제작 코스는 단순한 형태의 활인 장궁이 주를 이룹니다. 참가자 대부분이 아이들이고 그들이 곧 미래의 궁사이니, 장궁의 인기는 앞으로도 계속될 것이라 여겨집니다.

2) 터키 활

한국인이 한국 역사와 문화에 무한한 자부심을 갖는 것 이상으로 터키인들의 자국 긍지심은 엄청납니다. 과거 유럽, 중동과 아프리카까지 호령했던 오스만 제국의 후예라는 자부심입니다. 여러 동서양의 문화를 흡수하여 만들어낸 문화유산이 지금까지 많이 남아있어, 조상들의 찬란한 업적을 현시대를 사는 터키인들이 쉽게 되새깁니다. 한편, 터키와 문화를 일부 공유하기 때문인지 유럽에서는 터키 활도 영국 장궁 못지않게 많이 알려져 있습니다. 각궁, 부린활과 얹은활의 형태가 극단적으로 다른 활하면 으레 떠올리는 게 터키 활입니다. 기마 궁술과 멀리 쏘기 분야에서도 터키 활은 대표로 자리 잡았습니다.

최근 여러 민족의 활이 급속도로 퍼지면서 독보적이던 터키활의 색깔이 많이 흐려진 경향이 있긴 합니다. 그러나 그건 전통 활의 선택권이 보다 많아진 것일 뿐, 터키 활 매니아 층이 줄어든 것은 아닙니다.

독일의 경우, 목재만 다르지 영국 장궁처럼 원시적 형태의 전통 활이 존재했으나 현재는 맥이 완전 끊긴 상황입니다. 이처럼 자국 전통 활이 없는 유럽의 여러 나라에서 '외국 활'에 관심을 보이는 궁사라면 곧 '터키 활'을 구하는 경향이 컸습니다. 이 '외국 활'이 갖는 또 다른 독특함으로는 지중해식 사법이 아닌, '깍지'로 활을 쏘는 것입니다. 이 색다른 매력은 10년 전 쯤 유럽의 궁사들 사이에 퍼지기 시작했고, 주축은 'Thumb Archery'라는 독일 내 모임이었습니다. 이 모임은 현재도 이어지고 있습니다. 1년에 두 차례 정기 모임을 열며, 매 회 50명 안팎의 궁사들이 참가합니다. 유럽에서 가장 대표적인 이 깍지 사법 모임을 들여다보면 유럽 전역에서 터키 활은 물론이고, 국궁이 전파된 흐름까지 읽을 수 있습니다.

10여 년 전, 이 모임이 처음 결성되었을 때에는 다른 활을 쏘던 궁사들까지 관심을 보이며 단시간에 수많은 궁사들이 의견을 교류하는 장이 되었습니다. 그런데 한 가지 문제가 있었습니다. 바로 전문가가 없는 것이었습니다. 터키 활을 다루는 궁사가 가장 많았는데, 단지 관심만 많을 뿐, 터키 활에 정통한 자가 없었습니다. 도화선은 당겨졌지만, 막상 기대하는 폭발은 없는 빈 폭탄과 같았던 것입니다. 그 결과, 운영진과 소수를 제외하고는 지속적으로 참가하는 사람은 드물게 되었습니다. 뭔가를 제대로 배워보려고 모임에 참가했다가 기대하던 게 없어 실망만 하고 돌아서기 일쑤였습니다. 이에 운영진은 보다 깊이 있는 정보를 얻고자 노력했지만, 문제는 그대로였습니다. 원류를 찾는 과정에서 이미 말라버린 물줄기만 확인했기 때문입니다. 즉, '전통의 단절'이 문제였습니다. 깍지를 사용하여 활을 쏘는 민족은 한국, 중국, 터키, 헝가리, 폴란드, 몽고 등이 대표적입니다만, 하나하나 살펴보면 활쏘기 전통을 고스란히 보전한 나라는 전무한 실정입니다.

유럽과 이스탄불은 비행기로 두 시간이면 연결되는 지리적인 이점이 있습니다. 그로인해 근래 들어 많이 생겨난 터키 활 행사에 유럽인들이 쉽게 참여합니다. 이방인이 보기에 터키의 궁수들은

독일의 깍지사법에 관심 있는 궁사들 사이에서는 성경이라고도 불리는 책이다. 대부분의 내용은 터키 활을 예로 들어 설명하고 있다. 2014년 발행.

저마다 전통복장을 입고 활을 쏘니 진정 활의 고향에 온 듯 감회를 느끼기 마련입니다. 하지만 초창기엔 깍지사법을 보다 깊게 배우고자 터키를 기웃거렸어도 전통 활에 정통한 사람을 찾기는 어려운 상황이었습니다. 2019년 현재, 터키의 전통활 세계를 들여다보면 전통의 단절 때문에 혼란이 극심합니다. 하물며 10년 전에는 현재 벌어지는 복원과정에서의 충돌은커녕 터키 전통 활쏘기의 일부분만이 간신히 존재했습니다. 그러니 잘 알려진 터키궁이라 할지라도 궁수들은 저마다 다른 이론적 지식으로 접근하고 접목시킬 수밖에 없었습니다.

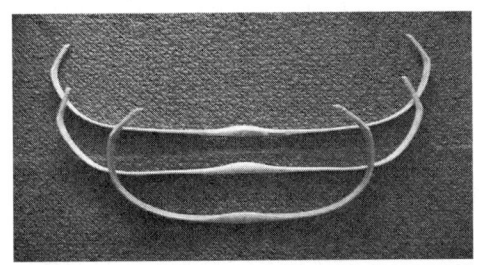

터키활. 위부터 전투용, 표적용, 먼거리용 활이며 부린 활에서 먼거리용 활이 가장 둥그렇게 말린 모습을 보인다.

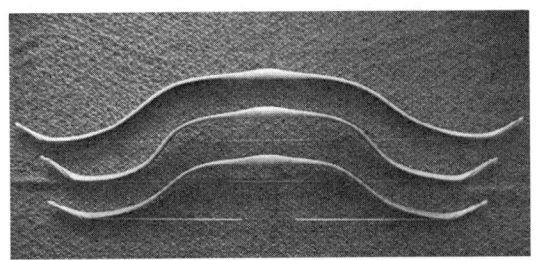

터키활을 얹었을 때의 모습. 먼거리용 활이 가장 짧다. 두 사진의 출처는 Adam Karpowicz이며 원본은 Atarn.org에 있다.

터키 활은 한국의 각궁처럼 뿔과 나무를 합쳐 만든 복합궁입니다. 부린활이 각궁만큼 원형에 가깝게 오므라들지는 않지만, 사용별로 형태를 약간씩 달리한 각궁이 여러 종류입니다. 먼거리용 활(Menzil), 전투용 활(tiurkesh), 표적용 활(puta), 애기살 활(Majra) 등입니다. 멀리 쏘기에 특화된 'Majra' 및 'Menzil' 활의 경우 길이가 60cm에서 70cm 안팎입니다. 활대가 짧을수록 탄성에너지를 살에 더 많이 보내는 것을 깨달은 터키 선조들의 지혜가 엿보입니다.

먼거리용 활은 타원 형태(Barrelled, 화살대의 양 끝보다 가운데가 불룩한 형태)로 된 화살대를 사용하는 게 특이합니다. 미사일 몸통 형태와 유사하기 때문에 공기역학적인 부분에서 장점

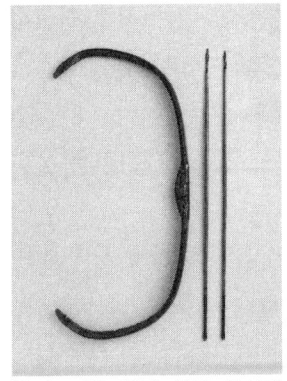

멀리쏘기용 활과 화살. 화살대는 양 끝보다 몸통이 더 두꺼운 형태다.

'Siper'라는 손목 위에 얹은 장비를 사용하여 활을 쏘는 모습. 이러한 'Siper'나 덧살의 사용은 비단 터키뿐만 아니라, 아랍 및 인도의 고문서에서도 발견된다.

을 띈 화살입니다. 또한 한국의 애기살과 쓰임새가 같은 Majra의 경우엔 덧살 대신 'Siper'라는 장치를 사용합니다.

수백 년 동안 번성하던 터키의 활쏘기는 현재까지 많은 문헌과 유물로 그 자취를 엿볼 수 있지만, 정작 과거부터 이어지던 실제 활쏘기는 근대에 들어 명맥이 끊기고 맙니다. 총포의 발달로 활이 무기의 효용성에서 한참 뒤처진 데 따른 현실이 터키에서도 여지없이 벌어진 것입니다. 특히 터키 각궁을 만드는 마지막 궁장이 1970년대에 세상을 떠나면서 전통적으로 이어지던 터키 활의 숨이 완전히 끊깁니다.

그로부터 40년이 지난, 2000년 말에 이르러 취미로써의 활쏘기가 세계적으로 부상하면서, 터키 활이 다시 무대에 등장합니다. 그 시점부터 수많은 사료를 발굴하여 전통을 복원하려는 움직임이 일었습니다. 사료를 연구하는 과정이 필요하기에 복원 초창기엔 열성을 보이는 몇몇 궁사들이 두각을 나타냈습니다. 하지만 전통 터키 활에 대한 정보가 생성될수록 더 많은 이들이 관심을 보이게 되었고, 동시에 같은 내용을 다른 방향으로 해석하는 궁사들도 생겼습니다. 이러한 움직임은 각자의 이름을 걸고 주장하는 사법이 주를 이루는 지라, 잡음이 일기 마련입니다. 특히. 어느 문헌에 초점을 맞추는지에 따라 다른 사법이 등장합니다. 그 결과, 외부인이 볼 때엔 터키 궁사들이 선보이는 궁술은 모두 전통 활쏘기로 여겨지지만, 막상 터키 궁사들 사이에서는 의견이 분분한 실정이 되었습니다. 예를 들면, 최근 5년 사이에 이스탄불에서만 십여 개의 전통 활쏘기 클럽이 생겨났습니다. 각 클럽마다 정통성을 주장하며 다른 클럽에서 행하는 궁술 및 그 근거가 잘못됐다고 말합니다. 이러한 충돌은 특히 고문서에 등장하는 낱말에서 자주 비롯됩니다. 특정 낱말을 저마다 자신이 아는 한도 내에서 추측하여 해석하기 때문입니다. 이 부분은 궁술 지식뿐만 아니라 당시의 문화, 역사 및 언어까지 두루 정통한 자어야만 원문의 뜻을 제대로 해석하기 마련입니다. 하지만 워낙 다양한 해석이 넘쳐나기에, 설령 특정 문구에 대한 이해를 같이 한다하여도, 다른 자료를 근거로 내세우는 자가 등장하면 정통성과 누가 맞는지에 대한 논란이 반복됩니다.[2]

터키의 전통 활 단체들은 각자의 주장만을 내세울 뿐, 원형을 찾기 위해 서로 협력하는 긍정적인 손길은 쉽게 내밀지 못하고 있습니다. 그 이면에는 단체를 키워 정부지원을 받는 금전적인 부분 및 영향력 행사의 이권 때문에 더욱이 양보할 수 없는 사정도 존재합니다. 다른 한편, 민간 활쏘기 단체가 부흥하자, 터키 정부는 유네스코에 터키 전통 활쏘기를 등재하려는 움직임이 있기도 합니다.

다시 유럽의 활터로 돌아가, 전통 터키 활은 최근 10년 사이에 유럽 궁사들 사이에 많이 퍼졌습니다. 물론 그 동력은 터키 자국에서 우후죽순으로 불어난 활 단체들이 생산해내는 수많은 활 관련 자료들임은 부정할 수 없습니다. 터키 내부의 속사정이 어떠하건, 외부에서는 쉽게 접

---

[2] 터키 활 단체의 사정은 글쓴이의 견해가 아닌, 이스탄불의 활 단체 중 한 곳인 'Tirendaz' 클럽 인원들과의 교류 과정에서 접한 내부 사정이다.

할 수 있게 된 터키 활 관련 정보를 토대로 깜냥껏 소화하고 이해한 활쏘기가 널리 행해지는 것입니다. 궁사들이 내세우는 전통 터키 활에 대한 주장, 실제 활쏘기에서 그 모든 해석과 논리가 말처럼 구현되는지는 보는 이의 역량에 따라 다르지만 말입니다.[3]

3) 중국활

터키 활이 최근 10년 사이에 부활하여 화려한 기지개를 폈다면, 중국 활은 그보다 짧은 기간에 마치 해안을 덮치는 해일처럼 몰아치고 있습니다. 중국이라는 대륙은 역사적으로 성격을 달리하는 왕조들이 흥망성쇠를 거듭하였습니다. 그 과정에서 '활'은 무기로서 굳건히 자리를 지켰고, 그런 번성의 자취가 현재까지 사료로 많이 남아있습니다. 하지만 중국 역시 실제로 사람들 사이에서 전승되는 활쏘기는 절멸되었습니다. 무기의 근대화 과정에서 활이 도태된 이유와 함께 모택동의 권력욕으로 1966년부터 십 년간 벌어진 '문화대혁명'이라는 참사 때문에 완전히 명줄이 끊기게 됩니다. 문화대혁명 당시 공예, 서적은 물론이고 중국 내 수천 년 된 문화유산들이 '구시대적 산물'로 간주되어 파괴되었고, 문화 예술인들은 홍위병들에게 학살당했습니다. 이미 전통 중국 활쏘기는 2차 세계대전 기간에 자취를 감추었지만, 설령 남아 있었다하더라도 그러한 피비린내가 진동하는 시국에서 살아남을 수는 없었습니다.

그러나 상황은 특이하게 바뀌었습니다. 중국 활이 새 숨을 얻게 된 배경은 중국 내에서 활 쏘는 궁사나 단체에 의해서가 아니라, 외국의 궁사들 때문입니다. 취미로 활 쏘는 인구가 늘어나면서 중국 쪽으로 관심을 갖는 이가 생기면서부터입니다. 또한 유럽 내에서 취미로 활을 만드는 사람들도 중국 활의 존재를 다시 퍼트리는 데 큰 역할을 하였습니다.

보통 활을 취미로 만드는 사람들은 영국 장궁으로 시작하지만 그 수가 워낙 많아, 게 중에는 차별된 활을 만들고픈 욕구로 다른 나라의 활에 관심을 돌립니다. 한국의 각궁은 만드는 난이도가 세계의 활 중 가장 높기에 감히 엄두를 못 냅니다. 각궁보다 제작 기술이 떨어지는 터키활의 경우, 이미 터키 현지에서 화려한 장식을 한 활들이 많이 제작되므로 섣불리 끼어들지 못합니다. 그런데 중국 활은 별다른 기술이 없어도 외형상 그럴싸하게 만들 수 있습니다. 유물로 남은 활과 외형만 비슷하면 곧 중국 활이 되기 때문에 용이하게 복제를 할 수 있는 것입니다. 한국의 각궁처럼 활의 성능을 가늠해볼 수 있는 실제 사용하는 활, 그러니까 전통방식으로 제작하여 현재도 활쏘기에 사용하는 활이 중국에는 없기 때문입니다. 선고자 형식의 곡선이 두드러진 독

---

[3] 한때 터키 활쏘기의 특징이자 우수한 부분이라 알려졌던 고자채기(Khatra)도 현재에 이르러서는 그 실제 효과에 많은 의문을 남기고 있다. 즉, 보다 빠르고 강력하게 살을 보내는 기술이라는 주장을 증명하기 위해 슬로우 모션으로 습사장면을 녹화하고, 화살 속도를 측정하여 비교하는 동영상 등이 만들어졌는데, 그 결과만 보면 고자채기로 발시한 화살이 조금 더 빠른 속도를 보이는 게 사실이다. 하지만 영상을 자세히 들여다 보면, 고자채기를 할 때엔 양팔을 더욱 강하게 젖히며 발시를 하여 결과적으로 더 많이 당겨서 쏜 것일 뿐, 고자채기라는 손목의 회전이 주는 효과가 아님이 알 수 있기 때문이다.

특한 활의 모습도 전통 활이라는 성격과 부합합니다. 그래서 여러 궁장들이 중국 활을 만들어서 선보이기 시작했는데, 여기서 뜻밖의 일이 벌어집니다. 이론으로 무장한 활꾼들이 그 활을 두고 설전을 벌이기 시작한 것입니다. 그 과정에서 중국 활은 갑자기 풍년을 이루게 됩니다. 활의 모양에 따라 특정 왕조의 활로 명칭 구분을 한 것입니다.4) 불과 일이 년 남짓 지난 현재, 이제 중국 활을 쏘는 궁사들은 자신의 활이 명나라, 청나라, 한나라 등 특정 시대 중 하나의 활이라 칭하며 그 시대의 사료를 바탕으로 한 사법을 복원하여 쏘는 실정입니다.

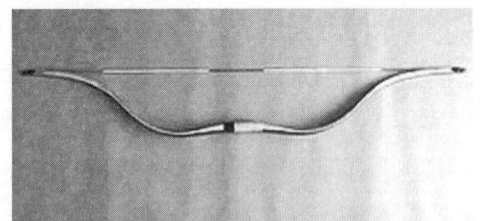
중국의 활 업체가 한나라 시대의 활이라며 판매하는 활의 형태.

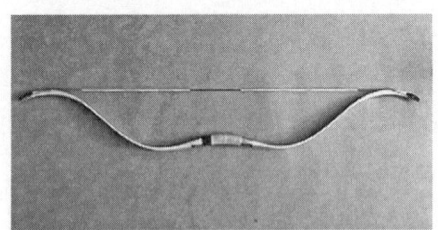
같은 업체의 명나라 활. 왕조별로 고자의 길이와 형태가 조금씩 다르다는 게 그들의 주장이다. 불과 몇 년 만에 일어난 이런 흐름은 단 한 권의 책에서 비롯됐다.

중국 활을 소개하는 영상이나 자료가 해를 거듭할수록 내용이 바뀌고 진화하는 모습에서 중국 전통 활쏘기의 기준이 될 표석은 애초에 없었음을 짐작할 수 있습니다.5) 더구나 최근 들어 일본 궁술인 규도 홍보 영상에서 영향을 받은 것 같은 중국활쏘기 홍보자료들이 득세를 하고 있습니다. 중국 활을 쏘면서 규도 옷차림과 유사한 복장을 입고, 중국 활쏘기를 나타내는 말로 '사도(射道, Way of Archery)'라는 신조어를 만들어 내 사용 중이기도 합니다.

이렇게 화려한 색채로 부활한 중국 활쏘기를 비판의 시각으로 바라보면, 비록 사료를 바탕으로 복원하였다고는 하나, 전승이 끊긴 후에 창작된 활쏘기임을 알 수 있습니다. 여러 타국의 활쏘기 색깔마저 혼합된 중국 활쏘기를 중국 내에서 비판이나 토론으로 바로잡으려는 움직임은 없습니다. 오히려 무분별한 창작 컨텐츠를 생산해내는 데 일조하고 있습니다. 전후사정이 어떠하든, 외부에서는 이 모든 중국 활쏘기 동향이 단 하나의 낱말인 '중국 전통 활쏘기'로 더욱 입

---

4) 중국활의 시대별 구분이 자리하게 된 뿌리는 중국 활을 영문으로 소개한 Stephen Selby의 'Chjnese Traditional Archery, 2000년'로 거슬러 올라갈 수 있다. 하지만 최근 들어 폭발적으로 확장 및 정착에 기여한 것은 두 중국인이 2015년에 고급 양장본으로 펴낸 'The way of Archery, 궁도'라는 책이다. 책 내용은 1637년에 명나라에서 편찬한 활쏘기 교본을 번역하고 주석을 달았다. 이 책이 등장한 후 저자 중 한 명인 Justin Ma는 세계의 궁사들 사이에서 중국 전통 활쏘기의 대표적 인물로 자리 잡았다.

5) Justin Ma는 페이스북, 유튜브를 통해 명나라 시대의 전투용 궁술을 선보이는데, 그림과 글로 된 고문서를 자의 해석하여 복원한 것이다. 그런 이유로 Justin Ma가 살면서 얻은 학습효과(타 민족 활쏘기의 이미지)가 작용하여 실제 그가 활 쏘는 모습은 터키식 활쏘기와 별 차이가 없고, 심지어 현재 한국의 궁도협회 산하 궁사들에게 퍼진 반깍지 자세(리커브 활쏘기와 국궁 자세가 혼합된 자세)와도 흡사한 활쏘기를 하고 있다.

지를 다질 것은 자명합니다.

4) 일본활

중국 활, 터키 활이 궁수들 사이에 널리 퍼진 이유가 이국적인 활에 대한 호기심, 깍지로 쏘는 활이라는 색다름에서 기인하였다면, 일본 활인 '유미'를 쏘는 '규도'는 그 자체가 하나의 문화 아이콘이라고 해도 과언이 아닙니다. 즉, 규도의 입문 동기는 활에 관심이 있어서가 아니라, 일본 문화에 관심이 있는 자가 수련하는 경우가 압도적으로 많습니다.

일본 정부는 백여 년 전부터 국가적인 차원에서 일본 문화를 포장하여 체계적으로 외국에 전파하였습니다. 그 결과, 유럽의 어지간한 집에는 일본관련 책자가 한 권 이상은 책꽂이에 있기 마련입니다. 단순히 일본 여행안내 도서를 넘어서, 거의 모든 분야의 책들이 광범위하게 퍼져있습니다. 영어권에서 종이 접기 놀이는 '오리가미(Origami)'라는 일본말이 아예 명사화되었고, 시골 꽃집에서도 '본사이(Bonsai, 분재)'라는 이름으로 여러 화초가 판매될 지경이니 일본 관련 문화가 어느 정도 퍼져있는지 짐작이 갈 것입니다.

일본이 재포장하여 수출한 문화의 특징은 '세분화'와 '엄격한 형식'입니다. 아무리 사소한 것일지라도 그만의 세계관을 심어놓았고, 그러한 절제된 형식이 서구인에게는 동양 문화의 정수로 비춰지기도 합니다. 규도를 수련하는 유럽인은 과녁을 맞히는 재미가 아닌, 복식을 차려 입고 각 단계별로 행해야 하는 동작들을 신중히 따라하며 규도가 말하는 '도'를 찾기 위해 수련합니다. 규도장에서는 '흥'이나 '재미'보다는 거룩하게 느껴질 정도로 엄격한 일본 규도 예절을 존중하고 따르는 수련인만이 존재합니다. 이러한 분위기로 인해, 인간성의 바닥을 드러내는 싸움으로 뒤바뀌기 십상인 유럽의 궁술 관련 커뮤니티에서조차 그 누구도 쉽게 '규도'를 논제로 올리지 못합니다. 이쯤 되면 규도는 활쏘기가 아니라 신성불가침한 의식이라고 해도 과언이 아닙니다. 그렇게 고매한 이미지를 성공적으로 쌓아올린 바탕은 당연히 일본 현지의 규도 단체가 치밀하게 제도를 마련하여 보급한 것입니다.

뮌헨의 한 규도장

규도 수련생으로 정식 등록한 인구는 전 세계적으로 13만 명가량입니다. 유럽에만 23개국이 규도협회에 등록되어 규도장(도조, Dojo)을 운영 중입니다. 독일의 경우 규도 수련자는 1500명 가량이며 그중 30%가 여성입니다. 인구수는 그리 많지 않으나, 규도 특성상 규도장에서만 활쏘

기가 이뤄지기에 수련자의 충성도는 어느 활쏘기보다 높습니다.6)

유럽인이 규도를 대하는 자세를 보노라면 마치 경건한 의식을 따르는 데 집중하는 모습이다. 물론 이러한 규도 형식은 군국주의가 팽배했던 세계대전 당시 일본정부의 손길로 다듬어진 것이지만, 규도에 열광하는 세계인들에게 그런 이면은 꼭 감추어져 있다.

　규도의 특징 중 하나는 세간의 활꾼들이 사료 발굴을 통해 자의적인 해석으로 복원이나 변형하는 활쏘기가 없는 것입니다. 잘 조직된 규도협회의 지원 아래, 전 세계의 규도 도장이 모두 전통 복장을 착용한 후, 똑같은 활쏘기 동작을 행합니다. 즉, 단 하나의 '규도'만이 존재하여 모든 수련자들은 동일한 길을 걷습니다. 전통 활쏘기를 주창하면서도 매번 내용이 조금씩 바뀌는 대다수의 나라와는 확연히 다른 점입니다.

　반면, 규도의 단점은 활쏘기를 자유롭게 즐기지 못하는 것입니다. 엄격한 규도 규정을 충실히 따르는 수련자들은 일반 활쏘기 행사에 '유미'를 들고 오지 않습니다. 유럽은 자연 속에서 활쏘기를 즐기는 게 일반적인데, 간혹 그러한 모임에 규도를 들고 오는 경우가 있기는 합니다. 하지

---

6) 일반화하기엔 무리지만, 선호하는 활의 종류에 따라 궁사의 성향을 엿볼 수 있기도 하다. 가령, 보수적이고 국수적 입장의 사람은 롱보우나 사냥용 활을 쏘지 좀처럼 다른 대륙의 활에 관심을 안 보인다. 반면, 터키 활 또는 동양의 여타 활을 다루는 궁사들은 다양한 문화 흡수를 하여 비교적 유연한 사고를 갖춘 자들이 대부분이다. 이와 궤를 같이하여, 규도 수련자들을 살펴보면 교육 수준이 높고 비교적 경제적으로 여유로운 사람들이 주를 이룬다. 규도 입문 시 드는 최소비용이 100만원은 훌쩍 넘는 이유도 한 몫 한다.(규도용 카본 시는 6발 세트가 한화로 40만원부터 시작되고 장갑은 40만원, 복장은 20만원부터 가격대가 형성되어 있으며 심지어 버선도 구비해야 한다.) 이렇게 진입장벽이 높은 이유로 형편이 넉넉하고 교양 있는 사람이 주를 이루는데, 그 효과로 저잣거리처럼 추태가 벌어지는 일이 드물어 고상한 취미로 각인되었다. 그로인해 일본이 애초에 염두에 둔 궁극적인 목표는 이미 달성된 것 같다. 즉, 어느 정도 사회적 위치가 있는 사람들로 채워진 규도 수련자는 곧 일본 문화의 고급화를 다지는 데 일조하므로, 그러한 문화적 후원자가 결국 일본이라는 나라의 위상에 긍정적인 요소로 작용하는 것이다.

만 긴 활의 형태로 숲에서 이동이 불편하여 사용이 꺼려지고, 무엇보다 활의 성능이 그다지 좋지 못하여 주목을 받았다가 실망만 남기는 경향이 큽니다. 그럼에도 유럽에서 규도는 하나의 독보적인 문화 예술, 일본 전통 무술로 존중을 받으며 계속 남아있을 것이 분명합니다.

5) 한국활

유럽에서 국궁이 보급된 초창기엔 카본궁이 주류를 이뤘습니다. 한국산 카본궁은 같은 깍지사법으로 쓸 수 있는 활이면서 다른 민족궁의 반값 이하라는 점이 궁사들의 흥미를 끌었습니다. 즉, 카본궁 수요층을 엄밀하게 말하자면, 터키 활이나 헝가리 각궁을 사기엔 금전적으로 부담이 되는 자들이 차선으로 선택한 것입니다. 이후, 사용자들의 평이 좋게 나면서 여벌로 카본궁을 구입하는 사람들도 늘어났습니다. 이렇게 국궁은 주로 쏘는 활은 아니지만 가끔 재미삼아 쏴보는 활로 영역을 넓혀갔습니다.

국궁이 유럽의 활꾼 사이에 퍼지기 시작했을 때, 유럽 궁사들이 쏘는 형태는 활만 국궁이지 여느 활쏘기와 다를 바가 없었습니다. 지중해식 사법(시위를 세 손가락으로 당기는 것)으로 만작은 입술 언저리까지 당기는 활쏘기가 그것입니다.

최근까지 유럽 궁사들에게 만작이란 그렇게 입술부근까지 당기는 것이 전부였습니다.[7] 만작 길이는 28인치(2자 3.5치) 안팎이 됩니다. 그 이상으로 당기면 활장(limbs)에 무리를 주는 것으로 여깁니다.[8] 반면 국궁은 31인치(2자 6치) 이상 당기도록 발전한 형태입니다. 즉, 국궁을 쏘는 유럽의 궁사들은 비록 카본궁이지만 최대한 각궁과 닮게 만들어진 국궁의 숨겨진 성능을 제대로 활용 못하였습니다. 그러다 국궁의 본 고향인 한국 활쏘기에 관심을 두는 이가 나타나기 시작합니다. 그들은 주로 인터넷으로 국궁 정보를 찾아보지만, 타 국가의 활쏘기와 달리 국궁에 관한 정보는 아주 적습니다. 국궁은 자국 내에서만 활성화가 되었고, 타언어로 소개하는 자료는 거의 없습니다.

그로인해 독일 깍지사법 모임에서 국궁을 담당한 운영자는 국궁을 쏘면서도 그 활에 대한 정보가 없어서 자의 해석한 활쏘기를 소개했습니다. 깍지조차 없어서 가죽으로 만들어 쏘고 사법은 터키식을 혼합하여 줌손을 비틀며 발시를 하는 형태였습니다. 그런 쏨새는 모임 회원들에게 영향을 끼쳤습니다. 잘못된 소개가 결국 첫 단추부터 국궁의 출중함을 제대로 알려주질 못한

---

7) 이러한 만작 형태는 심지어 터키에서 전통활을 쏘는 궁사들도 입술 언저리까지 당기는 만작을 하였다. 그러나 국궁의 어깨 위에 걸머지는 만작 모습이 알려진 게 영향을 끼친 듯, 이제는 여러 터키 궁사들마저 그러한 자세로 쏘기에 이르렀다.
8) 실제 많은 활 메이커들이 28인치까지 당기는 걸 권장한다. 입술까지 당기는데도 팔이 길고 어깨가 넓어 만작 길이가 33인치(2자 8치) 가량 되는 유럽 궁사들도 꽤 있다. 그런 경우, 활도 긴 것을 사게 되는데 그 이유는 물론 국궁과 같이 극단적인 만곡형태를 견디도록 발전된 활들이 아니어서 활장을 길게 하는 게 해결책이기 때문이다.

것입니다. 이런 연유로 현재까지 국궁(Korean Traditional Archery)이라 함은 한국이라는 나라에서 행해지는 활쏘기라고 알려졌을 뿐, 그 너머에 서린 오랜 역사와 발전된 활의 성능, 사법은 여전히 세계 활꾼들의 탁자 위에 제대로 오르지 못한 상황입니다.

독일 깍지사법 모임의 2013년도 당시 모습. 올바른 만작을 하는 궁사는 없다. 제대로 된 국궁 사법이 전파되기 전이기 때문이다.

한편, 한국에서 직장생활을 하거나 체류하면서 국궁을 접한 외국인이 한국의 활쏘기를 영문으로 소개한 곳이 있습니다. 이들 외국인 국궁 체험자들이 소개한 내용은 일반적인 활 다루는 법부터 '궁도 9계훈'이나 '집궁제원칙' 및 활쏘기 용어의 번역이 주를 이룹니다. 이러한 노력은 소개서로 좋은 역할을 하지만, 정작 외부인이 관심을 갖는 사법, 무엇보다 가장 큰 영향력을 발휘하는 문화적인 매력 요소에서는 빈약함이 엿보입니다. 오랜 역사를 지닌 활쏘기라는 수식과는 달리, 활쏘기 사진을 보면 인물만 한국인이지 복장이 제각각이어서 딱히 한국 전통 활쏘기라는 느낌을 주기 어렵습니다. 행여 통일된 복장으로 활 쏘는 사진이나 영상이 있다하여도 '전통'이라는 말이 어울리기 힘든 행색에서 좀처럼 한국 전통 활쏘기만의 색채를 얻지 못하는 게 현실입니다. 그도 그럴 것이, 외국인이 한국에서 접하는 국궁은 주로 가장 큰 단체 소속의 영향력 아래에 놓인 정이기 때문입니다. 여기서 우리는 한 번 되물어볼 여지가 있습니다. 과연 지금 자신이 속한 정에서 행해지는 것들이 '전통 활쏘기'인지를 말입니다.9) 바로 그러한 이유로 국궁을 체험하거나 정에 소속된 외국인들이 소개하는 국궁자료들도 정수를 짚어내지 못하고 겉만 핥는 경향이 큽니다. 그런 불분명하고 어수선한 소개로 인해 외국인 궁사들은 딱히 무엇이 국궁이라고 정의 내리기 어려워 지속적인 관심을 끌어내지 못합니다.

---

9) 한국을 대표하는 국궁 단체의 이름엔 '궁도'라는 일본식 단어가 버젓이 들어가 있다. 아무리 역사 사료에서 그 정당성을 찾아 강변을 하려 한들, '궁도'는 유도, 다도, 검도 등과 마찬가지로 일본에서 세계대전 당시 만들어져 유입된 용어일 뿐이다. 또한 그 단체가 주도하여 전국의 궁사들을 통솔하는 내용은 '전통'과는 한참 떨어진, 국적불명의 형식만 가득 차있다. 영국 귀족이 입던 테니스 복장과 유사한 유니폼이 백의민족을 상징하는 것이라고 궤변을 달고, 몰상식한 경기 진행 방식은 자주 마찰을 불러일으킨다. 기형적으로 변한 전통은 차치하고서라도 활꾼이자 본받을 인물은 드물고 대신 권위와 횡포가 뒤범벅된 게 꼭 희극을 보는 듯하다. 물론 이것은 개인적인 견해이자, 외국에서 국궁을 바라보는 제 3자의 시선이지만, 이러한 비판은 흠집 내려는 목적이 아닌, 국궁이라는 자랑스러운 문화유산에 쌓이기 시작한 불결한 먼지를 더 늦기 전에 걷어냈으면 하는 바람임을 굳이 밝힌다.

대개의 민족궁을 쏘는 유럽인들은 그 나라 전통 복장까지 구입하여 착용합니다. 하지만 국궁에 관심 있는 외국인 중, 가장 주도적인 역할을 하는 단체에서 강제적으로 착용시킨 흰색 유니폼을 구입하려는 사람은 단 한 명도 없다는 점은 시사점이 큽니다. 우리는 지금 대체 무엇을 몸에 걸치고 '전통 활쏘기'를 하노라고 자부하는 중일까요?

다행히 최근 몇 년 사이에 유튜브 등에서 국궁을 소개하는 동영상이 많이 소개되었습니다. 그런데 유튜브에 국궁을 소개하는 한국인 궁사는 활만 국궁이지, 활쏘기는 개인적인 견해로 해석한 자세임에도 통틀어 '국궁'이라 일컫고 있습니다. 저마다 '국궁'이라 말하지만 쏨새와 설명이 제각각이니, 행여 보다 깊게 국궁을 배워보고자 하는 외국 궁사들은 혼란을 느끼기 십상입니다.

구글에서 'Korean Traditional Archery'라는 검색어로 추출된 이미지의 첫 부분. 제 3자의 시각으로 보면 한국 전통 활쏘기만의 특색으로 구별할 수 있는 일관성은 없어 보인다.

한국 내에서는 그게 '개인'의 활쏘기일지라도 외부에서는 '국궁'의 전부가 됩니다. 그들이 영상을 통해 얻은 한국 전통 활쏘기의 느낌은 어떤 것일까요? 한국인 입장에서도 장려할 만한 것일까요? 이 물음에 대한 답은 저마다 추구하는 국궁의 참모습이 다르기 때문에 공란으로 남겨야 할 것 같습니다. 그러나 그렇게 저마다 다른 게 국궁의 모습이라면, 그것이 과연 전통 활쏘기인지는 답이 자명합니다. 전통 활쏘기는 하나의 모습이어야 하기 때문입니다.

유럽 또는 동남아시아[10] 궁사들 중엔 자신이 접한 국궁 동영상 또는 가장 그럴듯해 보이는

---

10) 동남아시아의 경우, 국궁이 전파된 경위는 국내 활 제조업체들의 시장 개척을 통해서이다. 허나, 활이 지닌 문화적인 요소까지는 아직 스며들지 못한 경향이 있어 아쉽다.

영상의 사법으로 국궁의 첫 단추를 꿴 뒤, 다른 궁사들과 국궁에 관한 갑론을박을 벌이는 경우도 있습니다. 서울을 못 가본 사람들끼리 서울의 정경을 묘사하는 경우, 가장 말이 화려한 사람이 신뢰를 얻듯, 이러한 토론역시 다양한 활 지식을 갖춘 사람이 '국궁 전문가'로 탄생되기 마련입니다. 그럼에도 여전히 그 누구도 전통 활쏘기에는 한 발짝도 디디지 못한 현실은 변함이 없습니다.

다행히 호기심과 재미로 국궁을 다루던 초창기 분위기는 점차 전문성을 띈 정통 한국 활쏘기를 알고픈 판도로 바뀌었습니다. 이 부분은 현재까지 진행 중이며, 아직 제대로 된 길잡이가 없는 형편이기도 합니다. 하지만 견고한 본보기를 세간에 선보여야 할 국궁의 본고장, 한국부터가 연유를 찾기 힘든 급조된 형식의 활쏘기를 행하니 이 문제는 앞으로도 좀처럼 쉽게 해결되지 못할 것 같습니다.

'비정비팔'은 국궁을 쏘는 궁사라면 누구나 아는 말이고 확신하는 자세인데, 정작 제대로 된 비정비팔 자세로 쏘는 사람은 극히 드뭅니다. 9할 이상은 양궁의 오픈 스탠스(Open Stance)자세로 서면서 비정비팔이라 굳게 믿고 있는 실정입니다. 활을 내는 몸동작 또한 불과 오십 년 전까지 행해지던 선배 궁사들의 모습은 사이비로 치부되고, 양궁식 풀 드로우(Full draw, 만작)가 국궁 전통 자세로 둔갑해버렸습니다. 이밖에도 많은 문제 제기가 되었으나, 바로 잡는 일은 좀처럼 일어나지 않습니다. 그럼에도 자정의 손길이 계속 어루만져 조만간 국궁이 참 모습을 드러냈으면 합니다.

이렇게 한국의 활쏘기가 갈팡질팡하는 사이, 앞서 설명한 중국 활이 아시아를 대표하는 활로 무대를 부지런히 꾸미고 있습니다. 그 가공된 무대의 장막을 걷어내고 진짜 동양 활쏘기의 으뜸은 국궁이노라, 외치려면 또 얼마의 시간과 노력이 필요할지 모르겠습니다. 한국에서 이어지면 그만이지, 굳이 세계화할 필요가 있느냐는 의견이 타당하다고 여길지도 모르겠습니다. 하지만 그건 안일하고 근시안적인 자세임을 단언합니다. 75억 인구 사이사이에 국궁을 열광하는 지지층이 많아진다면 그게 곧 안방의 온돌을 더욱 오래 달궈주는 장작이 됩니다. 그렇지 않고서는, 지금 보기엔 불씨가 살아있는 아궁이지만 오래지 않아 찬 기운만 도는 을씨년스런 안방이 되고 말 것입니다. 중국활의 부활을 눈여겨보면, 외부의 호응이 관심 없던 주인장까지 덩실덩실 춤추게 만드는 것을 분명 알 수 있습니다.

이 글을 쓰는 현재, 유럽에서 국궁을 어깨까지

이 글의 저자가 이스탄불의 활쏘기 행사에서 국궁 만작을 시연하는 모습. 그는 독일에서 리커브로 집궁 후 롱보우 등 다양한 활쏘기 및 활 클럽에서 트레이너로 활동하다가 국궁에 입문, 현재 전통 활쏘기 수련에 매진하고 있다.

당겨 만작하는 사람들이 점점 늘어나는 추세입니다. 그와 동시에, 그들은 정통 국궁을 배워보고 싶은데 그러지 못하여 갈증을 느낍니다. 이러한 상황에서 아예 외국 궁사들을 염두에 두고 국궁을 홍보하는 동영상 역시 증가하고 있습니다. 그런 영상 자료를 만들어 공개하는 국궁인은 스스로 엄격한 잣대를 들이대야 합니다. 전통 활쏘기는 개인이 완성하였거나 습사를 통해 얻은 결론이 아닙니다. 과연 자신이 주장하고 남에게 알리는 전통 활쏘기가 선조들도 수긍하는 활쏘기인지 생각해봤으면 좋겠습니다. 자네는 지금 대체 어느 나라 활쏘기를 하는고? 하시며 고개를 갸웃거리지 않게 말입니다.

   국궁은 일제 강점기에도, 한국전쟁의 혼란 속에서도 맥박을 잃지 않은 겨레의 심줄입니다. 숱한 외세의 침략에서 조상들의 힘이 되어줬고, 그렇게 지킨 나라의 후손이 현재를 사는 우리입니다. 조상에게 부끄럽지 않은 모습으로 국궁을 재정비하여 후대에서도 의문 없이 이어받는 문화유산으로 가꾸길 진심으로 기원합니다. 졸고를 읽어 주셔서 감사합니다.

아일랜드 활쏘기 대회 참가기

김소라(의정부 용현정 사원)

1. 아일랜드에 가다	3. IFAF 챔피언십 2018
2. 3D 활쏘기란 무엇인가	4. 대회 마지막 날

1. 아일랜드에 가다

우리나라 전통 활을 접하면서 세계의 다른 활 사법, 사풍들이 궁금했고 또한 들에게 우리나라의 우수한 활에 대해 소개를 하고 싶어서 나는 유럽, 아일랜드로 장기 여행을 가는 길에 활과 화살을 챙겨갔다. 아일랜드에는 활쏘기 메인 클럽인 IFAF(Irish Field Archery Federation)가 있으며 이 단체를 필두로 모두 22개 클럽이 운영이 되고 있다. 녹색의 나라 아일랜드 특성상 드넓은 에메랄드 빛 평원 시시각각으로 변하는 날씨와 기후 덕분에 아일랜드의 활쏘기는 매번 다른 느낌이어서 색다른 기분으로 활을 낼 수가 있다.

나는 대회 일정이 없는 날에는 체육관 안에 있는 실내 연습장(Indoor Archery ; 주1회만 사용가능)을 이용하거나 소와 양이 어슬렁거리는 들판에서 활을 낼 수 있다. 체육관 안에 있는 실내 연습장은 다른 종목의 운동도 같이 사용하기 때문에 2시간 안에 이동식 과녁을 설치하고 2유로(€) 약 2600원 정도의 사용료를 내야 한다. 물론 1년 연회비가 50유로(€) 6만 5천 원 정도 내야 하는데. 실내 연습장의 휴관 기간이 따로 있으므로 실제 사용은 1년에 6개월 정도 밖에 못한다. 다른 아이리쉬 궁사들은 주로 컴파운드 활과 리커브 활을 사용하며 코치가 기초를 가르쳐 주는데 초등학생부터 성인까지 다양한 연령층으로 이루어졌다.

실내연습장 Indoor Archery

궁사들은 한 사대에서 서서 활을 내고 각자 쏜 화살을 뽑아 오는 방식대로 전개 된다. 이용자가 많을 경우 서로 양해를 구하고 번갈아 가며 활을 내는데 복장은 서양 문화답게 자유 복장이다. 어느 한 날은 한 여무사가 핫팬츠에 탱크탑을 입으며 리커브 활을 내는데 우리나라 국궁의 복장만 접했던 나는 신선한 충격이 아닐 수가 없었다. 어느 누구 하나 복장의 대한 지적은 없었고 찌푸리는 시선 또한 없었다. 안전성만 조심한다면 자유로운 분위기에서 활을 낼 수 있었다. 남을 의식하기 보다는 본인의 활쏘기의 매진하고 집중하는 모습이 좋아 보였다. 많지 않은 이용 횟수에 시간이 넉넉하지 않으니 더욱이 자기 활 쏘는 시간에 집중 할 수밖에 없다.

용맹한 사냥꾼의 느낌으로 활을 내고 싶을 때는 소와 양떼가 몰려 있는 들판에 활을 내는데 이때는 안전하게 울타리를 치고 짚단을 쌓아 과녁으로 만들어 친구들과 함께 활을 내는데 정말 재미있었다. 들판 활쏘기의 장점은 자연과 어우러져 활을 낸다는 것이고 과녁 거리도 얼마든지 가까이 또는 멀리 낼 수 있어 내기 게임 하기에 최적의 장소였다.

어느 날 아이리쉬 친구들인 게리(Gary), 페트릭(Patrick)이 한국 활을 가지고 활을 내고 싶다고 졸라 대서 한국 활에 대해 설명해주며 시범을 보여주고 실전 활쏘기를 했다. 둘 다 자세는 엉성했지만 과녁을 맞히는 재미를 맛 본 그들은 계속에서 활을 내고 싶다고 재미있다며 때로는 과녁 가까이 또는 멀리 이렇게 셋이 내기를 했고 그들보다 활쏘기 경험이 많은 나였지만 음메~ 음메 ~ 하고 위협적으로 달려오는 암소의 소리에 몇 번 놓쳤더니 친구들에게 졌다. 그들은 나를 이겨서 더욱 기뻐하며 계속 활을 내자고 조르는 턱에 낮부터 해질녘 까지 활을 낸 후에 우리 동네에 있는 단골 술집인 (Tully's) 내 사랑 맥주(Smithwicks) 마셨다. 활쏘기가 끝난 후 맛 본 맥주 맛은 꿀맛이었다.

2. 3D 활쏘기란 무엇인가?

3D 활쏘기는 궁사들이 숲이나 들판에서 여러 가지 다양한 코스를 통해 주로 동물 모형의 과녁을 향해 맞히기를 하는데 골프 코스 같은 거라고 생각하면 된다. 거리는 주로 20야드 (18Meter) 에서 50야드 (45Meter) 사이다.

3D 활쏘기는 다양한 활 들이 참여가 가능한 종목이다. 대표적인 예로 개량궁인(Horse bow), 플랫 보우(Flat bow), 리커브 보우(Recurve bow), 베어 보우(Bare bow), 롱보우(longbow), 컴파운드 보우(compound bow) 등이 있으며 시상은 각 종목의 활들 중 점수가 높은 사람을 뽑고, 죽시 또는 나무로 만들어진 화살들을 우선권으로 점수를 준다.

점수 내는 경기 방식은 대표적으로 두 가지가 있는데 ASA 협회방식 IBO 협회방식으로 나뉘어져있다. ASA방식이 있는데 내가 속한 IFAF (Irish Field Archery Federation)는 ASA방식으로 사용해서 점수를 낸다. 동물 모형의 과녁 안에는 크게 여러 가지 원들이 그려져 있는데 가장 안쪽 두개의 원들은 12점을 득점할 수 있고 그 다음 원들이 10점을 얻고 가장 바깥쪽 원은 8점을 얻는다. 킬 존(Kill Zone)이라고 불리 우는 원은 가장 높은 점수인 14점을 얻는다. 그 외에 나머지 동물 모형의 몸에 맞추면 5점이다.

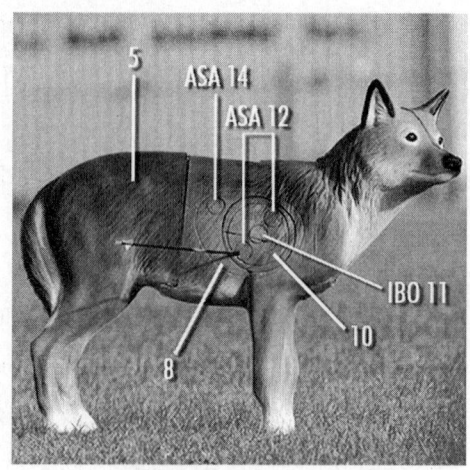

그림출처 : Lancaster Archery

주로 팀을 이루어서 만들고 개인점수를 내는데 점수 계산은 팀의 주장이 점수를 낸다. 코스들이 워낙 다양해서 어려움이 있는데 그 경기의 따라 코스 공개 방식과 비공식 방법으로 오전 오후 나누어 점수를 내어 합산을 한다. 기본적으로 경기 방식은 이렇게 진행되지만 연령별로 어린아이들이 속한 컵(Cub) 클럽, 청소년들이 속한 주니어 클럽, 성인이 속한 시니어 클럽으로 크게 나뉘어서 코스 아래 말뚝(Peg) 을 박는데 이는 약자를 위해 타깃과의 거리를 좁히기 위함으로 말뚝의 색깔이 다르다.

두 번째 3D 게임에서는 나는 주장을 맡아 팀원들의 점수를 내고 슈팅을 하느라 타깃에 집중하기가 여간 힘든 것이 아니었지만. 팀원들이 좋은 점수를 얻을 때마다 덩달아 기분이 좋아졌다. 서로 격려하며 때론 험난한 코스 덕에 넘어지고 화살들이 강물에 휩쓸려 떠내려가기도 했다. 기본 체력이 뒷받침이 되어져야 오전 오후 코스를 다 돌아 과녁을 맞히는데 체력이 고갈되지 않고 집중 할 수 있다.

3. IFAF 챔피언 십 2018(CHAMPS 2018)

2018년 7월 27~29일, 1박 2일로 열리는 아일랜드 궁사들의 최고의 시수꾼을 뽑는 가장 큰 대회였다. 큰 대회만큼이나 아일랜드 전국 각지의 궁사들이 많이 몰릴 것으로 예상했고, 나 역시도 아일랜드에서 마지막 활쏘기라 더욱 마음가짐이 새로웠다. 그동안 3D로 갈고 닦아온 나의 실력을 뽐내는 날이기도 했고 체력도 많이 길렀다. 큰 대회는 항상 1박2일로 텐트 생활을 해야 하기에 컨디션 조절도 함께 했다. 새벽부터 소낙비가 쏟아지는 소리가 들렸고, 3D 코스를 쏟아지는 비를 맞고 설마 활을 낼까 하고 아침부

터 걱정했다. 늘상 비에 익숙해진 아일랜드 궁사들은 전혀 개의치 않아했다. 잠깐 오다 말겠지 하고 나 역시도 가볍게 생각했다.

이번 팀은 여무사님들이랑 한 팀이 되었는데 챔피언십이다 보니 여무사님들도 의지력이 강했다. 이번 코스는 비공개로 이루어졌기 때문에 코스 또한 찾아다니면서 다녀야 함으로 집중에 또 집중을 가해야 했다. 점점 소낙비는 멈출 기세가 없었고 진흙에 미끄러져 내리고 타깃도 비에 보이지 않으며 속옷까지 젖은 상태라 꽤나 찝찝했다. 무엇보다도 여름이라지만 비가 오니 10도 이하로 온도가 내려가니 추위와의 싸움이 시작되었다. 다른 여무사들도 흘끗 보니 멈출 생각이 없었고 나와 같은 상태이며 동진동퇴가 생각나서 너무나 추워 포기하

고 싶은 마음이 들었지만 꾹 참았다. 점점 입술 색깔도 보라색이고 머리도 아프니 자세 또한 나오지 않았다. 3D 활쏘기는 화살을 잃어버리지 않고 부셔지지 않게 유지하는 게 관건인데 미끄러지고 넘어져서 몇 개의 화살을 잃어버렸다. 점점 여무사님들 및 어린아이들이 포기하는 팀들이 생겨났고, 경기를 포기하고 집으로 향했다. 나는 의지의 한국인이기에 우비에 위에 쓰레기봉투를 덮어쓰고 경기를 끝마쳤다. 이렇게 경기를 끝 맞친 궁사들은 비 맞은 생쥐처럼 모두들 웃으며 포기 하지 않음에 함박웃음 꽃을 피우며 따뜻한 모닥불 속에서 파티를 했고 뭔가 모를 동질감이 느껴져 흐뭇했다. 힘든 코스에 대해서 이야기하기도 하고 대부분 오르막길에 흙에 넘어졌기에 에피소드를 열변하느라 새벽 3시에 잠들었다. 다음날 활쏘기가 또 있음에도 불구하고 말이다.

4. 대회 마지막 날

어제 언제 비가 왔냐는 식으로 날이 너무 화창하고 활쏘기에 최적인 날씨지만 컨디션 조절을 못했던 나는 오전 내내 활쏘기가 곤혹스러웠다. 감기 기운이 있어서 특히 오르막에 가파른 산은 너무 버거웠다. 숲이 우거진 곳에서도 나무들 사이에 타깃이 있어 화살이 나무에 반 조각이 나버렸다. 하지만 나름 먼 거리의 코스는 나에게는 자신이 있었다. 내 활은 먼 거리에 최적화된 활이기에 이때는 나도 모르게 절로 웃음이 나왔다. 팀들도 잘 만나서 웃으면서 활 낼 수 있었다. 마찬 가지로 팀이 중요한 것은 점수에 목매는 궁사들이 있으면 긴장감과 예민함 속에서 활을 내어야 하고 다들 극도로 민감해진다. 하지만 뭉실뭉실 뭉게구름만큼이나 우리 팀원들 마음도 드넓었다. 이렇게 오전 활쏘기는 끝나고 점심을 먹으니 뱃속이 든든하여 이때부터 시수가 나기 시작했고 자신감이 박차 올랐다. 이렇게 오후 활쏘기는 개운한 마음과 신체가 한 몸이 되어있을 쯤 어느덧 활쏘기는 끝나 시상식이 준비하고 있었고 라플 (RAFFLE) 티켓도 구입했다. 라플은 일종의 행운의 상 같은 건데 티켓을 구매해서 한 장당 5유로내면 제비뽑기 식으로 번호가 당첨되면 상품을 타는 방식으로써 주최 측이 운영 자금으로 주로 쓰인다. 나 역시도 아일랜드의 에서 마지막 활쏘기인 만큼 라플 티켓을 구입했고 운좋게도 당첨이 되어 활쏘기의 관련된 액세서리를 받았다.

사실 나는 알고 있었다. 개량궁 Horse bow를 사용하는 사람은 나밖에 없어서 점수가 안 나와도 나는 1등을 할 수 있다, 라는 사실을… 그래도 끝까지 노력했던 것은 시상식에 점수도 공개해주는데 점수가 나쁘면 1등해도 민망하기에 열심히 활을 낸 것 같다. 내 종목의 활이 없어서

나는 1등을 했지만 리커브나 컴파운드 활 들은 경쟁이 치열해서 말 한 마디 잘못하면 찌릿 한 눈빛을 맛 볼 수 있다.

아일랜드에서의 마지막 활쏘기여서 그랬을까? 아일랜드 궁사들과의 이별이 너무 아쉬웠다. 3D활쏘기를 처음 경험 하게 해준 아일랜드! 한국 활쏘기의 다른 점들을 이해하고 다양한 시선으로 활들을 볼 수 있어 고마웠다. 그리고 낯선 동양의 이방인 임에도 불구하고 따뜻하게 나를 받아 주고 참여 하게 기회를 준 IFAF에 감사함을 표하고 싶다.

붙임 1 : 행사사진(아일랜드 활쏘기 대회의 여러 궁사와 경기 모습)

붙임 2 : 2019 예천 활 축제를 찾아온 우크라이나 친구들

서울 코엑스. 왼쪽부터 Trofymov Turii, 김소라(윤아일), Fadieiev Hennadii, Ruslan Sandu(Moldova), Breniuk Tatiana

참가 소감문

The Ukrainian delegation was honoured to attend the annual international archery festival in Yecheon. From the first step off the airplane we have been surrounded by amazing hospitality and attention from the organizers of the festival. Korean shooting techniques is very unique and Ukrainian archers were glad to have the rear chance to study it directly from Koreans. It is an invaluable experience and knowledge. We plunged into the wonderful world of Korean culture and traditions. We got the opportunity to exchange experiences with more than 60 archers from around the world. We would really like to see in the future festivals more world famous masters of archery, bow and arrow makers.

Trofymov Turii.

번역문

우크라이나 활쏘기 대표단은 매년 개최되는 예천 활 축제에 참석하게 되어 영광스럽습니다. 비행기에서 내린 첫걸음부터 우리는 축제 주최측 의 놀라운 환대와 관심을 받았습니다.

한국 활쏘기 기술은 매우 독특해서 우크라이나 궁사들이 직접 경험하고 습득 할수있는 기회를 얻게 되어 기뻤습니다. 한국 활쏘기를 체험 한다는 것은 매우 귀중한 경험과 풍부한 지식을 얻을 수 있었습니다.

우리는 황홀한 한국 전통 문화에 빠져들었습니다. 우리는 전 세계에서 온 60명이 넘는 궁사들과 경험을 교환할 기회를 얻었습니다.

앞으로 우리는 축제에서 좀 더 유명한 명궁들, 궁장 그리고 궁시장들을 정말 만나고 싶습니다.

왼쪽부터 Trofymov Yurii, Fadieiev Hennadii, Breniuk Tatiana, Lesiuk Oleksiy, Ruslan Sandu(몰도바 출신)

유럽의 3D 활쏘기 대회

김정래(독일 덕화대 사백)

들어가며	5. 대회 규정
1. 대회 주최에 따른 성격	6. 활 종류별 카테고리
2. 3D 토너먼트 과녁 운영	7. 3D 아처리 토너먼트에 필요한 장비
3. 그룹 인원 배정 방식	8. 안전사고
4. 경기 진행 과정	글을 마치며

들어가며

최근 십 년 동안 '3D 아처리 토너먼트' (3D Archery Tournament, 3D 표적 활쏘기 대회)는 유럽에서 가장 인기 있는 활쏘기 대회로 부상하였다. '토너먼트, Tournament'라는 명칭을 굳이 우리말로 바꾸면 '경기, 대회' 등이 적당할 것이다. 하지만 그 진행 방식이 한국에서 이뤄지는 활쏘기와는 사뭇 다르므로 특정 활쏘기를 나타내는 고유 명사로써 '3D 아처리 토너먼트'라는 말을 계속 사용하겠다.[1] 이 토너먼트는 3D 모형 동물을 표적으로 사용한다. 즉, 사냥감이 되는 동물과 같은 크기의 입체 모형을 고무 재질로 만든 것이다. 실제가 아닌 가상의 동물을 쏘는 것은 같으나, 2차원인 종이에 인쇄된 동물을 쏘는 경기도 있다. 하지만 인간의 유전자 깊숙이 자리한 사냥 본능을 크게 자극하는 것은 역시나 실제와 가장 흡사한 3D 타깃이다. 불필요한 살생에 따른 불쾌감이나 죄책감이 들지 않는 것도 대중적인 인기를 끄는 한 요소이기도 하다.

2019년 현재, 유럽에서 가장 3D 토너먼트가 활성화 돼 있는 곳은 독일이다. 이 내용은 본 논문집의 '유럽 활쏘기 동향'이라는 원고에서 밝힌 바와 같다. 서

3D 아처리 토너먼트의 타깃은 실제 동물 크기와 같게 제작된다.

---

[1] 한국에서는 필드 아처리(Field Archery)라는 말이 더 먼저 소개되어 정착된 것 같다. 야외에서 행하는 활쏘기는 같지만 과녁의 종류가 다름을 유의해야 한다. '필드 아처리'는 동그란 원형 크기에 따라 점수가 다른 타깃을 쏘는 경기를 칭하고, '3D 아처리 토너먼트'는 동물 모형을 쏘는 것을 말한다.

유럽 기준, 활쏘기를 취미로 하는 인구는 대략 각 나라별로 100만 명에서 150만 명 수준이며, 그 중 5%인 5만 명가량이 활쏘기를 적극적으로 하는 부류에 속한다.[2] 3D 토너먼트 참가자는 바로 그 5%의 궁사들이 주를 이루지만, 체험삼아 일회성으로 참가하는 자들 또한 많다.

본고에서는 이러한 유럽에서 열리는 3D 아처리 토너먼트 및 활 행사의 종류와 성격을 간략하게 소개한다.

1. 대회 주최에 따른 성격

1) 지역 클럽 주관 경기

독일의 경우, 한국의 면소재지 급에 해당하는 행정구역부터 1개 이상의 활 클럽이 존재한다. 활 클럽은 경기용 활 전문 또는 모든 종류의 활을 허용하는 두 부류로 나눌 수 있다.

먼저, 경기용 활(올림픽 또는 FITA 산하 경기용 활) 전문 동호회는 경기 및 기록 향상을 위해 활동하므로, 3D 토너먼트와는 성격이 다르다. 그런 이유로, 그런 동호회인 또는 선수들은 대개 3D토너먼트를 즐겨 찾지 않는다. 너러 호기심으로 3D 토너먼트에 참가하지만, 당혹감을 느끼기 십상이다. 그 이유는 늘 반듯한 자리에 서서 고정된 거리의 과녁만 쏘다가 변화가 많은 지형, 거리가 제각각이고 높이도 다른 표적을 마주하면 도무지 조준을 어떻게 해야 할지 감을 못 잡기 때문이다.

반면, 모든 종류의 활을 허용하는 동호회의 경우, 3D 토너먼트를 즐겨하는 궁사들이 많이 포함되어 있다. 모든 활 클럽은 습사가 가능한 활터를 운영한다. 실내에 활터를 구비한 클럽의 경우엔 20미터 안팎의 과녁거리를 확보하고, 야외는 100미터 정도까지 과녁을 쏠 수 있는 활터가 있다. 활터에는 경기용(올림픽에서 흔히 보는 과녁) 또는 속을 채운 포대를 과녁 삼아 걸어놓고 쏜다. 그러나 3D 토너먼트의 인기가 치솟음에 따라 회원들이 3D 동물 모형을 자신의 활터에서도 쏘고 싶은 욕구가 증가하였고, 그런 요구로 인해 이제 대개의 활 클럽은 3D 동물 타깃을 활터에 설치하고 쏘는 실정이다.[3]

---

[2] 각 나라별 활인구가 100만 명이 넘는 수치는 활쏘기를 한 번 이상 해본 경험이 있는 사람들까지 포함한 것이다. 그리고 '적극적'이라 함은, 주 2회 이상 습사 및 활쏘기 대회나 행사 참여 횟수가 월 1회 이상인 경우를 말한다. 본 내용은 통계 전문 업체의 자료를 인용하였고, 활 종류별로 구분한 것이 아닌 활 인구 전체를 통튼 자료만 적용했음을 밝힌다.

[3] 클럽 재정 상태에 따라, 3D 타깃을 상시 쏠 수 있는 곳과 주 1회(정기 모임일인 일요일 등)만 설치하여 쏘는 등 다를 수 있다. 이유는 3D 타깃이 비싸기 때문이다. 가격대는 토끼나 다람쥐 같은 소형 동물의 경우 10만 원가량, 새 종류나 아기 사슴 같이 중간 크기의 동물은 30만 원 안팎 그리고 늑대, 사슴, 순록, 버팔로 같이 대형 동물은 70만 원 이상이다. 타깃이 고무재질이어서 화살촉이 많이 꽂힐수록 그만큼 파손이 빨리 되므로, 가급적 사용에 제한을 두어 보다 오래 사용하려는 목적이 크다. 그렇지 않으면 새 타깃 구입을 위한 금전적

실력을 갈고 닦았으니, 그 기량을 견주어보고 싶은 게 활꾼들의 심리 아닐까? 한 주(州)안에 있는 수십 개의 활 클럽은 저마다 주최자가 되어 3D 토너먼트를 1년에 한 번 이상은 개최한다.[4] 그런 행사일이 다른 클럽 주최 경기와 겹치는 것을 피하기 위해 클럽들은 사전 조율 또는 확인을 한다. 만약 특정 클럽이 매년 일정한 날짜에 대회를 여는 게 전통으로 굳어 있다면 역시 주변 지역의 활 클럽들은 그 날짜를 피하기 마련이다. A 클럽이 매년 10월 마지막 주에 여는 '핼로윈 토너먼트(참가자들이 핼로윈에 어울리는 복장을 하고, 과녁은 으스스한 분위기로 꾸민다)' 등이 그런 경우이다. 이렇게 한 지역 내 클럽들이 여는 토너먼트의 경우, 궁사들은 자동차로 2시간 내에 다다를 수 있으면 참가를 고려한다.

활꾼들의 세계는 좁다. 그래서 어느 클럽에도 속하지 않은 궁사일지라도 주변 지역에서 열리는 토너먼트 정보는 쉽게 얻을 수 있다. 한 토너먼트에는 주변 지역의 여러 클럽 회원들뿐만 아니라, 아무런 소속 없이 개인 자격으로 참가하는 궁사들도 많다. 어느 단체 소속인지, 개인인지에 따른 이점이나 불이익 등은 전혀 없다.

참가자들이 대회 시작 전에 모여서 기다리는 모습이다. 한 지역의 대회를 몇 번 참가하다보면 다른 클럽 사람들과도 자주 만나 안면이 트인다.

2) 활쏘기 연맹 등 협회 주관의 경기

유럽에는 여러 개의 활쏘기 통합 단체들이 활동하고 있다. 올림픽 활처럼 FITA라는 기관 산

부담은 고스란히 클럽 회원들에게 돌아간다.
4) 독일 內에서 열리는 3D 아처리 토너먼트는 1년에 약 500개 안팎이다. 즉 매 주말마다 지역 여기저기에서 대회가 열리고, 시기는 4계절 내내다.

하로 모든 경기용 활 단체를 일원화한 단체는 아직 없다. 그 이유는 활 쏘는 '목적'이 틀리기 때문으로 사료된다. 경기용 활을 쏘는 선수들은 최종 무대인 올림픽이나 큰 규모의 공식대회에서 우승하는 것을 목표로 한다. 하지만 경기용 활이 아닌, 취미로 활을 쏘는 수많은 클럽 회원들은 그렇게 체계화되고 조직화된 활의 세계에 들어서서, 기량을 갈고 닦아 최고의 무대에까지 오르고 싶어 하는 사람이 드물기 때문이다. 간혹 그렇게 단계를 밟아 오르는 대회를 조직한 단체도 있지만, 참가자는 안면이 있는 자들 위주여서, 세상의 활꾼 모두가 꿈에 그리는 무대는 아니다. 이렇게 개인의 일신이나 국가 대표로 활약하는 성격이 아닌, 그저 취미 수준으로 활 쏘는 사람들이 다수이기 때문에 앞으로도 모두를 통합하는 단체는 만들어지기 요원할 것으로 본다. 이와 관련하여 한국에서도 지방자치제와 연결되어 '세계 민족궁 연맹' 같은 단체를 조직하여 활동하는 것으로 아는데, 바라는 대로 세계에서 가장 공신력이 있는 민간 활 단체로 성장하는 데에는 현실적으로 어려운 터전임을 감안했으면 한다. 실제 유럽이나 미국의 몇몇 단체는 회원국으로 가입한 나라의 수가 여러 개여서 '국제, International'라는 낱말을 단체 이름에 사용하지만, 사실 그렇게 가입한 각국의 활 단체는 그 나라를 대표하는 활꾼들의 모임이 아닌, 그저 수많은 활 동호회 중 하나다. 자국 내에서 흔하디흔한 클럽 중 하나일 뿐인데, 그런 클럽들을 모아놓는다 한들 다른 활꾼들을 끌어당기는 힘을 발휘하기는 힘들다. 즉, 취미로 활 쏘는 사람들 일부를 모아놓고 어떤 영향력을 발휘하거나 세계 통합을 목표로 하는 등 자체가 잘못된 설정이다. 막대한 돈과 시간을 들이면 모를까, 모두가 그 조직의 일원이 되고 싶을 만큼의 동기가 없는 것이다.

그럼에도 여러 나라의 궁사들이 참여하는 토너먼트는 앞서 살펴본 지역 클럽 주관 경기보다는 특정적이고 엄격한 규정을 적용한다. 대회에 적용하는 규정은 당연히 협회가 마련한 것을 따른다. 거듭 말하지만, 이렇게 각각의 연맹에서 제정한 규정이 제각각이고 여러 개다 보니, 아무리 많은 회원국이 가입한 활 단체일지라도 공신력 부분에서는 그저 한 단체의 행사일 뿐, 모든 활꾼들이 인정하는 실력자들의 경기라는 인식은 희박하다.

이러한 성격은 대회 명칭과 범위를 더 크게 하여, '全유럽 챔피언십' 또는 '세계 3D 아처리 토너먼트'라 할지라도 마찬가지다. 참가자들의 역량은 역시 동호회 구성원들이지, 지역 대회부터 예선을 거치며 올라온 자들의 최종무대가 아니다보니, 역시 참가자들만의 축제일 뿐, 별다른 명예나 세간의 인정은 없다. 다만, 롱보우(영국 장궁)만 전문으로 하는 큰 규모의 대회 같은 경우엔 우승자의 실력을 인정하는 분위기이다. 이 내용은 뒤에서 좀 더 다루기로 한다.

2. 3D 토너먼트 과녁 운영

대개의 3D 토너먼트는 총 30개 안팎의 타깃을 설치한다. 타깃 숫자가 20개 미만이면 너무

빨리 끝나 제대로 활쏘기를 즐겼다는 느낌을 갖기 힘들고, 30개를 넘어가면 하루 활쏘기를 즐기기엔 과중한 감이 있다. 3D 토너먼트에 참가한다는 것은 곧 타깃이 설치된 코스(경사가 있는 숲이나 야산 지형, 총 구간 길이 2km~ 5km)를 산보하는 것과 같다. 자신이 속한 그룹의 궁사들이 한 타깃을 다 쏘고 나면 점수를 기록하고, 다음 타깃으로 느긋하게 걸어가는 것의 반복이다. 하루 동안 가볍게 즐기기에 적당한 운동량이다.

3D 타깃의 종류와 점수는 획일화돼 있지 않고, 각 토너먼트 주최자에 따라 다르다. 과녁 총 개수도 제각각이고, 맞춘 부위에 따른 점수도 다르며, 그에 따라 총 득점도 달라진다. 토너먼트를 체계화한 단체와 연관된 대회의 경우엔 협회에서 정한 규정을 따른다. 동물 크기에 따른 타깃 카테고리를 네 개로 나누고, 각 카테고리에 속한 동물 모형에 적용되는 킬존(Kill zone)[5] 크기를 정하며, 과녁 설치 거리를 따르는 것 등이다. 예를 들어, 다람쥐 타깃인 경우 가장 작은 동물 카테고리에 속하고, 킬존 크기는 몇 cm로 하며, 과녁 설치 거리는 쏘는 지점에서 5미터 이내 등의 규정이다.

5km 안팎의 총 구간에 과녁을 설치할 때엔 여러 가지 사항을 고려한다.

첫째는 안전 확보이다. 화살이 타깃을 향해 날아가는 방향 주변으로 이동하는 사람이 없게 위치 설정을 하는 것이다.

두 번째로 각 타깃 간 적당한 거리를 유지하게 한다. 한 지역에 타깃을 조밀하게 설치하면 전혀 의도치 않은 화살의 비행으로 타인이 위험할 수 있고[6], 기다리는 다른 그룹들로 정체가 유발되어 결국 원활한 대회 진행을 방해하게 된다.

위 동물의 몸통부분에는 총 세 개의 원이 있다. 가장 큰 테두리 안이 모두 킬존이며 중심이 엑스킬(X kill)로 최고 점수를 받는다. 점수는 화살이 해당 경계선에 닿은 경우까지 인정한다. 가장 큰 원 밖에 꽂힌 화살들은 몸통을 맞춘 걸로 처리한다.

세 번째로 최대한 다채로운 활쏘기를 할 수 있도록 코스를 짠다. 지형과 자연물을 고려하여 타켓 위치를 설정하거나, 창의성을 발휘하여 타깃의 특성을 살리는 등이다.[7] 3D 토너먼트에서 가장 많이 분포하는 과녁 거리는 20미터 안팎이고, 중간 크기의 동물인 늑대, 멧돼지, 사슴 등의 과녁이 주를 이룬다. 그래서 자칫하면 장소만 다르지 매번 엇비슷한 거리에 있는 과

---

5) 동물의 심장 또는 폐 부위를 말한다. 모의 사냥을 하는 활쏘기답게 둥그런 테두리가 그려진 킬존 안에 화살이 꽂히면 가장 높은 점수를 획득한다.
6) 보통 이러한 위험은 표적을 빗맞으면서 공중으로 솟는 화살 또는 나뭇가지 등을 맞아 각도가 틀어지며 전혀 다른 방향으로 날아가는 화살에서 유발된다.
7) 예를 들면, 늑대가 어린 사슴을 잡아먹는 광경을 연출하고, 그렇게 두 개가 놓인 타깃 중 어린 사슴을 쏘게 되면 감점을 하는 등이다. 줄을 당겨 움직이게 만든 타깃도 자주 보인다.

녁을 반복해서 쏘는 단조로운 활쏘기가 되기 쉽다. 그런 토너먼트는 참가자들이 '별로 재미가 없다'라는 평을 남기며, 그렇다면 해당 클럽이 다음에 여는 대회엔 그다지 흥미를 못 느끼기 십상이다. 이처럼 코스 설정은 가능한 변화를 많이 주어 매 타깃마다 재밌는 활쏘기가 되도록 하는 게 중요하다. 위에서 아래로 쏘거나 아래서 위로 쏘는 지형을 이용하고, 풀 숲 사이, 나무 등걸 너머로 보이는 타깃, 어떤 장애물 때문에 무릎 꿇고 앉아서 쏴야만 하거나, 가깝고 멀게 타깃 거리를 섞는 등 여러 요소를 적절히 안배하면 좋다.

한편, 주최 측이 3D 동물 타깃을 설치하는 데 있어 반드시 지키는 사항으로는 '자연 보호'가 있다. 불가피한 상황(자칫하면 큰 부상을 야기할 뾰족한 나무 등)이 아니면, 살아있는 나무의 잔가지조차도 꺾지 않는다. 안전을 위해 잡고 오르는 줄, 길 안내를 위한 표식, 과녁 번호 푯말 등 대회 진행에 필요한 도구들은 행사가 끝나면 3D 과녁을 회수할 때 함께 되가져 간다. 이러한 자연보호는 참가자들도 지켜야할 사항이어서, 조준에 방해된다고 시야를 가리는 풀이나 나뭇가지를 꺾는 등의 행위가 금지되어 있다. 보통 같은 조원에게 제지를 당하거나 주의를 받는다. 하물며 보다 안락하게 쏠 자리를 제공하기 위해 삽 등으로 바닥을 평편하게 다지는 등의 행위는 주최 측이 자연훼손으로 신고당할 확률이 높다.

3. 그룹 인원 배정 방식

3D 토너먼트는 최대 참가 인원을 150명 미만으로 설정하는 경우가 많다. 그 이유는 원활한 경기 진행 때문이다. 보통 1개 조(또는 그룹)는 최대 5명의 조원이 배정된다. 그리고 대회의 첫 타깃은 각 조의 번호와 맞는 과녁 번호가 된다. 만약, 자신의 조 번호가 '7번'이라면, 조원들은 최초 7번 타깃을 쏘고 점수 기록 후 8번, 9번식으로 순차적 이동을 하기 때문에 중복되거나 빠트리는 것 없이 모든 과녁을 다 쏠 수 있다. 대회 전체를 놓고 보면 모든 참가자들이 일정한 흐름을 따라 움직이므로 운영이 효과적이다.

총 30개의 과녁이 설치된 토너먼트라 치면, 한 과녁에는 1개 조만 자리를 차지할 수 있기 때문에 최대 30개 그룹이 되어야지만 기다림 없이 활쏘기를 즐길 수 있다. 하지만 총 그룹의 수가 설치된 총 과녁 수보다 많으면, 과녁이 빌 때까지(한 그룹이 다 쏘고 다음 과녁으로 이동한 것을 말한다) 기다리는 조가 계속 발생할 수밖에 없다. 결국 전체 흐름마저 막혀 어느 곳엔 서 너 개의 조가 쏠 차례를 기다리는 상황이 발생한다. 이런 코스는 결국 계획된 대회 시간(보통 오전 9시 시작, 오후 4시 종료)마저 틀어져 많은 불편함을 야기한다.

대회 진행이 원활하며 만족감이 높은 규모는, 본인의 개인적인 시각이지만, 100명가량의 참가자가 20개 정도의 그룹으로 나뉘어 총 25개가량의 타깃을 쏘는 것이다. 이렇게 다소 넉넉한 여유가 필요한 이유는, 이론상으로는 총 25개 그룹이어도 문제가 없지만, 현실적으로 각 궁사들마다 활 쏘는 데 드는 시간이 제각각이기 때문이다. 특히 컴파운드를 쏘는 궁사들의 경우, 이제 막 컴파운드를 쏘기 시작한 궁사가 아닌 이상, 거의가 모든 과녁을 백발백중한다. 컴파운드는 활의 메커니즘[8] 때문에 만작 후 평온을 유지하기가 쉽고, 게다가 거리별로 조준점을 참고할 수 있는 조준기 때문에 과녁을 맞히고 못 맞히고 문제가 아닌, 최고 득점인 곳을 쏘느냐, 그보다 낮은 점수를 얻는 실수를 하느냐가 문제이다. 그래서인지 컴파운드를 쏘는 활꾼들은 쏘기에 앞서 망원경[9]으로 과녁을 자세히 들여다봐서 킬존이 정확히 어디 있는지를 파악한 후, 나름 거리를 추측하여 판단이 서면, 활을 가득 당긴 후에도 몇 초의 시간을 들여서 조준핀을 들여다보면서 쏜다. 이 과정은 영국 장국이나 사냥용 활 등을 쏘는 궁사들에 비해 훨씬 길다. 그래서 자신의 그룹에 속한 조원 중 컴파운드 궁사가 있으면 그만큼 한 그룹이 과녁을 쏘는 데 드는 시간이 더 소요된다.

또 다른 변수로는 화살을 찾는 경우이다. 숲과 같은 자연지에서 쏘기 때문에 만약 표적을 적중하지 못한 경우라면 화살은 어딘가 풀숲, 낙엽 속으로 박히기 십상이다. 한 조에 속한 궁사들이 다 쏘고 나면 점수 측정을 위해 다 함께 타깃으로 가서 화살 박힌 자리를 확인한다. 그 후 과녁을 벗어난 화살을 찾는데, 운이 좋으면 금세 발견하나 어떤 경우엔 영영 못 찾을 수 있다. 그 찾거나 찾기를 포기하는 과정 역시 시간을 지체하게 만든다. 또 다른 예로는 과녁 근처에 있는 나무에 화살이 박힌 경우이나. 이럴 경우엔 화살촉을 파내느라 칼 같은 것을 사용해서 뽑는데, 역시 상황에 따라 몇 분 이상 걸리기도 한다.

위와 같은 변수들로 인해, 이론상 5개의 과녁이 여유 있을지라도 막상 실제 경기가 치러지면 예상처럼 딱 들어맞게 상황이 흘러가지 않는다. 하물며 그러한 여유마저 없이 빡빡하게 채워진 경우라면 지체를 유발하는 변수까지 더해 참가자들은 불편을 겪게 된다.

한편, 같은 조에 편성되는 조원들의 구성은 토너먼트의 성격에 따라 방식이 다르다. 숯독일 챔피언십 또는 유럽권 대회처럼 공식대회의 성격을 지닌 경우엔 조원 배정은 주최 측이 정한다. 이럴 경우 되도록 한 조에 동일 클럽 회원이 다수가 되지 않도록 저마다 다른 소속 궁사들과 혼합하여

점수 기록지의 한 예.

---

[8] 컴파운드 활은 만작까지 당기는 데 든 힘(활의 파운드)의 20% 가량만 만작을 버티는 데 필요하다. 그래서 가득 당길수록 버티는 데 점점 힘이 드는 보통 활과 달리 컴파운드는 만작 후에는 오히려 수월하게 자세를 유지할 수 있고, 그러한 이점이 안정적인 상태에서 조준하는 데 큰 도움을 준다.

[9] 지정된 쏠 자리에서 과녁 쪽으로 가서 들여다보는 것은 금지되어 있지만, 쏠 자리에서 망원경으로 과녁을 살펴보는 것은 허용된다. 이 역시 실제 사냥과 흡사하게 꾸민 상황 때문에 유래한 것이다. 단, 거리를 측정할 수 있는 장치는 금지다.

배정한다. 그 이유는 토너먼트의 점수는 각 조 마다 자율적으로 기록하는데, 비록 그러한 신뢰가 지켜지더라도 더욱 공정함을 기하는 대회는 행여 잡음이 일어날 소지를 없애고자, 한 클럽 소속 인원으로만 채워진 조 배정을 삼간다.

사실 이렇게 주최 측이 조 배정을 하는 방식은 대회 성격을 불문하고 초창기 3D 토너먼트에서 널리 행해지던 방식이기도 하다. 하지만 최근 추세는 마음 맞는 사람들끼리 어울려 하루 동안 활쏘기를 하고픈 경향이 반영되었다. 그래서 개최측은 그룹 번호만 적혀있고 조원 이름이 적힌 칸은 공백인 기록지를 게시판에 비치한다. 대회 현장에 있는 접수처에 참가 등록비 약 12유로 정도(1만 5천 원가량)를 내고 활 종류와 이름을 알려주면 접수가 끝나는데, 그 후 어울리고 싶은 궁사끼리 모여 빈자리가 있는 그룹의 기록지에 자신들의 이름을 전부 써 넣는다. 이 기록지는 등록이 마감되고 본격적으로 대회를 시작하기에 전에 각 조별로 챙겨간다. 이후에는 표적마다 점수를 기록하는 데 쓰고, 나중에 대회가 끝나면 주최 측에 제출하면 된다. 지금까지 3D토너먼트에 수십 번 참가한 본인의 경험으로는 한 번도 점수 결과를 놓고 의문을 제기하는 경우는 없었다. 그밖에도 이렇게 각 조별로 자율에 맡겨 점수를 기록하는 방식에서 불미스러운 일이 일어난 사례를 접한 적도 없다. 아무래도 큰 명예나 상이 뒤따르는 대회가 아니니 심판이 개입하지 않아도 큰 무리 없이 진행되는 게 이유 중 하나일 테다.

4. 경기 진행 과정

9시에 경기가 시작되는 토너먼트를 예로 들어 시간대별로 진행순서를 살펴본다.

주최 측은 행사 당일 예상되는 차량수를 감안하여 주차장을 확보한다. 유럽의 근교는 개활지가 많아서 대회가 열리는 곳에서도 어렵지 않게 주차할 장소를 확보할 수 있다. 주차장 근처에는 활쏘기 행사를 진행하는 주최 측 본부로 쓰이는 건물 또는 가건물이 있다. 그 대회 본부에는 접수처와 함께 커피, 빵, 맥주 등을 파는 간이음식점과 화장실 등이 있다. 사실, 대회를 개최하는 주최 측의 입장에서 보면 간이음식점을 운영하는 게 그나마 행사를 통해 이익을 남기는 데 도움이 된다. 클럽 주관으로 열리는 대회는 보통 해당 클럽 멤버들이 자원 봉사하여 대회 진행을 돕기 때문에 인건비 지급에 들어가는 비용은 없다. 그래서 참가비와 간단한 음식을 팔아 얻은 수익은 대부분 클럽 운영비로 요긴하게 쓰인다. 한 해 동안 클럽 시설에 필요한 유지보수비용 또는 3D 타깃이나 공동으로 사용하는 활 장비를 구매하는 등이다. 시상품은 간단한 기념품이 주를 이루니, 대회를 치르면서 크게 비용이 들어갈 부분도 없다. 단, 필요한 3D 타깃이 다 구비된 경우에 해당한다.

다른 경우로, 시상이 푸짐하고 부대 행사까지 기획한 큰 대회의 경우, 비록 참가비가 어느 정도 금액이 될지라도 결국 그날 행사 비용으로 거의 다 소진되는 경향이 크다. 어떤 경우엔 오히려 지자체나 주변인들의 후원금을 받아야지 그렇지 않으면 행사를 치르기엔 금액이 턱없이 부족할 수도 있다.

모든 궁사들이 등록과 조 배정을 끝냈으면, 대회 시작 전까지 동료들과 잡담을 하거나, 커피 등을 마시며 시간을 보낸다. 또한, 대회장 부근에는 활쏘기를 하며 몸을 풀 수 있는 활터가 마련되어 있다. 활을 얹어 컨디션을 확인해보고 싶으면 누구든지 그곳에서 간단한 활쏘기를 하면 된다.

대회 시작 직전에는 진행자가 모두를 불러 놓고 안전유의사항, 경기 규칙 등을 알려준다. 그리고 마지막으로 각 그룹별 대표와 포함된 조원 이름을 호명한다. 이 경우는 주최 측에서 조 배정을 해준 경우에 해당한다. 모든 궁사들이 속한 조와 조원을 확인하면 이제 코스가 마련된 숲이나 야산으로 전체 이동을 한다. 자신의 조 번호와 같은 타깃 번호로 이동하여 토너먼트를 시작한다.

자유롭게 조원을 편성하는 경우엔, 관리자가 이미 짜인 코스를 바탕으로 조 번호 1번부터 5번은 누구를 따라서 가라는 식으로 안내자를 배정해준다. 마찬가지로 각 조의 활쏘기 시작은 조 번호와 일치하는 타깃에서 부터이다.

모든 궁사들이 시작 과녁에 자리를 잡았다고 판단이 되면, 주최 측은 호각, 나팔 등으로 시작을 알린다. 그러면 각 조원들끼리 자율적으로 쏘는 순서를 정한다. 점수기록판은 한 명이 소지하는데, 숲으로 이동하면서 활 장비까지 들고 다니면 번거로운 순간도 있으므로 요령껏 다른 이가 분담해주기도 한다.

궁사들이 서서 쏘는 자리는 말뚝으로 표시를 해 놓는다. 과녁에서부터 가장 먼 거리에 빨간색 말뚝을 박아 놓는다. 이 자리는 조준기가 달린 활을 쏘는 궁사들이 선다. 컴파운드와 경기용 양궁 등이다. 그보다 과녁에 좀 더 가까운 곳에는 파란색 말뚝을 박아 놓는데, 대개의 궁사들이 서서 쏘는 자리이다. 영국 장궁, 사냥용 활, 여러 나라의 전통활, 조준장치를 부착 안 한 컴파운드나 양궁 등이다. 남, 녀 모두에게 동일하게 적용된다. 빨간색과 파란색 말뚝간의 거리는 지형과 타깃 종류에 따라 유동적이고, 대략 2미터~5미터 사이이다. 타깃에서 가장 가까운 곳에 노란색 등의 다른 말뚝으로 표시를 한 곳도 있는데, 그런 경우엔 어린이가 쏘는 곳이다. 어린이용 말뚝을 생략한 토너먼트도 많다.

일반적으로 한 그룹에 속한 궁사들이 제각각 다른 활을 쏘는 경우, 타깃에서 가장 먼 곳에 있는 말뚝에 서는 궁사부터 활쏘기를 시작한다. 궁사들이 앞으로 나가서 쐈다가, 뒷자리에서 쏘는 궁사 때문에 뒤로 물러나는 시간과 번거로움 때문이다. 꼭 정해진 규정은 아니지만, 편의상 그렇게들 많이 한다.

궁사는 양발 중 하나를 말뚝에 붙이고 활을 쏴야 한다. 설자리가 마땅치 않은 경우엔 약간 이격시켜서 쏘기도 한다. 하지만 말뚝에서 과녁 방향으로 몸이 나아가면 안 된다. 보다 과녁에 가까운 형국이므로 공정성에 어긋나기 때문이다.

누군가 활을 쏘면 나머지 조원들은 그보다 뒤에 자리하여, 쏘는 데 방해되는 잡담 등을 멈추고 침묵을 유지한다. 때에 따라 화살이 어느 곳에 맞았는지 등 약간의 조언을 줄 수는 있다.

이렇게 한 조에 속한 모든 궁사가 활쏘기를 다 마쳤으면, 이제 타깃으로 이동하여 확인하는 순서이다. 점수 기록자만 가서 확인하는 게 아니라, 공정성을 위해 조원 모두가 함께 간다. 점수 기록을 하기 전에는 타깃에서 화살을 뽑으면 안 된다. 점수 기록자가 궁사 이름을 부르고, 그러면 그 궁사가 자신의 화살이 꽂힌 곳을 확인시켜 준다. 예를 들어, '2번 째 화살, 몸통' 등이다. 기록자는 그에 맞는 칸에 기록을 하고 다음 궁사를 호명한다. 모든 확인 작업이 끝나면 화살을 타깃에서 빼내고 빗맞아 근처에 박힌 화살을 수거한다. 자연지 특성상 과녁 주변에는 단단한 나무나 돌 등이 있으므로 화살 파손이 빈번하게 일어나고 또 어딘가 깊숙이 숨어버린 화살을 찾느라 한참을 뒤적일 수도 있다. 화살 찾느라 시간이 지체되면 일단 다음 타깃으로 이동한다. 만약 잃어버린 화살을 뒤따라오는 다른 그룹의 누군가가 발견하면 나중에 대회본부에 마련된 화살통에 넣어두므로 그때 확인하면 된다.

보통 오전 9시에 시작하여 코스의 중간쯤을 돌면 점심시간이 된다. 그러면 조원들과 상의하여 잠깐의 휴식을 취하는 경우가 많다. 다시 대회본부로 돌아와 주최 측이 판매하는 간편한 음식을 시 먹고, 맥주도 마시는 등이다. 독일의 경우엔 구운 소세지를 빵에 끼워 넣은 음식이나 걸쭉한 스프, 샌드위치 등이 일반적이다. 약 반 시간가량의 휴식을 끝내면 다시 다음 타깃으로 이동하여 계속 활쏘기를 이어간다. 마지막 타깃까지 활쏘기를 마치면 조원들과 오늘 함께 하여 좋은 시간을 보냈다는 덕담을 나누며 악수를 한다.

그날 활쏘기 결과는 대회 본부로 돌아와 계산기 등을 활용하여 점수 집계를 마친 후, 점수 기록지마다 해당 궁수의 서명과 점수집계자의 서명을 완료하여 대회 본부에 제출한다. 모든 그룹이 완전한 활쏘기를 마칠 때까지는 보통 1시간가량 차이가 난다. 그 후 본부 측이 점수를 집계하여 시상 순위를 확정하는 데까지 또 일정 시간이 필요하다. 그런 이유로 오후 4시에 활쏘기를 종료한다고 계획했을지라도 실제 시상이 이뤄지는 시간은 그보다 뒤인 5시에서 6시 사이가 된다. 그 동안 궁사들은 저마다 모여 잡담을 나누며 기다린다.

마침내 결과가 나오면 대회

맨 왼쪽의 궁사가 쏘는 차례이고, 왼발이 말뚝에 닿아있는 것을 볼 수 있다. 나머지 조원들은 그보다 뒤에 자리한다. 한편, 검은 옷을 입은 여무사가 기록지를 들고 있는 게 보인다.

진행자가 모든 궁사들을 불러 모아 시상을 진행한다. 어린이부터 시작하여 컴파운드 등 조준기를 쏜 활 그룹 순으로 시상하는 게 일반적이고, 대미는 사냥용활 카테고리이며 여성부 후 남성부가 마지막을 장식한다. 이러한 카테고리 구분은 뒤에 설명한다.

5. 대회 규정

현재 유럽에서 쓰이는 3D 아처리 토너먼트 규정은 여러 개이다. 통합을 표방하는 여러 개의 단체가 각각 정한 규정이 다르기 때문인데, 만약 참가한 토너먼트가 그 중 특정 단체에 속한 곳이라면 규정 역시 그 단체의 것을 따른다. 그렇지 않고, 자유롭게 규정 선택이 가능한 클럽이 주최하는 토너먼트라면 여러 방식을 혼합할 수도 있다. 가장 많이 적용하는 규정은 다음과 같다.

노르웨이식 규정[10] - 과녁 당 궁사 한 명은 최대 3발의 화살을 쏜다. 첫 번째 화살의 적중에 따른 점수는 엑스킬 15점, 킬존 12점, 그 외 몸통 10점 등이다.[11] 첫 번째 화살이 타깃 그 어디든 적중했다면, 그 궁사는 자리에서 물러나고 다음 궁사가 쏜다. 맞추지 못했다면 두 번째 화살을 쏜다. 이때 점수는 엑스킬 12점, 킬존 10점, 그 외 몸통 7점 등이다. 다시 적중을 못했다면 마지막 화살을 쏜다. 점수는 엑스킬 10점, 킬존 7점, 몸통 5점 등이다. 마지막 화살마저 적중을 못했다면, 0점을 획득한 것이고 점수기록지에는 'M' (영어 Missed의 약자)으로 기입한다.

대회에 따라, 비록 적중한 곳이 과녁의 일부일지라도 점수로 인정하지 않는 경우도 있다. 사슴의 경우 뿔이라든지, 새의 경우 꼬리깃 등이다. 이런 규정이 적용되는 경우엔 대회 시작 전에 공지를 한다. 반면, 나무 위에 올라서 있는 다람쥐 등을 표현한 타깃의 경우, 전체 형상이 하나의 고무재질로 되어있지만, 동물의 몸에 꽂힌 화살만 인정하고, 나무로 색칠된 부분에 꽂힌 화살은 무효처리 된다. 또 다른 예로, 작은 동물이어서 앞 뒤 다리 사이의 공간까지 고무로 처리한 경우에도 그곳에 꽂힌 화살은 무효

여우 타깃에 꽂힌 화살 중 가운데 것은 앞, 뒤발 사이의 공간에 박혀있다. 자세히 보면 화살이 앞다리에 닿아 있다. 하지만 킬존의 금에 화살이 닿은 것과는 달리, 이런 경우는 화살이 동물의 몸에 꽂힌 게 아니므로 무득점 처리한다.

---

10) 활꾼들 사이에서 이러한 이름으로 통용되는데, 현재는 부분적으로 변경한 여러 규정이 각각 새로운 이름으로 사용되고 있다.
11) 엑스킬(X kill)은 킬존 중에서도 가장 가운데의 작은 원형이다. 동물 크기에 따라 소형동물은 500원짜리 동전크기부터 대형동물은 사과 크기까지 다르다.

처리 된다.

고무재질의 3D 타깃에 화살이 적중할 경우엔 특유의 소리가 난다. '퉁'하고 짧게 울리는 소리이다. 그래서 만약 자신의 화살이 적중하여 특유의 소리를 냈지만, 맞힌 곳이 양 발 사이의 고무 등 몸통 이외의 부분으로 예상되면, 조원들과 상의해서 일단 다음 화살을 쏜다. 과녁 당 최대 3발까지 쏘는 한도는 변함없다. 예를 들어, 첫 번째 화살이 맞은 곳이 불확실하다면, 두 번째 화살을 쏘고 그래도 못 맞추면 세 번째 까지만 화살을 쏘는 것이다. 그리하여 모두 다 쏘고 나서 적중 지점을 확인하러 갔을 때, 만약 첫 번째 화살이 몸통에 맞았다면, 두 번째 이후의 화살은 그 어디에 적중했던 없는 셈치고 첫 번째 화살의 득점을 기록한다. 그게 아닌, 첫 번째는 무효였고 두 번째나 세 번째 화살이 몸통 어딘가에 적중했다면 당연히 그 화살이 몇 번째였는지에 따른 점수를 획득한다.

어떤 토너먼트는 총 3발이 아닌, 2발을 쏘는 경우도 있다. 이때엔 첫발을 맞추면 두 번째 화살은 안 쏘는 게 아니라, 무조건 과녁 당 두 발을 다 쏘고 각각의 점수를 기록한다.

한편, 헌터(Hunter, 사냥꾼) 방식도 있다. 타깃 당 단 1발의 화살만 쏜다. 사냥에서 한 발만 쏴도 동물은 깜짝 놀라 달아나는 상황을 옮긴 것이다. 토너먼트에 따라 전체 타깃을 헌터 방식으로 쏘는 곳과 게 중 몇몇 타깃에만 적용한 것도 있다. 주최 측의 재량과 의도에 따라 그런 변형이 가능하다. 헌터방식의 장점은 대회 진행이 상당히 빠른 것이다. 다른 면으로 보면 각 타깃 당 단 한 발만 쏘고 물러나야 하니, 대개의 궁사들은 뭔가 아쉬움을 느낀다. 그래서 어떤 토너먼트는 아예 전반전은 총 3발을 쏘는 경기를 하고, 후반전은 모두 헌터 방식으로 하여 하루에 총 2번 코스를 돌며 쏘는 경우도 있다.[12]

6. 활 종류별 카테고리

이 역시 어떤 활 단체나 연맹 규정을 따르는 지에 따라 몇 종류로 나뉜다. 여기서는 일반적인 큰 틀만을 소개하기로 한다.

대회에 참가비를 내고 등록할 때, 주최 측은 궁사 이름과 함께 다음의 정보를 함께 물어 분류한다. 어린이(12세 이하), 청소년 (13세~16세), 청장년부, 노인부(65세 이상) 등 나이에 따른 구분이 첫째이다. 다음은 활 종류이다. 만약 자신의 활이 조준장치가 있는 것이라면 두 종류의 카테고리 중 하나에 해당된다. 리커브 또는 컴파운드이다. 조준장치가 없는 활(베어보우, Bare bow)의 경우는 다시 몇 개의 카테고리로 나뉜다. 장궁, 사냥용 활, 전통활, 원시활(Primitive bow) 등이다.

---

12) 본인 역시 그러한 토너먼트에 참가했었는데, 두 번째 코스를 돌 때에는 모두가 지쳐 재미가 상당히 반감하였다.

'장궁, Long bow'는 그 활만의 카테고리가 따로 형성되어 있다. 가장 대중적인 활이어서 그러한 인기를 반영하듯 비교적 많은 궁사들이 이 활을 들고 토너먼트에 참가한다.

'사냥용 활'은 가장 많은 수의 궁사들이 포함되는 카테고리이다. 사냥용 활은 종류나 형태가 다양하므로 딱히 특정 모양으로 묘사할 수 없으나, 리커브 형태이면서 올림픽 활과 달리 별도의 액세서리가 부착되지 않는 활로 보면 된다.

'전통활'이라 함은 국궁, 터키활, 중국활, 일본활 등 세계 여러 나라의 민족활을 뜻한다. 하지만 반드시 자연소재만 된 활과 화살을 사용해야만 본 카테고리에 등록할 수 있다. 카본 등이 섞인 재료의 활 또는 카본살을 쓴다면 '사냥용 활' 카테고리에 해당된다. 쉽게 말해 각궁에 죽시 또는 전통활에 나무화살이어야만 한다.

'원시활'은 순전히 나무의 양끝을 휘어 만든 활을 뜻한다. 영국 장궁도 그와 같지만 이 활 카테고리는 그보다는 개인이 자작하여 만든 활을 뜻하며 이때 화살은 역시 카본살 등이 아닌 천연소재여야만 해당된다. 그러한 자연소재의 조합이 아닌 경우엔 마찬가지로 '사냥용 활' 카테고리로 들어간다.[13]

이렇게 세분화된 카테고리가 뜻하는 바는, 아무리 100명의 궁사들이 참가하는 대회일지라도 자신의 활이 속한 카테고리에는 전체 참가자의 일부만 포함되는 것이다. 예를 들어, 한 궁사가 각궁에 죽시를 들고 갔다면 대개 자신이 유일하거나 많아야 두세 명이 같은 카테고리에 속한다. 최종 집계된 전체 점수에서 순서대로 시상하는 게 아니라, 각 카테고리별로 취합한 점수로 순위를 정하기 때문에 특이한 활 종류는 대개 시상권에 들 확률이 높다. 어디까지나 작은 기쁨일 뿐이지만, 그래도 뭔가 상장과 작은 기념품을 받는 재미가 있다. 반면 '사냥용 활' 카테고리인 경우에는 거의 전체 참가자의 반을 육박하는 많은 수가 등록한다. 그만큼 경쟁이 치열하고 숙련된 궁수 몇 명이 지역대회에서 거의 수상을 독차지하는 경우가 많다. 그런 궁사의 경우엔 이미 쌓아온 나름의 명예 때문에 보다 고득점을 얻기 위해 신중히 토너먼트에 임하곤 한다.

여러 활 종류를 아우르는 대회와는 달리 특정 활만을 대상으로 하는 토너먼트도 있다. 장궁이 가장 대표적이다. '숏 독일 또는 유럽 롱보우 챔피언 십' 같은 대회 타이틀로 운영되고 당연히 모든 참가자는 장궁만을 쏘기에 모두 한 카테고리에 들어 점수 집계를 한다. 이러한 경우엔 대회 우승자의 실력이 탄탄함을 인정받는다. 본인의 지인 중 숏독일 롱보우 챔피언이 있는데, 그의 활쏘기 실력은 30미터 떨어진 과녁에 열 발을 쏘면 7발 이상이 사과 크기 안에 꽂히는 정도이다. 게다가 많은 3D 활쏘기를 경험하여 경사나 거리가 제각각인 경우에도 거의 모든 화살을 킬존에 맞추는 실력자이다.

---

13) 석궁(Cross bow)을 허용하는 3D 아처리 토너먼트는 거의 없다. 그 이유는 100파운드를 넘어가는 장력과 더불어 보통 화살의 반 길이 정도의 짧은 살을 쓰는 관계로 웬만한 3D 타깃은 쉽게 관통하기 때문이다. 즉, 타깃 손상을 크게 야기하고 또 화살이 관통하거나 깊게 박히면 꺼내는 데 드는 시간 등을 이유로 환영받지 못하는 활이 되었다. 보통의 활 클럽에서도 석궁은 반기지 않는다.

7. 3D 아처리 토너먼트에 필요한 장비

활과 화살만 있으면 누구든 참가가 가능하지만, 실제 여건상 다음과 같은 준비를 하면 보다 수월히 활쏘기를 즐길 수 있다.

첫째, 10발 가량 여분의 화살이 권장된다. 과녁 당 최대 3발만 쏘므로 많은 화살이 필요 없을 것 같지만, 막상 자연지에서 활을 쏘다보면 망가지고 분실되는 화살이 꽤 많다. 아주 실력이 좋아 백발백중을 하는 궁사라 할지라도, 타깃에 꽂힌 자신의 화살을 다른 궁사의 화살이 맞히면서 부서지는 경우까지 종종 발생하니 여분의 화살 준비는 필수라고 할 수 있다. 그렇지 않으면 대회 중간쯤에 더 이상 화살이 없어서 더 이상 경기 진행을 못하거나, 남의 것을 빌려 쓰는 등의 불상사가 발생할 수 있다.

개인의 취향에 따라 망원경을 지참해도 무방하고, 사진기나 사진을 찍을 수 있는 핸드폰도 있으면 좋다. 그리고 음료수도 지참해야 한다. 주최 측에서 생수 지급을 하는 경우는 드물고 대개는 개인이 준비한다. 몇 시간이나 숲속을 걸으며 활을 쏘는 여건상 도중에 목이 마르면 자신이 준비한 음료를 마실 수밖에 다른 방법이 없다.[14] 공식대회에서는 술을 금지하는데, 클럽이 주최하는 토너먼트에서는 맥주나 추위를 녹일 만한 위스키 등을 마셔도 큰 제재는 없다. 흡연 역시 공식대회는 자연보호를 위해 대회본부장 구역 내에서만 허용되는 게 일반적이고, 클럽 주관 경기는 보다 느슨하여 전체 구간에서 허용하는 경우가 많다.

이밖에 나무 등에 꽂힌 화살을 빼기 용이한 고무그립(Puller), 화살에 묻은 흙이나 물기를 닦기 위한 수건 또는 가죽 솔로 된 클리너, 간단한 간식을 지참하면 좋다. 마지막으로 이러한 준비물을 담는 소형 배낭이 있으면 보다 용이하게 숲속을 이동하면서 활쏘기를 즐길 수 있다.

8. 안전사고

스포츠 활동에서 발생하는 사고를 전문으로 하는 보험사가 유럽에는 여럿 있다. 축구 등 각종 스포츠 클럽이 워낙 많기에 그에 따른 시장형성이 되어 있기 때문이다. 활쏘기도 그러한 스포츠 전문 보험을 적용받을 수 있다. 빈도수를 따지면 다른 스포츠보다 활쏘기가 보다 주의를 많이 기울이는 관계로 오히려 안전사고가 적게 일어나긴 한다. 그럼에도 스포츠 단체라면 이러한 보험을 반드시 들어야 한다. 보험료는 월 5만 원가량이며 보상 금액은 10억 이상까지도 있는데,

---

14) 자신이 먹을 것은 스스로 챙겨야 한다. 절박한 상황이거나 친한 관계이면 남에게 음료 등을 조금 마시자고 부탁할 수 있지만 여전히 한국과 같이 흔쾌히 공유하는 문화와는 엄청난 차이가 있다. 스스로 앞가림을 못해 일어난 문제는 자신이 감내해야하지, 남에게 그 몫을 부담시키면 안 된다는 의식 때문인 것 같다.

사고란 활쏘기에서 일어날 수 있는 최악의 경우이므로 역시 궁사 개인의 주의가 무엇보다 필요한 것은 분명하다.

안전사고에 따른 보험이 적용된 대회인지 별도로 알리는 경우를 개인적으로 본 적이 없다. 하지만, 대개의 클럽은 현지법상 그러한 보험을 반드시 들어야 클럽 운영이 가능하기 때문에 토너먼트 역시 적용된다고 미뤄 짐작할 수 있다.

반면, 주최 측이 책임져야할 사고인지, 개인의 부주의로 일어난 사고이므로 개인이 부담해야 하는지는 내용에 따라 의견이 분분할 수 있다. 일례로 본인이 속한 활 클럽에서 한 동료가 활을 쏘다가 화살이 자신의 손에 박힌 적이 있다. 카본화살대가 충격으로 살짝 금이 간 줄 모르고 쐈다가 순간 부러지면서 활을 잡은 손에 박힌 것이다. 그 동료는 구급차를 타고 바로 병원으로 이동하여

3D 타깃은 동물에 따라 사람 키를 훌쩍 넘어서는 크기도 있다.

수술을 마쳤으며, 본인 의지로 개인보험을 적용받았다. 클럽 입장에서도 그렇게 개인이 자신의 장비를 부주의하게 관리하다가 발생한 사고까지 책임질 수는 없는 노릇이므로 행여 책임관계를 따졌더라도 클럽이 가입한 보험회사는 적용불가를 주장했을 것이다.

글을 마치며

지금까지 유럽 특히 독일에서 이뤄지는 3D 아처리 토너먼트가 어떻게 진행되는지를 알아보았다. 일반적인 형태를 소개하였으므로, 앞서 밝혔듯이 대회 진행 측의 사정에 따라 내용이 조금씩 바뀔 수 있음을 상기 바란다. 또한 유럽과 달리 미국은 또 다른 규정으로 대회를 진행한다. 한편, 긴 글로 설명하다보니 자칫 꽤 복잡한 경기로 비춰질 수가 있다. 하지만 처음 참가하는 사람일지라도 같은 조원이 하는 대로만 따라하면 아무런 어려움이 없이 즐길 수 있는 게 3D 토너먼트이다.

한국에서도 이미 몇몇을 주축으로 이러한 활쏘기를 실행해 본 것으로 아는데, 보다 체계화되고 견고한, 그러니까 이미 많은 경험이 축적된 다른 나라의 사례를 참고하여 활쏘기의 한 분야로 정착되었으면 한다. 보다 궁금한 내용이 있을 경우엔 언제든지 '온깍지학회'(http://cafe.daum.net/ongakzy)를 통해 문의하면 도움이 되도록 노력하겠다.

일본인 대학생 궁도부원의 한국 활 체험

이헌정(고려대학교 박사과정)

1. 들어가며 2. 조사배경 3. 60미터 원거리 과녁 연습과 국궁체험 계기	4. 궁도부원의 활 내는 모습과 감상 5. 맺음말

1. 들어가며

 2006년 12월, 대마도에서 이루어진 한국과 일본의 활쏘기-궁도 교류는 서로의 전통궁술을 직접 보며 많은 것을 느끼고 배울 수 있는 활쏘기 문화 교류의 일대 사건이라 할 수 있으며, 2009년 『국궁논문집』 제7집에는 이에 대한 기록이 담겨있다. 이 때의 주된 교류행사로는 활쏘기-궁도간의 교류시합과 양측의 전통사법을 견학하는 것으로, 상대방이 어떠한 양식으로 활을 쏘는지를 '관찰'하고 국궁은 무엇을 보여줄 것인지에 주안점을 두었다. 본고에서는 이와 더불어 보다 밀접한 교류의 모습을 제시하기 위해 일본인 궁도부원이 한국의 전통 활을 쏘고 느낀 감상과 그 모습을 소개하고자 한다.

2. 조사배경

 필자는 2018년 9월부터 2019년 9월까지 일본 이바라키(茨城)현의 쓰쿠바대학교(筑波大学)에서 교환연구를 하며 일본궁도를 체험하기 위해 쓰쿠바대학교의 궁도부에 들어갔다. 주된 활동은 일본의 궁도를 배우고 익히는 것이 되겠으나, 이따금씩 한국의 활쏘기를 궁도부원들에게 소개하는 경우도 있었다. 그 중에서도 2019년 7월 7일에 있었던 60미터 원거리과녁 연습에서는 일본인 부원 중 두 명이 국궁을 체험해 보게 되었고 이에 대한 감상을 들어보았다. 감상은 크게 셋으로 나누어 들었는데 이는 다음과 같다.

(1) 한국의 활과 화살을 보았을 때의 감상
　　　(2) 다른 사람이 활 내는 것을 보았을 때의 감상
　　　(3) 직접 활을 내보았을 때의 감상

　또한 최대한 많은 이야기를 듣고자 글자 수에 제한을 두지 않고 느낀 점을 최대한 자유롭게 적게끔 하였다.

3. 60미터 원거리 과녁 연습과 국궁체험 계기

　궁도부원의 감상을 보고 분석하기에 앞서 60미터 원거리과녁 연습과 한국의 활을 체험하게 된 상황에 대해 간단히 소개하고자 한다.
　일본궁도는 통상 28미터에서 직경 약 36cm의 과녁을 맞히는 것이 일반적으로, 이를 긴테키(近的)라 부르지만 60미터 거리에서 직경 약 1미터의 과녁을 사용하는 엔테키(遠的)도 있다.[1] 그러나 일본 궁도대회의 대부분이 근거리과녁을 사용하고 평소의 궁도연습도 근거리 과녁을 주로 하기 때문에 원거리과녁을 쏠 일은 매우 드물다. 따라서 원거리과녁 대회에 참가하게 될 경우, 따로 장소를 마련해서 연습을 해야 한다. 궁도장 자체도 근거리 과녁을 기준으로 지어지기 때문에 작은 궁도장에서 수련을 하는 궁도부원의 경우는 다른 큰 궁도장으로 가서 연습을 해야 한다. 쓰쿠바대학교 궁도부는 비교적 큰 궁도장을 가지고 있으며 근거리 과녁, 원거리 과녁 모두 연습하는 것이 가능하다. 한 장소에서 하는 것은 아니며 근거리 연습을 하는 바로 건너편에 원거리 연습을 할 수 있는 부지가 있다. 이곳은 평소에 양궁부가 사용하고 있으나, 궁도부의 필요에 의해 궁도부가 사용할 수도 있다.
　쓰쿠바대학교 궁도부는 2019년 8월에 원거리 대회를 나갔기 때문에 이에 대비해서 7월중에 원거리 연습을 한 것인데, 오전중의 정규연습이 끝나고 나서 오후에 희망자들이 원거리 연습을 하는 방식으로 이루어 졌다. 필자 또한 흥미를 느껴 부원들과 함께 원거리 과녁 연습에 참가하였는데, 일본 활로 연습을 하는 도중 국궁으로도 한번 내보고 싶다는 생각을 하게 되었다. 본래 한국의 활터가 그렇듯, 일본궁도장에서도 일본의 활과 화살 이외의 것을 사용하는 것은 삼가게 되어있다. 그러나 원거리 연습은 정식으로 과녁 앞에서 이루어지는 것이 아니며 활을 내는 분위기도 적당히 어수선했기에 특별이벤트 형식으로 해도 괜찮을 것으로 생각되었다. 그래서 궁도부원의 양해를 구해서 국궁에서 사용하는 개량궁과 개량시를 사용하게 된 것이다.
　체험을 하는 궁도부원에게는 국궁의 사법을 정확히 가르쳐 주고 체험을 시키는 것이 아닌,

---
[1] 일본에서의 발음을 소개하고자 긴테키, 엔테키로 표기하였으며, 이후에는 읽기의 편의성을 위해 근거리 과녁, 원거리 과녁으로 표기하겠다.

자신이 쏘던 방식으로 국궁을 쏘게 하거나 간단한 자세의 형태만 알려주었다. 이는 무엇보다 그 현장에서 국궁을 쏠 수 있는 사람은 필자 밖에 없었는데, 필자는 누구에게 가르쳐 줄 만큼 궁력이 높지 않기 때문에 애초에 가르쳐 준다는 것이 불가능한 상황이었다. 또한 정식 수련이 불가능한 상황에서는 자신이 가장 편안함을 느끼는 자세로 당기는 것이 부상의 위험이 적을 것이라는 판단을 했기 때문이다.2) 따라서 두 명중 한 명은 개량궁을 일본 활을 쏘는 방식으로, 나머지 한 명은 국궁사법을 어느 정도 흉내 내어 보는 형태로 국궁을 체험하였다.

쓰쿠바대학교 궁도부 원거리 연습(2019년 7월7일 촬영). 원거리 연습은 정규 연습이 아니었으며 비교적 자유로운 분위기에서 이루어 졌기에 복장 또한 자유로웠다. 왼쪽부터 두 명은 사복을 입고 있으며 가장 오른쪽 사수는 상의만 궁도복장을 입고 있다. 또한 이 날 연습에는 원거리 연습장이 없는 다른 학교의 궁도부원도 참가하였다. 과녁은 양궁과녁을 사용하였다.

---

2) 이미 수년간 일본 궁도를 연습한 부원들이었기에 활을 당기고 놓는 것, 활시위가 팔을 치지 않도록 하는 것에는 문제가 없었다. 그러나 과녁을 향해 정면으로 서는 것, 활을 화살 쪽으로 살짝 기울이는 것, 내고 난 이후 각지손의 형태 등을 무리해서 취하게 하는 것은 오히려 다칠 위험성이 있다. 다만 2번째 부원은 국궁의 사법을 따라해 보고 싶다고 요청하였기에 간단한 형태를 필자가 알려주었다. 활은 42파운드의 개량궁이다.

4. 궁도부원의 활 내는 모습과 감상

첫 번째 감상은 일본 활을 쏘는 방식으로 체험한 궁도부원의 감상이며 아래의 사진은 해당 부원이 활을 내는 모습이다.

| 줌손을 잡을 때 | 활을 들어 올린 직후 | 만작을 했을 때 | 화살이 날아간 직후 |

(1) 한국의 활과 화살을 보았을 때의 감상

日本の弓より短いが形は似ていた
矢が太く、硬い(スパイン)
일본활 보다 짧지만 형태는 닮았다.
화살이 굵고 단단하다(잘 휘어지지 않는다)

(2) 다른 사람이 활 내는 것을 보았을 때의 감상

弓の握り方、離れが日本の弓の引き方と似ていた。
활을 잡는 법, 시위를 놓는 법이 일본 활과 닮았다.

(3) 직접 활을 내보았을 때의 감상

弓の厚さが薄いため弓力の弱い弓だと思っていたが、引いてみたら強く感じた。
日本の弓よりも遠くへ飛ばすことができる。
활이 얇아서 약한 활이라 생각했으나, 당겨보니 강하게 느껴졌다. 일본 활 보다 멀리 날릴 수 있다.

다음은 두 번째 부원의 감상이다. 두 번째 부원은 국궁사법을 어느 정도 흉내내 보는 형태로 체험을 하였다. 아래는 해당 부원의 사진과 감상이다.

줌손을 잡을 때 　　　활을 들어 올린 직후 　　　만작을 했을 때 　　　화살이 날아간 직후

(1) 한국의 활과 화살을 보았을 때의 감상

　弓について。形状自体は一般的に想像しうる"弓"そのもので、矢をつがえる位置や握りの形では和弓に似ていると思った。しかし和弓はもちろん洋弓に比べても長さはだいぶ小さく、戦場での機動性には優れても、貫徹力や飛翔性には優れないのかと思った。また、握りは和弓と比べ大きめで、普段和弓を使う私としては使いにくそうと感じた。(和弓では所謂"角見"をかけるがそれが難しそうという意味で)

　矢について。洋弓については素人だが、矢は和弓で用いるものよりもむしろ洋弓で使うものに似ていた。これはシャフトの感じはもちろん、羽がプラスチック？であったからで、和弓では昔から動物のものを使い現在でもプラスチック性のものは自分の知る限り存在しない中で、韓国弓では技術の発展とともに進化をしていることを感じた。また、矢尻が丸みを帯びており、(どのような競技だかはわからないが)的にささるのか疑問に思った。

　활에 대해서. 형태자체는 일반적으로 상상할 수 있는 '활' 그 자체로, 화살을 거는 위치나 줌의 형태는 일본활과 닮았다고 생각한다. 그러나 일본활은 물론 양궁과 비교해서도 길이가 매우 짧기 때문에 전장에서는 유리할지라도, 관통력이나 비상성(飛翔性)은 좋지 않을 것으로 생각했다. 또한 줌은 일본활과 비교에서 크기 때문에, 일본활을 사용하는 나로써는 사용하기 불편할 것으로 느꼇다.(일본활에서는 소위 '쓰노미'를 해야하는데, 그것이 어려울 것이라는 의미로)

　화살에 대해서. 양궁에 대해서는 잘 모르지만, 화살은 일본활의 화살보다 오히려 양궁 화살쪽에 가까웠다. 이것은 샤프트의 느낌은 물론 깃털이 플라스틱? 이었기 때문으로 일본활에서는 옛날부터 동물의 것을 사용하여 현재에도 플라스틱제는 내가 알기론 존재하지 않는데, 한국활에

서는 기술의 발전과 더불어 진화를 하고 있는 것으로 느껴진다. 또한 화살촉이 둥글었는데(어떤 한 경기를 하는지는 모르겠으나)과녁에 박힐 수 있는지 의문이 들었다.

(2) 다른 사람이 활 내는 것을 보았을 때의 감상

先程韓国弓の貫徹力や飛翔力に疑問を感じたと述べたが、この２点は和弓よりも優れており、また和弓よりも引き尺をとらず、むしろ洋弓ほどの引き尺でこれほどまで威力がだせることに感心した。ただし、その弓の強さからか弓の上端と下端が不安定に揺れ動いていて安定性に少し疑問を感じた。また、的に対し直角に立つ和弓や洋弓と異なり少し正面にたつ韓国弓では使う筋肉や引きごこちが大きく異なるだろうと思った。そして和弓と比べ素早く引く様子から、所謂"射型"はそこまで重視されないのかと感じた。

전술한 한국궁의 관통력이나 비상력에 의문을 가졌다고 썼는데, 이 두 가지는 일본활 보다도 우수했으며, 또한 일본활 보다 많이 당기지 않고, 오히려 양궁 정도로 당기는 것만으로도 위력이 나오는 것에 감탄했다. 다만 그 활의 위력 때문인 것인지, 활의 상단과 하단이 불안정하게 흔들리고 있어서 안정성에 다소 의문이 들었다. 또한 과녁을 향해 직각으로 서는 일본활이나 양궁과 달리 약간 정면으로 서는 한국 활에서는 사용하는 근육이나 당기는 맛이 크게 다를 것이라 생각했다. 또한 일본 활과 비교하여 빠르게 당기는 모습으로부터 소위 '사형(射型)'은 크게 중시되지 않는가? 라고 느꼈다.

(3) 직접 활을 내보았을 때의 감상

和弓をやっているので、やっていない人に比べると弓を引く筋肉はついているはずだが、韓国弓を引き尺まで引くことはできなかった。和弓のものように背中で引いてくることが難しいのかもしれないと思った。また、先程も述べた的に対して若干正面に立つ方法では身体が振れるようで違和感があった。

일본 활을 하고 있기에, 활을 쏘지 않는 사람과 비교해서는 활을 당기는 근육은 어느 정도 있을 것이라 생각했으나, 한국 활을 당겨야하는 부분까지 당기지 못했다. 일본 활처럼 등으로 당기는 것이 어려울지 모르겠다고 생각했다. 또한 앞에 적은 과녁을 향해 약간 정면으로 서는 방법으로는 신체가 비틀어지는 것 같아서 위화감이 있었다.

5. 맺음말

본고에서는 국궁을 체험한 일본 궁도부원의 모습과 감상을 소개하였다. 이는 2009년 『국궁논문집』7집에 수록된 「한일 문화(활쏘기-궁도) 교류기」에서 제시된 「우리는 일본에게 무엇을 보여줄 것인지?」[3]에 대해 보다 많은 생각을 할 수 있는 단서를 제공할 것이며, 보여주는 것을 넘어 국궁을 보다 더 피체험자들에게 가깝게 하는 방법이 무엇인지를 생각해 낼 수 있을 것으로 기대된다. 다만 이번 연구에서는 체험이 돌발적으로 하게 된 것이라는 점과 체험자가 두 명으로 극히 적었다는 점에서, 본격적으로 분석하고 논의하는 것은 힘들 것으로 생각된다. 이에 본고에서는 그 감상과 모습을 소개하는 것으로 그쳤으며, 차후 쓰쿠바대학교 궁도부와 같은 일본의 여러 궁도단체에 정식으로 체험의뢰를 하고 감상을 확보하여 자료의 양을 확보해 나가고 본격적인 논의 또한 전개하고자 한다.

---

3) 이건호(2009)「한일 문화(활쏘기-궁도) 교류기」『국궁논문집』7 온깍지궁사회 p.159

사말의 국궁 체험기

김현진(청주 약수정 사원)

 2017년 3월, 내가 처음 국궁에 입문한 때이다. 단순히 궁력을 길러야 한다는 사범님의 말씀에 여느 궁사와 다름없이 단순하게 밀고 당기기를 거듭했다. 턱걸이와 팔굽혀 펴기도 열심히 했다. 국궁처럼 생긴 활로 쏘아서 잘 맞으면 그게 다 국궁인 줄 알았다.
 그렇게 하기를 한 달 후인 사월 어느 때 강정훈 사범(약수정 전 사범)님의 궁체를 우연히 보았다. 활쏘는 게 아니라 춤을 추듯 너무나 예뻐서 넋이 나갔던 것 같다. 분명 여느 사람들과는 확연히 달랐던 폼이다. 그땐 뭐가 뭔지도 몰랐지만 분명한 것은 나도 저렇게 하고 싶다는 생각이 들었다. 자주 오시지는 않았지만 그분 오시는 날에는 낯짝에 철판 깔고 괜히 친한 척을 하며 가르쳐 달라고 했다. 그러자 그렇게 하지 말라고 하셨다. 현재 지도 하시는 사범님이 서운해 하실 거라는 게 이유였다. 나중에 집궁 하고 어느 정도 커리어가 쌓이면 그때나 생각해보자고 하셨다.
 그 분과 활 얘기를 하면 가끔 『조선의 궁술』에 대해서 말씀하셨다. 인터넷으로 검색해보자 사법편만 따로 편집되어 있는 게 있었다. 그렇다. 집궁 전부터 조선의 궁술을 읽기 시작한 것이다. 사범님께는 그 내용에 대해 감히 물어보지 못했다. 그럭저럭 가르쳐 주시는 대로 그해 7월에 48호 개량궁으로 집궁을 했다. 남들보다 뼈가 약한지 활이 과녁에 맞아 들어갈수록 팔꿈치 아랫부분이 찌릿찌릿하며 아팠다. 잘 때 침대바닥에 팔을 대기만 해도 아플 정도였다. 그래도 꾹 참고 활을 내었다.
 2018년 여름은 참 더웠다. 정말 나에게 좋은 운이 찾아왔다. 활이 열을 많이 받았는지 웃장이 부러진 것이다. 옆에서 보시던 강 명궁님께 말씀을 드렸다. 팔이 너무 아픈 와중에 활이 부러졌다고. 그러자 활을 접으신 여무사님이 쓰시던 가야궁 42호를 구매하시고 그것을 선물로 주시면서 앞으로 안 아프게 전통사법으로 쏴보자 하셨다.
나를 지도해주시던 활터 사범님께도 앞으로 본인이 직접 지도해볼 테니 너무 서운해 말라고까지 얘기하시고 다른 사람들한테도 안 맞는다고 비아냥대지 말고 힘든 길 가는 친구에게 격려 해달라고 당부하셨다.
 전통사법을 배우면서 자연스럽게 '온깍지궁사회'를 알게 되었다. 성문영 공의 아드님이신 성락인 옹과 직접 접촉을 여러 번 하며 『조선의 궁술』에 대한 많은 정보를 수집, 그 밖에 해방 전에 집궁하신 전국 각지에 흩어져 계시는 옛 구사님들 여러분을 만나면서 잃어버린 우리활의 전통을 갈망하며 찾았던 그 열정과 능력이 대단한 분들이라 생각했다.

이 분들을 꼭 만나고 싶었다. 특히 책을 내시며 전통을 널리 알리려는 정진명 선생님이 너무 존경스러웠다. 이 분이 나와 같은 청주에 계신다는 사실이 너무나 놀랍고 반가울 뿐이었다. 온 깍지 카페에 가입하고 활학교가 있다는 사실을 송효준 접장(닉네임 활배)의 카페 댓글을 통해 알았고 강 사범님께 활 학교에 들어가서 더 넓은 식견으로 전통을 배워보고 싶다고 말씀 드렸다. 서운해 하실까봐 많이 조심스러웠지만 본인께서도 한 사람한테만 배워서 많이 부족할 거라 하시며 정진명 선생님과 온깍지궁사회 분들은 대한민국 국궁계에 대단한 업적을 남기신 훌륭한 분들이라 하시며 입학을 흔쾌히 허락하셨다.

그날 밤 바로 정진명 선생님께 메일을 보냈다. 그러자 같은 청주지역은 자정에 오해를 살 까봐 조심스럽다 하시며 우암정에 류근원 명무님을 찾아가라 말씀하셨다. 류근원 명무님의 '전통사법을 찾아서'는 조선의 궁술 다음으로 많이 읽은 글이다. 십 수편이 되지만 너덧 번 이상은 정독했다. 글을 보면서 참 대단하신 분이라 생각했는데 선뜻 찾아뵙기가 조심스러웠다. 정진명 선생님 덕분에 찾아 뵐 수 있는 명분이 생겼다. 먼저 뵙겠다고 연락을 드리고 부푼 마음으로 2019년 2월 말 수요일 우암정으로 향했다.

그 추웠던 첫날부터 정말 진땀을 빼시며 열과 성으로 자세를 수정해주셨다. 앞죽을 너무 내밀고 있는 점 깍짓손꾸미가 쳐진 점 등등 수정해야 할 부분이 많았다. 『조선의 궁술』에 대해 궁금했던 점을 좀 더 명쾌히 들을 수도 있었다.

우암정을 다니면서 『조선의 궁술』에 좀 더 가까이 다가갔다는 마음에 참 행복했던 것 같다. 42호 단궁도 세다고 하셔서 38호 중궁을 구입했다. 좀 더 숨쉬기가 쉬워졌고 퇴촉이 줄었다. 류 명무님께서는 하체를 굳히고 상체에만 집중했던 그간의 내 자세를 지적하시며 하체를 많이 강조하셨다. 바닥을 밟으라는데 머리로는 이해가 갈 거 같기도 한데 좀처럼 되지 않았다. 앞뒤 오십대 오십을 강조하던 기존에 배웠던 것과는 달리 뒷손을 더 강조하시며 앞이 내밀어 지면 안 된다고 하셨다. 앞죽에 부상이 온다는 것이 이유였다. 리드미컬한 무게중심 이동과 흉허유지……. 설명을 듣고 아무리 하려 해도 몸이 뻣뻣해서 잘 될 리가 없었다. 십년짜리 공부인데 단 며칠 만에 될 리가 없지!

2주에 한 번 씩 열심히 우암정을 다니던 어느 날 명무님께서 반가운 얘기를 해 주셨다. 활학교에 들어가서 좀 더 깊게 전통을 배워보라는 것이다. 너무나도 반갑고 감사한 말씀이었다. 같은 지역구라서 입학하기 어려울 것으로만 생각하고 있었는데 잘은 못하지만 열심히 하려 했던 그 점을 좋게 봐주신 것인지, 그냥 마음이 좋으신 거였는지 아무튼 그렇게 기쁘게 2019년 4월 자랑스러운 온깍지 활쏘기 학교에 입학하게 되었다.

정진명 선생님께서 말씀해 주셔서 후에 알게 된 사실인데 류 명무님이 속해 계시는 우암정 사원을 제외하고 내가 청주지구 최초 입학자라 하셨다. 학교에서 너무나도 뵙고 싶었던 정진명 선생님을 뵙게 되었다. 영광스럽기 그지없었다. 그토록 존경하는 분의 직계 제자가 된다니……. 수업 참 열심히 들었다. 전통 사풍에 대해서, 그리고 전통을 대하는 마음에 대해서 무척 강조하셨다. 궁금했던 부분이 그 무엇이든 잘 답변해 주셨다. 잇몸을 드러내시며 환하게 웃는 모습이 너무 멋있으셨다. 나에게는 더욱 특별히 배우고자 하는 겸손한 마음을 강조하셨는데 크게 와 닿고 반성할 수 있는 시간이 되었던 것 같다.

활 학교에 들어가서 또 하나의 귀중한 얻은 게 있다면 옆에서 같이 배우는 도반님들과 먼저 졸업하신 선배 동문님들이 계시다는 것이었다. 정에서 혼자 전통한다고 못 맞히는 활 쏜다고 사람들 비웃음도 많이 사며 힘들었던 때도 많았는데 나와 뜻이 비슷하거나 같은 사람들이 많다는 게 참으로 든든하였다.

특히 장수바위터에서 개최한 서울 편사놀이에 참가하였을 때 온깍지 학교동문들의 든든함이 여실히 느껴졌다. 정말 재미있었다. 못 맞혀도 좋았고 맞추면 더 좋았다. 비록 기생획창은 없었지만 맞힐 때마다 흥이 절로 났다. 맞히면 "김현진 벼언~~~"하고 외쳐주시고, 못 맞혀도 옆에서 "아이고, 아까워라." 하며 흥을 돋우어주시는데 입가에 저절로 미소가 번졌다. 무겁에 나가 거기를 들고 날아오는 화살을 마주 대해보기도 했다. 세상 어딜 가야 그런 체험을 하겠는가? 목숨이 위태로웠지만 ㅋㅋㅋ 참으로 소중한 추억이다. 이토록 재미있고 소중하지만 안타깝게도 끊어져 가는 편사놀이를 이어가시려는 교두님들도 대단하지만 그 뜻을 받들어 실행하시는 선배님들 참으로 대단하고 감사하다는 생각이 들었다.

6월 말 소정의 4차례 교육을 마치고 고대하던 영광스러운 졸업을 하게 되었다. 졸업하기에 무언가 많이 부족하고 4차례는 좀 아쉽다는 생각이 들 정도로 찰나이긴 했지만 가깝지만 멀게, 막연히 크게만 느껴졌던 정진명 교두님과 류근원 교두님 그리고 많은 학교 동문님들과 활 인생을 함께 할 수 있는 영광스러운 자격이랄까 그런 게 생긴 거 같아 너무나도 든든하다.
지금은 활학교의 영향(각궁을 내어봐야 전통사법을 알 수 있다는 가르침)과 동문님(최동주 접장님)의 도움으로 좀 빠른 것 같지만 드디어 각궁에 입문하게 되어 한창 활 올리기를 배우는 중이다. 활 학교에서 배운 가르침을 받들어 전통 활과 조금이라도 비슷한 모양으로 줌과 삼삼이가 꺼지지 않게 최대한 '그 모양'을 살려서 올리는 법을 배우고 있다. 활쏘기는 아직은 학교에서 배운 자세가 맞지 않은 옷을 입은 것처럼 낯설고 어색하고 화살도 제 멋대로 날아가지만 교두님들께서 항상 하시던 말씀!!

"각궁으로 10년 내기 전에는 말을 말라!"
하셨기에 전적으로 교두님들을 신뢰함을 바탕으로 그동안 배운 이 자세를 근본으로 하여 갈고 닦으며 정기적으로 자세를 검사 받고 스스로도 공부하고 연구하면서 평생 해 볼 생각이다.
사법은 한량에게 있어 그저 일부분일 뿐이라 배웠다. 더욱 크고 위대한 것은 혼자서는 아무리 노력해도 이룰 수 없는 과목인 우리 선조 활터의 사풍을 배우고 이어가는 것이라 하셨다. 이 부분은 온깍지 동문님들과 함께 최대한 동참 하면서 노력할 것이다. 이토록 훌륭하고 재미있는 우리 활쏘기 조선의 궁술이 대한민국 이 땅에 다시금 우뚝 설 수 있도록 하는 것을 전통 활쏘기를 배우는 한량으로서의 사명으로 여기고 싶다.

우리 활은 일제 강점기에 전통 활 문화를 지키기 위해 어쩔 수 없이 어디서 갖다 붙여다 놓은 궁도라는 이름하에 조용하고 엄숙하고 무겁고 진지하기만 한 것이 아니라, 무과 항목의 핵심 무예로서 그리고 동네잔치와 함께 했던 놀이로서 조상들의 앞마당에 가장 가까이에 있었고, 음악과 획창 춤과 같은 풍류가 있고, 그로 말미암아 흥이 있고 함께 즐길 수 있는 재미가 있고, 음식과 술과 같은 풍요가 있으며, 몸이 다치거나 망가지지 않고 오히려 기가 돌고 근육과 오장육부가 건강해 지는 체육이고, 호흡을 중심으로 몸에 기운이 흐르는 무술이며 시지에 작성하는 한석봉 선생께서 감탄하고 가실만 한 글자가 있는 문무를 겸비한 복합 예술이기에, 우리 문화의 으뜸이요, 반드시 지키고 이어 나아가야 할 전통이라는 것을 온 세상 방방곡곡에서 알아주었으면 좋겠다.(문체부 장관님 보고 계신가요?)

소위 궁도인이라 하는 국궁 동호인들은 고사하고 기득권조차 관심에도 없는, 무엇이 전통인지 대강은 알아도 시수와 승단, 상금을 포기 할 수 없다며 깍짓손을 뒤로 펴 내지 못하고 제 몸 망가지는 거 뻔히 알면서도 설마 폐궁까지 하겠는가 하는 안일한 마음으로 연궁으로 중시를 120걸음 까지 보낼 능력이 되지 않아 강궁, 경시만을 고집하는 사람들이 즐비한 지금 이 활 판국에 전통 활쏘기의 소중함을 알리기가 대단히 어렵다는 사실은 알고 있지만 그렇다고 해도 설령 그 꿈을 이루지 못한다고 해도 나는 좋다. 훗날에 내 스스로가 유구한 오천년 동이 역사를 잇는 후손으로서 활로 하여금 민족과 나라를 지켜 낸 우리 선조들의 조선의 궁술을 계승하여 이어 나갔노라 자랑스럽게 자부할 수 있기를. 십년이 지나도 이십년이 지나도 지금과 같은 마음을 유지하는 것.

'활 학교를 졸업하기 이전에 조선의 태조, 정조만큼 잘 맞추자. 전통사법으로 반깍지들을 모조리 제끼고 신궁소리나 들어보자.' 하던 나의 활 목표는 그렇게 바뀌었다. 잘 맞히는 것이 아니라 잘 쏘는 것이다. 잘 맞히는 것과 잘 쏘는 것은 엄연히 다르다. 잘 맞히는 사람이 잘 쏜다고 말할 수는 없다. 잘 쏘는 사람은 나중에 저절로 잘 맞히게 된다. 궁체가 먼저이고 궁체가 좋으면 시수는 절로 따라온다. 이렇게 되는 것이 나의 목표이다. 목표가 생겼으니, 이제 그 목표를 향해서 소처럼 묵묵히 걸어가는 일만 남았다. 그리고 함께 가는 도반들이 있다는 것이 기쁘다.

국궁논문집 총 목차

① 국궁논문집 제1집 : 2001년
- 유세현 | 조선시대 편전과 통아
- 김기훈 | 육군사관학교의 국궁 활동 현황
- 이건호 | 디지털 시대의 국궁 운용
- 박동일 | 목궁 백일장 연구
- 조영석 | 발디딤과 몸통의 방향 연구
- 최석규 | 비정비팔과 전통사법
- 정진명 | 활을 보는 몇 가지 관점
- 이석희 | 온깍지궁사회의 틀과 뜻
- 성낙인 | 선친, 성문영 공
- 윤준혁 | 전라도 지역의 해방 전 활쏘기 풍속

② 국궁논문집 제2집 : 2002년
- 이건호 | 덕유정의 사계 좌목 고찰
- 한영국 | 덕유정의 연중 행사 고찰
- 김신택 | 조선시대 향사당 연구
- 박동일 | 목궁 백일장 계승 방안
- 김용욱 | 공군 내 국궁 활성화 방안
- 함영수 | 장호공업고등학교의 국궁부 활동
- 정진명 | 사풍에 대한 고찰
- 권영구 | 예천 활 제작 과정
- 조영석 | 우리 활 구조와 형태의 이해
- 조영석 | 우리 활 줌과 줌 쥐는 법
- 이병국 | 자연류 궁체 갖추기
- 최석규 | 들어당겨 짊어진 궁체 연구
- 장창민 | 우리 활의 원리 고찰
- 이종수 | 전남 지역의 해방 전 활쏘기 풍속
- 석호정중수기
- 봉덕정기

③ 국궁논문집 제3집 : 2003년
- 이건호 | 정간에 대한 설문 결과 고찰
- 정진명 | 청주 지역의 정간 고찰
- 한영국 | 덕유정의 편사 방법
- 박중보 | 활과 단전호흡
- 김용준 | 활쏘기의 마음가짐 고찰
- 정덕형 | 올바른 활쏘기 문화 정립을 위한 철학적 기초
- 이용희 | 백자철화수뉴문병에 담겨있는 우리 활의 곡선미
- 이자윤 | 소리화살과 그 원리
- 장창민 | 활과 태극
- 조영석 | 오늬 먹이기와 깍지손 쥐는 법
- 국궁사를 찾아서: 육일정과 남극재의 사계 좌목
- 반구정기
- 애기살복원방안
- 박경규 | 충남지역의 해방 전 활쏘기 풍속

④ 국궁논문집 제4집 : 2005년
- 정진명 | 국궁의 3대 장애 비판
- 한영국 | 호남칠정의 제례 고찰
- 윤백일 | 군산 진남정의 어제와 오늘
- 이자윤 | 국궁문화 계승을 위한 시지 제작
- 박중보 | 단전호흡에 대한 일반적 이해
- 정진명 | 노자와 활 I
- 최병영 | 활과 해부학
- 조영석 | 중심점 형성과 이동
- 성순경 | 국제 민속 활 축제 참가기
- 정진명 | 전통의 여운, 마사법
- 이건호 | 궁술종합목록
- 이상엽 대담 | 개성 지역의 해방 전 활쏘기 풍속

⑤ 국궁논문집 제5집 : 2006년
 - 김기훈 | 관덕의 원형을 찾아서
 - 이태호 | 정간의 허상과 실체
 - 한영국 | 호남칠정궁술경기회와 가입 정에 관한 고찰
 - 조영석 | 발시 과정에서 줌손의 이동과 깍지손의 이동
 - 이자윤 | 『조선의 궁술』 사법토론
 - 이태호 | 심담십사요의 재해석 1
 - 정진명 | 활터와 태견
 - 진경표 | 기사법을 위한 몇 가지 단상
 - 박현우 | 초기 활의 설계 방식과 제작 방법
 - 백남진 | 충남지역의 해방 전 활쏘기 풍속 2

⑥ 국궁논문집 제6집 : 2007년
 - 이건호 | 조선궁술연구회 창립 연도 고찰
 - 정진명 | 국궁사 시대 구분론
 - 김 집 | 태극기와 정간
 - 유세현 | 죽시의 변천에 관한 소고
 - 장창민 | 각궁삼삼이의 구조와 원리 고찰
 - 김기훈 | 세계 민족궁 축전 및 세미나의 성과와 문제점
 - 조영석 | 비정비팔 흉허복실의 이해와 응용
 - 박현우 | 고대 활의 설계방식과 제작방법
 - 한영국 | 정읍 필야정 사계 좌목 발굴기
 - 윤백일 | 필야정의 사계안 좌목 선생안 해의
 - 정진명 | 인천지역의 편사놀이
 - 박현우 | 독일 하늘에 쏘아올린 한국 활
 - 관덕정서
 - 이정천 | 고양 지역의 해방 전 활쏘기 풍속

⑦ 국궁논문집 제7집 : 2009년
 - 김세현 | 정사론 소고
 - 이건호 | 근대 신문에 나타난 활쏘기의 흐름
 - 이자윤 | 『조선의 궁술』과 현대 활쏘기

- 성낙인 | 황학정과 서울편사
- 류근원 | 전통 사법을 찾아서
- 정진명 | 전통 사법의 경락 운용
- 김상일 | 호흡과 발디딤 방향, 지사와의 상관관계
- 이건호 | 한일 문화(활쏘기-궁도) 교류기
- 정진명 | 온깍지궁사회 7년

⑧ 국궁논문집 제8집 : 2013년
- 김기훈 |「황학정 사계규정」의 내용과 그 역사적 의의
- 이자윤 | 초기 자료로 본 <조선궁도회>
- 이건호 | 1941년 전조선궁도대회 고찰
- 윤백일 | 운로 성문영 관련 유묵 3편 고찰
- 정진명 | 자필 이력서로 본 성문영 공
- 정선우 | 터키 이스탄불의 활쏘기 유물
- 류근원 | 각궁에 대하여
- 박문규 대담 | 충남지역의 활쏘기 풍속

⑨ 국궁논문집 9 : 2016년
- 이건호 | 전통 활쏘기의 편사(便射) 음악 고찰
- 장창민 | 정간 논쟁 고찰
- 류근원 | 활터의 평등한 호칭, 접장
- 박순선 | 멍에팔 고찰
- 김상일 | 서울 지역 활터와 궁사에 대한 현황 개관
- 이헌정 | 근대 일본 궁도에 대한 고찰
- 정진명 | 성순경 명무와 칼 자이링거
- 류근원 | 몸 안과 몸 밖
- 정진명 |『조선의 궁술』을 공부하는 분들께 드리는 몇 가지 질문
- 이태엽 | 황해도 지역의 해방 전 활쏘기 풍속

⑩ 국궁논문집 10 : 2018년
- 이건호 | 육량전 소고
- 정진명 | 조선궁도회의 회비징수부 3건 고찰

- 김성인 | 육예 중 사의 구성요소와 의미
- 김기훈 | 편사의 국궁사적 의의와 과제
- 여영애 | 인천전통편사놀이 연희과정
- 박순선 | 자료를 통해 살펴보는 인천전통편사
- 정재성 | 인천 편사놀이의 전통성 검토
- 정진명 | 단체전 띠에 남은 서울편사의 자취
- 김상일 | 국궁포럼(KAF)의 출범에 대한 소고
- 정진명 | 국궁포럼 2017 편사 세미나
- 강중원 | 사말 강중원의 국궁 수련기
- 류근원 | 나의 활 수련 방법
- 김영호 | 입·승단 제도의 발전 과제
- 이헌정 | 일본 궁도 만화 「세이부고교 아오조라 궁도부」 일고찰
- 정진명 | 전통 사법 논쟁의 두 축

이 책을 만드는 데 도움을 주신 분들

강연원 강중원 고관순 김소라 김성인 김영구 김영완 김옥유 김정래
김지우 김지희 김현진 류근원 맹주찬 박덕환 박상조 박순선 박양석
박연봉 박진석 백광찬 백승옥 송영재 송효준 신경민 신헌호 윤백일
윤보현 이건호 이경호 이상열 이석희 이자윤 이재득 이태호 장영학
장창민 정만진 정병국 정원일 정진명 정화영 정해득 조영희 최병규
Michaela Baranovičová　　　　　　　　　　　　　　(가나다순)

온깍지총서⑧

국궁논문집 11

2019년 11월 25일 초판 1쇄 발행

엮은이　온깍지학회(http://cafe.daum.net/ongakzy)
펴낸이　도서출판 고두미
　　　　등록 2001년 5월 22일(제2001-000011호)
　　　　충북 청주시 상당구 꽃산서로8번길 90
　　　　Tel. 043-257-2224 / Fax.070-7016-0823
　　　　E-mail : godumi@naver.com

ISBN 979-11-86060-83-4　03380
ISSN 1975-0331

※ 잘못 된 책은 구입한 곳에서 바꾸어 드립니다.
※ 책값은 뒤표지에 표시하였습니다.